旧京人物影像馆

袁世凯旧影

张社生 著

北京日报出版社

图书在版编目（CIP）数据

袁世凯旧影／张社生著．— 北京：北京日报出版社，2018.1

（旧京人物影像馆）

ISBN 978-7-5477-2800-0

Ⅰ．①袁… Ⅱ．①张… Ⅲ．①袁世凯（1859-1916）-生平事迹-摄影集 Ⅳ．①K827=52

中国版本图书馆 CIP 数据核字（2017）第 204847 号

袁世凯旧影

出版发行：北京日报出版社
地　　址：北京市东城区东单三条 8-16 号 东方广场东配楼四层
邮　　编：100005
电　　话：发行部：（010）65255876
　　　　　总编室：（010）65252135
印　　刷：北京宝昌彩色印刷有限公司
经　　销：各地新华书店
版　　次：2018 年 1 月第 1 版
　　　　　2018 年 1 月第 1 次印刷
开　　本：787 毫米 ×1092 毫米 1/16
印　　张：21.5
字　　数：451 千字
定　　价：68.00 元

前言

革命啦，运动啦！

每次来时都是轰轰烈烈，每次都以 12 级以上的破坏力横扫千军如卷席。

而且每次鼓吹者都向国人保证，这次将彻底开创一个全新的时代。

我们总是一次次相信，一次次地凑热闹，一次次地赔上老命。

谁叫我们这个民族就好一惊一乍的热闹。谁叫我们相信不需要长期努力，罗马可以在一天之内建造成功的神话。

这不，突一日，有人登高一呼：革命啦！汉口街头马上风起云涌。热闹过后，只是没了辫子。月亮还是那个月亮，赵庄还是那个赵庄。

查“革命”二字，老祖宗的字典里虽有，但现在这种用法据说来自东洋。“革命”二字一经改头换面，立刻成了咱们使用频率最高的词。也难怪，中国以前虽没用这个词，但是这些个事儿已经干了三五十回了。

“革命”是什么，其本义是有话不好好说，“我手执钢鞭将你打”。

可是中国人后来所说的革命，已经和刚传入的本义大不一样，从一个中性偏贬义的词变成了褒义词。政客往往用之标榜自己，给政敌于“革命”二字前再赠送一个“反”字。我纳闷了，不是都说咱们是浸泡在儒家文化中的“化民”？曾几何时，“中庸”二字被走极端的“革命”二字给换了？

多想想就能想通：中国人多，挤得很。特别自乾隆后，人口上了四亿！一位 18 世纪在北京工作的传教士明确指出：“人口过多，迫使中国人不养牛羊，因为供养牛羊的土地必须用来养活人。”

人多地少，慢慢地养成了潜意识里的一种极端的自我保护能力——非排挤打击隔壁的王二，否则不能得那一亩三分地。

所以我们这个民族有一种劣根性叫作“窝里斗”。

血淋淋的“革命”二字传入中国，于“汉奸”“卖国贼”外，咱们又多了一种打压别人的手段。

我以前很少看民国历史，大学期间最不喜中国现代文学史。为甚？因为咱们的先人动不动就给人贴标签、戴帽子。

历史，管他好人坏人，把人家干过的那些个事儿原原本本地都端将上来，我等自有评断。不是说“人民群众是最伟大的，而我们往往是幼稚可笑的”吗？到了节骨眼上就不这么想了。

晚清民初，国体与政体之争一时鼎沸，大家以为只要弄清这两条就能救中国。这百年来的历史多次证明，只问上层建筑不问基层“群体”是最大的书呆子气。曾几何时，世界上的制度条文或多或少地都被引入中国。热闹后，留下什么？

你不能说引入者动机不纯，只是这些个舶来品实践下来，不是水土不服就是被稀释、被同化，最后被扭曲了。

为什么？

这就引出一个中国特有的“群体”现状。

大清国和别的主要大国比，不在经济的高低，人口的多少。最大的不同就是“群体”没有“被近代”过，整个国家不是人家所说的近代意义上的国家。

咱们大清国基本分两块，一个是皇家，一个是“臣民”。用袁世凯的话说，清只是一个朝代，不是一个国家。

清国就像一个大村子，皇家是村中的大东家，皇上是大东家掌柜的。围绕着这家大户，有一批称之为一品、二品……跑腿的和帮闲的，剩下的绝大多数人家都是日出而作、日落而息的小散户。

平时大东家居高墙深宅里吟诗作画，和大家老死不相往来，只在秋后收租子时才打下照面。

所以咱们这个大清国，和历代王朝一样，历来是“东家的事儿东家管”“百姓的事儿百姓管”，是个比较极端的二元社会。

因此，别指望有什么事儿老百姓会拿命来捍卫。“群体”没有“国家”概念，不会和你同生死共患难。

用眼下一句文绉绉的话说叫“没有公民意识”。生活的艰难和社会的排他性，让每个个体都将防卫的底线画到自家门口。

这才是问题所在。这些问题百年来也没有彻底解决。

君不见，为了一个公用面积里的酱油瓶位置，筒子楼里的知识分子可以大打出手；打后当事人还能回到斗室，镇定自若地写出一篇“主旋律”的好文。

君不见，走遍中国，公路旁的树上到处挂着丢弃的白塑料袋，在风中哗啦啦作响，不禁使你想到拜伦的诗：“……你的旗帜虽破，而仍飘扬天空；招展着，就像雷雨似的迎接狂风。”

可是政客不管这些，人家都喜欢自上而下入手，关起门来定几项制度，容易而且政绩看得见。好样儿的如光绪皇帝，数千年的旧制度，人家 103 天里发了数十条手谕就想改变，后来一个上午就让人给废了。事后发现除了康有为们愤怒外，国人大多事不关己，高高挂起。百姓闹不明白“变法”，大伙儿最多把它看成是大东家的老妈和儿子吵嘴。出于数千年顶礼膜拜的“孝”，大伙儿指不定还认为老妈有理呢！

再说，政客也没有这个能耐，他们有的只在位子上三五年，多则十多年，最极端如康熙同志干“革命工作”六十年，能根本上解决什么问题？

说到底，从来没有“被近代”过的国人是消受不起梁启超的“政体”“国体”的。所以我的观点是“不问政体，不问国体，只问群体”。

有什么样的人民就有什么样的政府。别怪东怪西的，问题就出在“群体”自己。

根本的还是要从一个个个体做起，“群体”好才是真的好！

群体是“半野蛮人”状况，制度装扮得再漂亮、标榜得再先进也会露馅儿。

“群体”如果是优秀的，“被近代”过的，不二元社会的，再烂的制度也能发挥到美的极致。

只问“群体”，其实最难！因为要从娃娃抓起，要全民识字；培养公民意识，消除“患不均”之感。

这类事儿听起来语不惊人，做起来没轰动效应，而且十年八年看不出效果来。所以任何政客都喜欢奢谈短平快的“政体”和“国体”，他也知道这是治标不治本的事儿。

不要相信罗马是可以一天建造出来的。

也不要相信民初的悲剧是有一个特别“孬”的人直接造成的，以为历史上没这个人就一切 OK 了。

袁世凯何人？不过一政客也，最多是伟大的政客（政客称伟大的大有人在）。

政客的专业就是见风使舵，投人所好。如果这手不会就不是专业政客。

试想，如果 20 世纪最初几年，“群体”没有立宪的思潮，袁世凯不会贸然去充当那个“立宪派领袖”。

如果 1911 年，大半个中国的“群体”都不想试试共和，他也不会说：“世凯深愿竭其能力，发扬共和精神，涤荡专制之瑕秽。”

如果 1915 年秋，“群体”没有厌倦了共和的吵吵闹闹，想“老主子”了，袁大总统也不会去打造那把龙椅，“洪宪”一回。

说得明白点儿，民初的那些事儿和任何个人都没多大关系，全在那时的社会。

后人看这段历史，别忙着贴标签。

特别要注意的是，那会儿大伙儿的想法老在变，绝不能拿 1909 年上半年的民意去套下半年的事儿，到了 1911 年更是一天一个“民意”。也难怪，三千年未有之大变局，睡了三千年，一觉醒来，发现乌龟要跑到终点了，这下急啊！正所谓“清朝的突然灭亡，现代的东西被嫁接在了几千年的树上”。（《纽约时报》语）

了解这些，你再来看袁世凯，就不会说他一会儿忠于大清，一会儿出卖大清了。

所以本书特别在意袁世凯当国那段时期的社会“时文”和同代人、身边人的回忆，在意历史的原汁原味，特别在意国外报纸在这方面给我们留下的诸多细节。

为市场计，本想演义一下袁世凯。后来一想，自己从不看武侠，也不翻演义，做不来！所以本书不会以强烈的个人情感，近似武侠的笔调，去“英雄”“狗熊”主人公。这里只摆事实，没有结论，结论由您自己给。

张社生

2016 年 9 月 28 日于北京朗琴园

目　录

第三章 袁世凯透视 79

第四章 洹上村不仅仅是个村 153

第五章 “窥视”老袁家 211

第六章 袁世凯出山记 249

第七章　最后的袁世凯　301

第一章

袁世凯素描

袁世凯其实一身的矛盾：生就一副庄稼汉的面孔却有“国之能人”的肚肠；人不足五尺却是中国历史上第一个“现代职业军人”；倡言改革，却一妻九妾，相信风水和宿命；一生办国事无数，却留下“窃国”之名。

机巧的袁世凯

评价袁世凯，最忌主观判断，不可脱离当时清末民初的大背景，孤零零地“政审”他，更不能戴着先入为主的有色眼镜去看他。

我观此人，一生事业红红火火，操弄政情跌宕起伏。但是你一见不着他有啥子“理论”，二听不到他有啥子路线，是个执政到哪儿算哪儿的主儿。我的第一个判断，袁世凯就是一个官场技术娴熟的机巧型“伟人”。是的，我对他用了“伟人”二字，一是咱们的伟人曾经认为他是继曾国藩、李鸿章后的清末民初“四大伟人”之一；二是如今“伟人”评判标准已降到经济适用型，咱就权当袁老是位经济适用型伟人吧！

袁世凯可怕就可怕在他是政治机巧派，可爱也就可爱在这政治机巧派。此话怎讲?

先说可怕。和他打交道的人发现，历来遇事他奉行兵来将挡、水来土掩的国政处理模式。在民初那个风起云涌的时代，此君满脑子里没有一点点现代政党政治的观念，也不管对方属于哪党哪派，只把京华政坛上的政客权当个体户对待。国民党的汪精卫不错，那就列支十万大洋预算砸向汪精卫。袁世凯手下管这类“政治钱”的唐在礼就说：“汪精卫，袁很早就收买他，从在监狱里的时候就买通了。后来一直给钱，听袁指使。他的钱是通过陆建章领取的。”对于那些政敌，他都懒得甄别。唐说：“抓到那些人，只要是不知名的，差不多总给安上一个宗社党的帽子，拉到后门什刹海枪毙了事。”

做了总统的袁世凯，管国家的方法，说白了还是他小站练兵时的那一套。对此，他曾不小心在张之洞面前说漏了嘴：“练兵之事，看起来似乎很复杂，其实很简单，主要是练成绝对服从命令。我们一手拿着钱和官，一手拿着刀，服从命令就有官有钱，不从就吃一刀。”这样的军阀管政治很可怕，把偌大一个“悠悠中华”当兵营对待，搞得大家人心惶惶，民初刚刚开始的生动活泼的政治局面，被这赤佬这么一管，也就万马齐喑了。所以任公梁启超看得门儿清，“袁项城拒谏饰非，作伪之术巧妙，登峰造极，古今无可伦比”。因此“袁氏多统治一日，则祸乱之程度加深一日”。可见袁世凯的所谓政治，讲的是娴熟的政治技巧，玩弄的也是一些雕虫小技。这类动作一多，在士大夫那里便口碑欠佳，形象猥琐。在他们看来，袁世凯最多就是一个不说话的“苏秦”，只是苏秦口若悬河贩卖合纵连横，袁世凯手段毒辣，是个闷葫芦型的机巧家、纵横家。

纵观近代史，甭管什么思想，没有一个思想武装的团队都坚持不长。袁世凯整天婆婆妈妈地应付小局面，却放松了对北洋集团内部的思想改造。到头来，他一倒下，众人就来抢食，或作鸟兽散。机巧派袁世凯最后还是输在“机巧”二字上。你说可怕不！

1898 年荷兰画家胡博·华士为 39 岁的袁世凯所绘的肖像画。袁世凯从外表看很忠厚老实，也像是中原地区走出来的子民。然袁世凯内里是一个灵巧加机巧的政客。孙中山和袁接触后说："跟他刚一见面，他是至诚至真的样子；进一步谈，你会发现他话中有锋芒，眼光四射，一般人是窥探不到他的真心思的。我是心中存疑，所以也以一派城府相对。等到日后看他做的事情，全跟说的不一样。他真是一个魔力惑人的命世英雄啊！"

可怕之人必有可爱之处

可怕之人必有可爱之处。纵观袁世凯宦海一生，无博大精深，却也能基本上与时俱进，跟上当时时代潮流。他给自己的定位就是迎合大多数。

如果我们不孤零零地把他独立出来单个审视，不用千百年来被一代代朱熹们逼上道德绝壁的孔孟之道衡量，他比同时代的绝大多数官僚可爱多了，也进步多了，甚至实用多了——和支持义和团的那些土里吧唧的民粹派老顽固比，他算是开明派；和那些口若悬河的康有为们比，他算是稳健改革派；和那些革命党人比，他算是手握重兵的实力派。

袁世凯当总统，是那个时代的“历史选择”，“历史选择”本身是从来没有对错的。今人以隔靴搔痒的三言两语给一个复杂时代、复杂人物定调，会流于简单化、绝对化，最终也一定是脸谱化的。虽然，我知道，在历史读物市场上，将历史人物脸谱化是一条销售历史书籍的捷径，特别是在一个盛行“武侠小说”的国度里。

不错，袁无甚大想法、大思路，但此君的基本判断应该说不失准头。他对当时的国情还是看得比较深刻的。他曾说：“共和主义不过起于一二党魁之议论，非真为人民所主持。余深信国民中有十分之七系守旧分子，愿拥戴旧皇室，进步一派不过占十分之三耳。若今次革命推倒清室，将来守旧党必又起而革命，谋恢复帝制。似此国中扰乱不已，人人将受其害。数十年间，中国将无太平之日矣。”

他看得准吗？蛮准的。但是我要说袁世凯的视点只是站在当时北直隶、山东和山西等民风保守的北方之地看，淮河以南的半壁江山可能和他的判断正好倒个个儿。这就是辛亥革命一闹，只剩下北方五省不宣布独立的原因。山东宣布了，马上又反悔了。不管怎么说，说当时的民意是新旧参半，大概不失公允。根据这个判断，袁世凯的理政还是有自己的思路的，只是他从来没在这方面做施政演说，也没搞出一个纲领，其准绳就是维持局面不乱。从表面看他是随政局而动，暗地里玩的还是前清密室政治的那一套。史学家骆宝善认为，他“确有异乎常人之处，绝非笨伯之所能为。除了眼光独到，具有政治动物异乎寻常的敏感外，他善借外力也是其步步高升的原因所在”。其政坛引路人中有李鸿章、荣禄、奕劻、端方、吴大澂、张之洞、那桐、载振、周馥、盛宣怀、张謇、徐世昌、严修、唐绍仪、赵秉钧、张镇芳、孙宝琦、杨士骧等，手下有王士珍、段祺瑞、冯国璋、张勋等武将拥戴，更通过结拜、贿赂和姻亲裙带等办法，编织关系网，扩大执政基础。

结果，袁世凯政治操作技巧十分娴熟，却把“道德”二字扔在一边，这就难免为“道德历史观”所恶。而在我看来，恰恰弃道德、重实利是那个时代的一种进步，有其可爱的一面。

着晚清制式“武警”大衣的袁世凯。这是袁世凯送给《泰晤士报》驻华记者莫理循的照片，莫理循在 1912 年受聘担任袁世凯的政治顾问。民国四年（1915 年），袁世凯还将王府井大街改名为“莫理循大街”，来嘉奖莫理循为其做出的贡献。

为官之道在于办好差

袁世凯一生行事，浑阔机巧有余，明智聪慧不足。

袁氏懒读经书，不识圣贤，却混迹市井，玩弄人情，加之生于富贵豪门，叔祖父袁甲三官居总督，所以弱冠之年，即得机缘，先随堂叔袁保恒、袁保龄赴京办差，后随父辈好友吴长庆历练行伍，经营朝鲜驻军事务，所以其“趁时就势、精于世务”的应变能力，远非同时代书生之辈可比。

不读圣贤书有时未尝不是幸事。因为少些道德羁縻，没有条条框框的限制，偶遇机缘，甚或碰上历史紧要关头，沧海横流之际，彼辈才能不管不顾，豁得出去，干出惊天动地的英雄伟业来。刘邦便是先例，袁世凯紧随其后，算是后例。

行走市井、浮沉江湖，而不读圣贤经书，做英雄事业，自不妨展露雄才，巧于应付；但做帝王事业则不免缺乏大略，看不清历史方向。所以站在历史的高度上看，袁世凯一生，就是个有雄才无大略的主儿，因此不难遂青云之志，立身云端，但却昧于大势，无法拨云见日，看清未来的出路，最终跌落在历史的迷雾中。

袁世凯一生，能办好差，却不明大势，所以处事多能，治国无纲，缺乏引领改革、洞见未来的治国方略。

如此说来，叱咤中国政坛 26 年，做过民国首任正式大总统的袁世凯倒是缺少政治理论的功夫，多少有点不学无术的意味。说不学无术是过了点儿，其实，清末那几位名人，早就有人评论过：“岑春煊不学无术，张之洞有学无术，袁世凯不学有术，端方有学有术。”（郑孝胥语）“不学”可以理解成没学问，无思想，“有术”就是能力强。这话准！

袁世凯说到底是个官僚体系里的工程师，此公既不风雅，也不著书立说，混迹在官场，练就了十八般武艺。最让人吃惊的是，初出茅庐，当了个五品的直隶按察使，便让满朝的文官武将一边骂他小人，一边保荐他。哥伦比亚大学历史学教授唐德刚说：“袁那时颇享有知兵之名，更有治事的才名。他之任职小站是恭亲王奕䜣、庆亲王奕劻、兵部尚书荣禄，军机大臣李鸿藻、翁同龢，和后来有名的‘东南三督’刘坤一、张之洞和李鸿章，众口交赞，一致掬诚推荐的。而且这些大臣之中像李鸿章和翁同龢，像恭王和庆王等彼此之间矛盾极深，甚至是终生的政敌。要他们一致赞誉，一致推荐袁老四这位小小的前驻韩商务委员，直隶总督的一个小下属，他本身没两手，不成的呢！——所以我们执简作史的人，因为‘袁世凯’三个字有成见，便硬说他出任要职是出于个人吹牛拍马、攀缘权贵而来，是有欠公平的呢。”

袁世凯一生中最气血饱满的一张照片。从照片上看，似乎体重也控制得很好，有相当不错的精气神儿。慈禧太后是个比较难伺候的主子，也只有精力充沛的袁世凯才能把事情办好。为官之道，如果说能把差办好还不算政绩的话，就不知道什么才是政绩了。所以从小枝节上分析袁的得失，基本算瞎子摸象。说到底，袁世凯是一个不错的“公务员”，我们不能用对政治家的要求审视他。

是个肯做事的主儿

有人说，拿了薪水当然要干事儿。不尽然！

满朝文武不干事儿的多着呢！清贵们大多“不士、不农、不工、不商、不兵、不民”，遇事喜说“知道了”或者“照例”，然后交于下属，下属再承包给别人。三包，四包，最后不知道谁拿了这百分之十的回扣，了断了“国家大事”。

袁世凯办事是出了名的顶真，有时顶真到了婆婆妈妈的地步。典型事例莫过于小站练兵。袁世凯在小站以德国军制为蓝本，制定了一套近代陆军的组织编制，包括军官任用和培养制度、训练和教育制度、招募制度、粮饷制度等，基本上摒弃了八旗、绿营和湘淮军的旧制。他这个总管，一改以前朝官的马大哈习性——高高在上，百事不管，十天半月来一次军营，应付了事。他可是天天住在军营里，不但训练章程由自己和徐世昌等亲信拟定，便是人员招聘这等小事，他也要一个个过目，连部队士兵晚上的军靴怎么放，兵器如何储存，早上的被子如何叠，都要一一过问。

军饷是官兵最实实在在的利益所在，以前的军头放任下面军官吃花名册，弄虚作假，袁大帅发饷这天是非得来现场监督不可，看到真金白银发到每个官兵手上，才心满意足。

试想，小站在天津咸水沽南约十公里。咸水沽，咸水沽，说明小站周围以前就是盐碱地，虽然小站这地方因为南运河水夹带着漳河从黄土高原卷来的泥沙和氮、磷、钾等有机肥料，注入了小站的土地，成就了著名的“小站大米”，但是毕竟此处没有天津闹市区的便利性。袁世凯能不声不响地在这里默默奉献，那股子认真劲儿值得肯定。

中国外交之父顾维钧回忆多年在袁世凯身边的情形：

每天早晨我们将日文、德文、法文及英文报章择其重要条目译成中文，下午译完，供袁总统次日阅读。

……某日晚约九时半，我在外有饭局，总统府来紧急电话找我。我接过电话，原来是总统府一位秘书打听新闻的译稿为何尚未送到。他说打搅我很感抱歉，但总统每天早起穿衣后必要索阅，因此他急于替总统准备好，供他阅读。此事表明袁总统是如何重视我们的翻译，虽然总统的副官处也在翻译路透社的报道。

……1915 年 1 月该处未能认出一份实系来自日本天皇的贺年电报，总统对其工作失去信心。自此以后即下令不愿再看副官处的翻译文件，而只看外交部的材料，并要外交部送呈每份电报的译文。这些情况说明，袁总统是如何地注意国外舆论和外国报纸有关中国的评论，以及各国所推行的对华外交政策。

穿朝服的袁世凯。这张应该是袁世凯在天津北洋通商大臣任上拍的。窃以为，袁世凯的一生最辉煌的是山东巡抚和直隶总督、北洋通商大臣任上，将其这段时期所做的“丰功伟绩”罗列出来，居然可以排出三大页！纵观其一生，官位也是利用叔叔辈的关系打通的，但是上位以后，还真能干事，也勤于干事。这么看来，袁世凯的官场成功算是走的正道，也是对八股取士的极大讽刺。

办事嘎嘣脆，什么人都敢用

部队里男人扎堆，男人在一起要的就是一个嘎嘣脆。直隶省五品按察使袁世凯管部队训练，就必须像个“纯爷们儿”。有人说，废话，在部队里，哪个不阳刚？我说有，袁之前管部队的大多都是王伦式的“阴柔”书生。因为中国的皇帝最自私，武将不统兵，由进士出身的翰林去统，怕的是政变。

袁世凯不算真正的武将，但人家那会儿吃住在部队，就差和战士们睡一条炕了。

他经常深入各营，下到小小的棚头，他都能叫出名字，并了解他们的性格和优缺点。为了刻意强调同甘苦，共命运。下雨了，别人给打伞，他猛地一推说：“大伙儿都在淋雨，为什么我不能？”问得好，这一问问得全军将士泪流满面，这一问问出个针插不进、水泼不进的“北洋集团”来。对其军人性格，《纽约时报》是这样评论的：“中国人在袁世凯身上看到了第二个康熙。他的聪慧和性格上的刚强与他的任务成正比，在他的统治下，中国将得到力量和独立，这对一个致力于实现国家的精神生活同时在价值观上西方化的国家来说是必需的。”（1915 年 5 月 16 日《纽约时报》）

袁世凯办事果断，奖罚分明，就是罚也给人留足面子。他从不说过头话。其好友王锡彤说：“其大过人处在肩头有力，绝不诿过于人。凡一才一艺，一经甄录，即各从其才之所堪而委。以力之所能胜，不求备于一人，亦不望人以分外。一事之成，而奖藉不遑；不成则自任其咎，不使人分谤。此其所以群流归仰，天下英雄咸乐为之尽死也。”

总统府秘书长张一麐也说：“其虚怀下士，有不可及者。其精力过人，两目奕奕有神，其未见者俱以为异。与人言，煦煦和易，人人皆如其意而去，故各方人士奔走于其门者，如过江之鲫。然所用无私人，族戚来求食者，悉以己俸食给月廪，不假事权。属吏苛有赃私，必严劾治罪。……其不用私人，不有私财，非当世贵人所能望其项背。使遇承平之世，岂非卓卓贤长官哉！”

这话似乎有点过誉了，光其身边一大堆姓袁的亲信就无从解释。

但胡思敬所谓“敢于用人，不念私仇，不限流品，不论资格而已”的评价，老袁还是当得起的。

敢于用人，顾维钧一留美海归，他大胆起用，后成就“民国外交第一人”。

不念私仇的优点让袁世凯重新得到了张謇、盛宣怀、梁启超的支持。

不限流品的最好注解是曹锟，原本一个贩布的成了统制，乃至总统。

曹锟，北洋政府最后一个“大总统”。他出身贫寒，年轻时不愿务农，又不肯随父亲学造木船。10岁即走街串巷，贩布为生，与地痞流氓为伍，到处惹事。20岁时，袁世凯在天津小站招募新兵，遂应征入伍。袁世凯认为曹锟长得“虎形而有福相”，且粗通文字，遂派其为右翼步兵，一营帮带。

耐得骂，死猪不怕开水烫

袁世凯精明，办事麻利，“视黄金直如土块”没错。但是此君如果装起糊涂来，死猪不怕开水烫，谁也拿他没辙。

这个受气包被慈禧骂过，被光绪帝训过，被摄政王用枪顶着喉咙说过“为民除害”，被李鸿章说成“小人”，让御史参得不能再参。他都忍了，人家那叫肚大如海。

可民国了，袁成了“兆民所托”的大总统了，这回大家该收口了吧。

才不！还是有人骂他。这里有真骂，假骂，有小骂大帮忙，有装疯卖傻的骂。

对这些人，袁采取三种对策。有权的，掌握枪杆子的骂他，他不能含糊。发展成政敌的便交军政执法处“合法合理”地解决，多少反袁人士就在袁的“合法合理”之下被处决。

对报社出版物，只要没被“敌对势力”利用，一般不开杀戒。至于翰林文士，老袁素来格外礼遇，就算骂他，也特别大度。“辜疯子”鸿铭先生，写文章将袁世凯狂骂了一顿，基本属于无理取闹，但是袁大总统也没把他怎么着。

文人骂袁，非此一例。但老袁概不细究，一来国中文士自古都好这一口，老袁心知肚明，反正权骂不掉，命骂不死，就由着他骂好了，还显得自己特有政治家的风度。至于其中过分者，礼让不行的，老袁也只是对其软禁而已。所谓软禁，其实也不过是好酒好肉地“招待”。鲁迅在《关于太炎先生二三事》中说到的“章疯子”闯总统府骂袁，就是一例。话说袁世凯批了巨款，给革命元勋章太炎弄了个考文苑，希望其闭嘴收腔，到书斋做学问。等章太炎真的去办，款子根本没踪影，事也没人理，章火上来，便去大闹总统府。据《申报》记载，章太炎手持团扇一柄，下系勋章，足踏破官靴，大嚷着要见总统，承宣官（传达）挡驾，则“疯言疯语，大闹不休”。另据官方记载，章太炎不仅骂了人，还砸了家具。野史说门口警卫问他要名片，他白眼一翻，大叫：“谁人不知，哪个不晓，我是在上海坐过三年西牢的‘章神经’！”他在接待室中踱来踱去，眼见国务总理熊希龄谈过了，副部长向瑞琨谈过了，还没轮到他。一下怒起，骂道：“向瑞琨，一个乳臭未干的小孩子见得，难道我见不得？”边上财务部长梁士诒来劝，也被他一顿臭骂。章太炎索性一不做二不休，掀椅子，翻桌子，甚至操起桌上的花瓶朝大总统画像掷。结果可知，“章疯子”被卫兵强行捉入马车。袁把章软禁在钱粮胡同一所大宅子里，好吃好喝供着，亲友和弟子也可前去探望，但就是不让他出门。章也真有疯人本色，连骂三年，每日大书“袁贼、袁贼”二字，整日以此为乐。老袁知道了，只说了句：“彼一疯子，我何必与之认真也！”袁某，真乃死猪不怕开水烫。

《倒马桶》

作者：辜鸿铭

丁未年，张文襄（张之洞）与袁项城由封疆外任，同入军机。项城见驻京德国公使曰：“张中堂是讲学问的，我是不讲学问，我是讲办事的。”其幕僚某将此语转述于余，以为项城得意之谈。予答曰：“诚然。然要看所办是何等事。如老妈子倒马桶，固用不着学问。除倒马桶外，我不知天下有何事是无学问的人可以办得好。”

辜鸿铭（1857—1928），清末一怪杰。20 世纪初，西方人曾流传一句话：到中国可以不看紫禁城，不可不看辜鸿铭。他生在南洋，学在西洋，婚在东洋，仕在北洋。他精通英、法、德、拉丁、希腊等 9 种语言，获 13 个博士学位。

从喜欢侃大山到谨言慎行

许多书里说起袁世凯小时候，都说他书读得不好。

您知道为什么吗？是因为那时候袁老四喜欢侃大山。

您不能让他棋逢对手，如果碰上了，他可以海阔天空地神聊一天一宿不睡觉。这不，七子袁克齐就说过这样的故事：

我听老家人王凤祥说："总统少年读书的时候，并不十分专心，整天在家与徐世昌（那时徐在我家附学）谈论国事，因此成绩不太好。你二姑母学问很不错，对他考查很严。有一次，你父亲背不下书来，你二姑母就不让吃饭，我偷着把两个热馒头给他送到书房，因为得路过你二姑母窗前，只好把它藏在袖筒里，以致烫起两个泡。"

甲午战争失败后，袁世凯从朝鲜回来，朝廷对其在朝期间的表现是不满意的。据王伯恭《蜷庐随笔》记载：

中日和约既定，恭亲王一日问合肥（李鸿章）云："吾闻此次兵衅，悉由袁世凯鼓荡而成，此言信否？"合肥对曰："事已过去，请王爷不必追究，横竖皆鸿章之过耳。"恭亲王遂嘿然而罢。

李鸿章为袁世凯做了挡门板，但是心里也有点怪他在朝鲜过分积极，将局面弄成这样。所以有段时间李鸿章对其爱答不理的。这样，袁世凯便下岗待业了。

长大了，进了官场，袁世凯才摸到了做官说话的门道。所以，后来他身边的人回忆袁开口说话的事，给人的印象是他话不多，两只炯炯有神的眼睛射向你，专心得很呢，自己却只听不说，城府很深。其实，他在开口前必做三样功课。

其一，对慈禧太后、荣禄这些上级领导，他大多是少说为妙，不说为好。他教家人的秘诀是："慎言，言多必败，慎言，即所以免祸。"

其二，私下和妻妾们在一起，思想放松了警惕，粗话连篇，还不时地加上几句黄段子。六子袁克桓的同学关祥凯和刘梦赓回忆：

袁世凯任直隶总督兼北洋大臣时，我们去过袁府几回，大多是五姨娘接待。一次碰巧，袁世凯到五姨太房里，看见我们几个青年人，很高兴，问我们学什么。克桓一一回禀介绍。袁世凯脑门亮光光，双眼皮忽闪闪地望着我们，长过嘴角的胡须未言先翘："学洋玩意儿应上新学，要不怎么‘日他们先人’！”说完哈哈大笑。

其三，开会时，总是一个个点名让大家都把自己的意思说出来。在众人说完前，自己绝不表态。

袁世凯六子袁克桓。在袁世凯的诸多子女中，袁克桓是事业非常成功的一位，性格也比较像袁世凯，其小女儿袁家芯回忆说：“父亲的声音很洪亮，口才也很好，表达能力非常强。”

军人袁世凯

袁世凯是个如假包换的军人，在袁之前，中国其实没有真正的职业军人。几千年来都是秀才带兵打仗，明清的总督不单是地方政府行政首脑，还兼任军区司令，公检法一肩挑。

和日本打甲午战争，人家天皇在广岛大本营里与参谋部策划于密室，制订了详细的作战方案，据说连被中国人打败后，逃到西伯利亚的退路都设计好了。中国人却只顾满足于口水抗日，让那些“爱国诗人”写些慷慨激昂的对仗诗句，讽刺挖苦日本人，认真的军事准备却一样没有，结果可想而知。

袁世凯没进过军校，但是业余爱好军事。据说做政府部门文员时，人家吟诗作画，吟风弄月，他却一个人在那里捯饬兵家那些个事儿。同事们笑他，他却死不悔改。

练兵，练新式军队，这在袁世凯去小站前已经有几人干过了。袁世凯不是第一个，却是最成功的一个。袁世凯是在 1895 年接下不大熟谙军事的文官胡燏棻的练兵摊子，来到小站的。刚干了一年，1896 年 4 月，监察御史胡景桂参奏袁世凯“嗜杀擅权”，“克扣军饷，诛戮无辜”，以及用人“论情面大小食鬼遗多寡”等多条罪状。

袁得到被参劾的消息，感到十分懊恼：“两旬来心神恍惚，志气昏惰，所有夙志，竟至一冷如冰。军事实无心详述。”不久兵部尚书荣禄邀其幕僚陈夔龙随行，奉命前往查办。亲历此事的陈夔龙在《梦蕉亭杂记》中称：“该军仅七千人，勇丁身量一律四尺以上，整肃精壮，专练德国操。马队五营，各按方辨色，较之淮、练各营，壁垒一新。文忠（指荣禄）默识之。谓余曰：‘君观新军与旧军比较何如？’余谓：‘素不知兵，何敢妄参末议，但观表面，旧军诚不免暮气，新军参用西法，生面独开。’文忠曰：‘君言是也。此人必须保全，以策后效。’”荣禄回京后指令陈起草覆奏稿。陈建议拟“请下部议”。荣说：“一经部议，至轻亦应撤差，此军甫经成立，难易生手，不如乞恩，姑从宽议，仍严饬认真操练，以励将来。”就这样，为袁军军容所动的荣禄以所参各节“查明均无实据，应请勿庸置议”，将袁的各项控罪一笔抹掉，而且吹捧袁说：“查该道员血性耐劳，勇于任事……于将领中间为不可多得之员。”由于荣禄的庇护，袁不仅没有被问罪，反而受到清廷的慰勉。这对袁世凯来说是多大的恩情啊！后来谭嗣同要袁世凯杀荣禄，这是其不了解荣袁之间的这段生死之交。何况，袁一直标榜自己是新派人物中的稳健派，有意和康有为保持一段距离呢！

荣禄没看错人，袁的确是练兵的里手。袁练兵有理论：“治军之道，首重训兵，其次练兵，训以开其智识，固其心性；练以增其技艺，增其材力。”他开创了一个新时代，谓军人理政。从袁始，职业军人成为政坛的主角。其最响亮的口号是：枪杆子里面出政权！

军人袁世凯在彰德府秋操期间骑马疾奔的照片。这是英国《泰晤士报》驻华首席记者莫理循收藏的，也可能就是他拍摄的。袁世凯骑马姿势有模有样，没有上百小时的训练，不可能有如此熟练的骑术。可见，作为军人，袁世凯不是如外面所说“混日子者”。据说军人袁世凯平常少有笑容，生气时骂“混蛋”，气极了，“混蛋加三级”。待部下很客气，但官兵们都很怕他。说袁世凯坐在那里，眼光四射，像只老虎。

新军军营里的步兵刺杀训练。袁世凯规定每次士兵训练，军官都要在现场观看、讲评。当年袁世凯经常下连队，参加此类的讲评。

训练后必须开总结评比会（北洋第三镇），这一条被袁世凯坚持下来，没有走过场。袁世凯的武卫右军没有和八国联军正面交手过，为什么？傻瓜才喜欢和这种训练有素的职业军人交手呢！

整洁的军营（北洋第三镇）。上图中整齐的被褥我们看着怎么有点似曾相识？下图中的羊毛大衣被清一色地翻晒在外屋，以便于汗水的蒸发。从这两张图可以看到袁管理的到位。

57 岁寿终——命短

袁世凯 57 岁过世，未免早了些，搁到现在，连离退休年龄都没过。

袁的生命为何如此短暂？世人众说纷纭。信中医者归为进补过头所致。据天津袁府任总管的陶树德回忆，说袁每天凌晨五时起床，之后进办公室批阅一会儿文件，“然后喝茶、牛肉汁、鸡汁。7 时早点，包子四色，鸡丝面一碗（一般仅吃包子一两个，余下由侍从分充早点）”。“10 时左右，进鹿茸一盖碗。11 时许，进人参一杯。中午 12 时午餐”。下午“点心为西餐，然后服自制活络丹、海狗肾。7 时晚餐……”因此有人认为袁所食用的“多为补血强身、滋阴壮阳者”，属于补血强身过度。信纵欲过度之说者认为：“伤于情色。袁妻妾成群，不下十数，她们共为袁生育了 32 个子女。”

但是这些依据，个人看来，都有些牵强附会，腐尸味太浓，和现代医学的科学原理格格不入。窃以为袁世凯短命，首在“忧惧而死”，“忧惧”二字是他头上一把刀。洪宪帝制的美梦破灭后，引发了举国声讨，但真正伤及老袁的是北洋系亲信的众叛亲离。想想这些人曾经的“忠恳”，看看现在不可收拾的局面，心里一定似刀割。研究表明，人的每一次生气都会引发心跳加快，心脏收缩力增强，血压升高，血液变黏稠，从而造成心肌缺氧。伊朗国王巴列维、菲律宾总统马科斯被推翻后，都很快忧郁而死，袁难道是特殊材料铸成？

其二，袁世凯家族的男性都不长寿，都没过 60 岁而终。其父袁保中，享年 51 岁。养父（叔父）袁保庆突病死在南京任上，终年 48 岁。叔父袁保恒终年 52 岁。叔祖袁甲三军功显赫，官至漕运总督，也在 57 岁时寿终。人的寿命很重要的一点是来自于遗传。宿命点儿看，袁家男性的遗传里没有长寿的基因，这也难为不得袁大总统。

最后的原因才是袁世凯的过量饮食。袁世凯的秘书长张一麐一天早晨被袁找去问事，方坐下，问他早餐没？张一麐答已用，于是袁氏自个儿吃起来，“先食鸡子二十枚，继而进蛋糕一蒸笼，剖食皆尽。余私意此二十鸡蛋一盘蛋糕，余食之可供十日。无怪其精力过人也……”

袁世凯饮食并不挑剔，只是崇拜鸡鸭鱼肉。无奈人过 35 岁，新陈代谢慢了半拍，吃下去的高蛋白都被储存在腰部，所以《泰晤士报》记者莫里循报道袁就任临时大总统时的情景：“袁世凯入场，像鸭子一样摇摇晃晃地走向主席台，他体态臃肿且有病容。他身穿元帅服，但领口松开，肥胖的脖子耷拉在领口上，帽子偏大，神态紧张，表情很不自然。”胖子袁世凯如果去体检，一定是“三高”加重度脂肪肝。这样的身材就是典型的减寿型体态，外加他朝九晚六，连续九小时不挪地方地在中南海办公，长此以往不出事才怪呢！

这是1912年4月前后拍摄的袁世凯照片。这时候的袁世凯明显老了，胡子拉碴的，像一个皇城根儿下的糟老头。这一天英国记者为他拍了不少照片，不知道出于何种目的，袁世凯在如此重要的场合登台亮相时，却以一垂垂老矣的形象示人。这出戏我们看不懂。不管怎么说，三年多后，他便过世了。不能说英年早逝，也是命短！

洪宪皇帝当不成，只怪窝里反

袁世凯的帝制梦破，外因是梁启超和蔡锷的临门一脚，内因是北洋系的分化瓦解。内因是决定因素。所以史学家唐德刚置评："一般说来，袁世凯帝制的失败，是出于蔡锷所领导的云南起义，来他个当头一棒之所致。这个历史单元论（single causation），在比较深入的史家看来，只能唯唯、否否、是是、非非，前章已略言之。袁氏对民国如无二心，他的统治是笃笃定定，不会有太多的问题；他如背叛民国，来恢复帝制，那他这洪宪王朝，便是个泡沫王朝，一戳即破。殊不知，蔡锷在云南领导起义，其情况亦复如是。云南起义假如没个北洋系的窝里反，作为内应，单凭云南一省，甚至西南五省联合造反，也是枉然。"

那么，在外人看似十分强大，并且上下团结如一人的北洋系，为什么会出窝里反的状况？这就是袁大总统的错了。

到了袁世凯统治的晚期，他越来越脱离自己早期精心营造的那个以军领政的枪杆子集体，开始舍北洋这个大家，只顾袁世凯家族这个小家。这也难怪袁，早年逐鹿中原，需要枪杆子的背书，到了管理一个四分五裂的国家和地方势力做大的新国家，需要的是另外一类人才，曰谈判人才，曰出点子人才，曰财经能手，曰纵横家人才，北洋系的武人一个不会。眼下，20世纪初叶，袁世凯最急需的就是钱。地方割据势力暗潮涌动，想着法子把该上解的钱截留在地方。袁世凯的武装力量每日都需要金钱输血，焦头烂额的袁大总统高处不胜寒，每日里想的就是借钱渡难关。能从洋行借到钱的人，才是袁世凯最想依赖的人。段祺瑞能厚着脸皮去祈求人家洋行贷款吗？他不是这类人，自己到死都不吃嗟来之食。冯国璋能为袁大总统搞到钱吗？这家伙占着金陵城，威震四镇，整天想的是自己如何名利双收；而且屁股决定脑袋，做了地方大员，也和袁大帅玩起了截留上解银的把戏。袁世凯只能用自己中南海的那些祖籍南方的文人幕僚，利用那些喝过洋墨水的人去和西人银行家打交道。

另外，人过五十，开始想到百年后事，袁世凯显然想让那不争气还无人缘的大儿子袁克定来接他的班。于是乎一大批投机分子便聚集在太子旗下，买这个潜力股，这让北洋的"龙、虎、豹"们寒心不已。这样的状况，如果袁采守势，将其实际权力大于皇帝的"终身总统"传给袁克定，还能勉强为之。但是袁偏偏走险棋，要"洪宪皇帝"一把，这就面临着一个手下强人重新站队的问题。王士珍这条"龙"以告老还乡的实际行动表了态；段祺瑞这只"虎"，不反皇帝，专反太子；冯国璋这只"豹"直呼太子为曹丕，说袁大总统如果做了皇帝，"像这样的曹丕将来如何伺候得了"。唐德刚评论说："他老人家晚年，班底里的主要配角，一个个各唱其戏，他这个袁兰芳只好唱个独角戏，就卖不了票了。"

西方人的漫画《袁世凯的皇帝梦》。“登基”和“称帝”，我们暂且不说是不是民初混乱局面下的一种不得已选择，如果我等只聚焦在这两个名字上显然太过简单化了。欧美主要发达国家有一半到现在还是君主立宪制，民主一样没少，关键在“臣民”是否开化。埃及一开放选举，大妈大嫂便投穆兄会的票，反之威廉一世时期是最典型的专制帝国，德皇要造皇宫，邻居是个“钉子户”，他也没辙，法院不支持拆迁，到现在“钉子户”还大咧咧地在那里煞风景。关键是民智开化。对这两样中国人至今还稀里糊涂，你能指望民初就看透本质？

私心太重

袁世凯总体上还是个旧军阀式人物，只是跟着李鸿章等清末汉员革新派混，学到不少技术层面的新玩意儿，本质上还是属于新瓶装旧酒的人物。

晚年袁世凯搞政治讲的是“圈子”，不属于一个圈子里的人不用，只相信血缘，最多还信任些幕僚听差。正所谓用军阀思想来治理偌大一个国家的政事。《剑桥中华民国史》对这个时期的袁世凯当政评价很严厉：

1912 年 2 月，当庄严的统治权从未成年的清代皇帝及其朝廷手中传给袁世凯的时候，中国丧失了强有力的政治一体化的帝制象征，而它已具有两千多年的历史了。换来的却是一个无耻的、反动的军国主义者占据了中央地位，他既无纲领，又无皇帝的权势；新的共和制意义不大。按照这种观点，革命的后果是迅速陷入了袁世凯庇护下的军阀主义。

用军阀思想当政，这就难免把公心变成了私心，把专制皇权当成“袁氏军事集团”的私产。办事用人以圈子论英雄。袁世凯就是这样一位主政者，而且越到老私心越重，圈子越小。最后终于听信了别人的谗言，搞起了驾轻就熟的“皇帝老儿”那一套，虽然他的“洪宪”与时俱进地加上了一个“君主立宪”的帽子。

由于私心重，他在做总统和做皇帝之间很纠结。不是他纠结哪个好，哪个孬，而是他纠结一下子拉开脸做皇帝是不是会搞砸了。这一纠结，让历史学家唐德刚看得最彻底，他对称帝前的袁世凯的心理活动做了一个小小的素描：“又想，又怕；又默认，又否认。”唐说：“‘做皇帝’的诱惑力虽大，为个人利害着想，事到临头，权衡轻重，他也既想着，又怕着。”

又想当皇帝，又怕舆论。所以袁世凯到了后期一改年轻时的爽朗大笑，话少了，谨慎了，观风的滑头多了。而且自己内心并没有一个现代文明的“主义”，凡事的评判标准就是一个“对我有利吗？”所以更显私心重重。

这点当年梁启超也看得门儿清，袁世凯“纯以个人利害为本位，而不知国家社会为何物”，因此“袁氏多统治一日，则祸乱之程度加深一日”。

私心重这点最易让门下察觉，也是最易让忠心有二心的杀器。这就是他晚年众叛亲离的原因所在。他也知道，所以只能依靠血缘关系维系政权。到了最后，袁世凯把圈子分五层：最外围的是政敌关系，是他“二次革命”重点打击对象；接下来是梁启超这类半敌半友的势力，既打击又拉拢；第三圈是昔日老部下，走拉拢为主、喝阻为辅的情感威严路线；比较核心的是幕僚跟班，依靠他们抬轿子；最核心的是血亲。可想而知，这样的划分必是圈子太小，格局太小，最后又因儿女不是这块料，私心重的袁大总统必败无疑。

袁世凯就任大总统时在中南海居仁堂办公室里的留影。图中可见其办公室安装有新式暖气片。

一当政便见光死

甲午战争后，再傻的国人都知道，老大破旧的大清国必须经过一番脱胎换骨的凤凰涅槃才能自救。当时自救最便捷的途径就是师法日本，学习欧美。受大气候的影响，袁世凯也是倾心于变革的。但是他的变革和当时大多数朝廷改革派一样，只见树不见林，犹抱琵琶半遮面，以为“中学为体，西学为用”就可解决这个“老大帝国”的问题。

所以表面看袁世凯留了山羊胡子，用上了电灯，但骨子里还是那些君君臣臣的旧概念，一点儿也没有伊藤博文的国家、国民、政体这些新概念。梁启超定义他为：“袁氏诚不失为一大人物，然只能谓之中世史黑暗时代东方之怪魔人物，而决非在19、20世纪中有价值的人物。”

袁世凯为何从早年的“万人迷”跌到称帝时的“中世史黑暗时代东方之怪魔人物”？这其实是近代中国当政者的宿命。百多年的历史告诉我们，国人的问题其实还是一个民智未开的问题。因为没有现代文明的国民，历来的当政者总逃不脱“人治”，袁世凯也逃脱不了这一宿命论。窃以为这就是“当政者见光死”的宿命，这是无国民性国家的通病。

民国初创，混沌不开，一下子少了数千年来不可或缺的“圣上”，政局的演变如西洋镜和万花筒。百姓没了磕头对象，政客自己也没了行事准绳。如果袁世凯是个有理想、有路线的新式政治家，受了挫折后他会百折不挠，有如南非黑人领袖曼德拉。恰恰袁世凯只是旧文明下的一个“最成熟的政客”，受到一点点不顺便会怀旧，便会喜旧厌新想专制。

他对晚清末期渐渐形成的地方坐大的局面一筹莫展。该收的税款收不上来，该整顿的政务，到了省一级就刀枪入库了。这时的他时刻想的就是收权，或者专权。慢慢地发现以前一帮子鞍前马后跟班的“龙、虎、豹”，也不怎么听话了，在外面不停地拆他的台，甚至挖他墙脚。最可恨的是现代政治讲的是“政党政治”，袁从来就不尿这一壶，只是嘴上敷衍，等到国民党真在国会玩得风生水起，他便六神无主了。最后想想，还是自己的娃娃接班最省心。这个时候有没有现代文明思想就成了袁世凯这个“最成熟的政客”之关键所在。没有，袁世凯便会义无反顾地想起旧日“皇上圣断”的好，也就情不自禁地想到龙椅上的“爽”。近代中国当政者都有这个宿命：一朝有权，便把国民当臣民，把新政体当朝廷使唤，而百姓没了磕头之地则浑身不舒服。所以再“伟大”的政客，都会走麦城，留下独裁骂名是难免的。所以“一当政便见光死”，近代史，袁世凯是第一个，以后还不断有人接龙。

1917年7月，张勋复辟期间，紫禁城边的张勋军营。照理说受专制政体压迫数千年，采共和制后大家应该高兴才是。可一当政便见光死，几位当政者像走马灯一样，生出了许多无皇帝的“乱象”，让老百姓受尽折腾，这就让大家怀旧了。于是张勋带着八千辫子军轻而易举进了北京城，复辟了。一时北京城的假辫子是洛阳纸贵，但照片上的士兵都是真辫子，张勋的兵营里谁剪辫子谁倒霉。就是这样的人物，张勋在历史上并没有比袁世凯更臭，怪哉！

1917年7月战斗后，北京故宫的一个营地里，停满了死去士兵的棺材。

第二章

亲历袁世凯

曾几何时，袁世凯给我们的印象是个杀人不眨眼的魔王。诚然，这可能是对政敌吧。但是接近他的同事给了我们一个迥然不同的袁世凯形象。应该说，袁世凯身后，其部下和同事写袁世凯，比今人写袁要真实很多。

曹汝霖："老好人"袁世凯

过往印象，袁世凯是个杀人不眨眼的魔王。诚然，这可能是对政敌吧。不是有句话流行了半个世纪吗——对待敌人要像严冬一样残酷无情？但是接近他的同事给了我们一个迥然不同的"袁大善人"形象，一下子让我感到此君"对待同志像春天般温暖"。

袁世凯的同僚孙宝宣曾说他"言谈和蔼"。人民大学的张鸣教授转述说："袁世凯很难对他的部下树立权威。曹汝霖曾经提到这样一件事儿，就是袁世凯当总统后召开最高国务会议，各部的总长总是迟到，一迟到就是一两个小时，以至于会议完全没法开。他们为什么迟到呢？通宵打麻将，这些人明知道第二天要开会，但还是通宵打麻将，赌博。袁世凯想治也治不了，因为他不愿意跟任何人翻脸。"由此张鸣感叹说："袁世凯这个人有他厚道的一面，除了跟他有直接政治利益冲突的政敌以外，其他人对他印象都不错。"

何止"印象不错"，有些人和他八竿子都打不着，"袁大善人"仗着做民国总统，口袋里有两个闲钱，经常去"救济"那些往日里对他恨之入骨的满人。帮他管钱、发钱的经手人唐在礼证实："过去不是自己人的，其中有的是清廷的贵胄或官僚，对于这类对象，凡本人不愿离京他去的，就予以安置，给个挂名差使，每月补贴若干，使他们安心吃现成饭。但官场的活动一般很少请他们参加。如阿穆尔灵圭、那彦图等部安置在翊卫处当都使、副都使等职，铁忠安置到统率办事处参议处行走，冯耿光等被聘作总统府顾问，等等。"

袁世凯的总统府内史，袁称帝时的吹鼓手夏寿田，谈到袁世凯婆婆妈妈的好脾气时说："某日，本人同袁早餐，有牛奶酪，袁令差官电问冯上将军（冯国璋）早起否，将这碗牛奶酪送去，说是冯上将军爱吃的，总统今早上正吃，便想起上将军，特地送来。又一日，同袁午餐，有大红烧猪膀，袁言'这是华甫（冯国璋）爱吃的'，又令差官电告冯上将军等等吃饭，总统就送菜来，佐以大馒首四个，说今日午饭，知道这菜是上将军爱吃，所以送来。又赠送周夫人（冯国璋夫人）礼物甚多。冯觉得总统当作自家人，故体贴如此。"

这些所谓待人接物的小节最易拉拢人，但凡搞政治的都会这一手。如果你戴着有色眼镜，你尽可以说这是"权术"。但在我们这个国度里，官僚之间的融洽，官民之间的"作秀"，往往就是由此类"权术"来提高美誉度的。但是切记，搞一两次这类"权术"不难，难的是搞一辈子，没有利害关系时也搞，那才不简单呢。在我看来，袁世凯从本性上说来，就是一个爱拉关系的"老好人"性格。只是随着权力的膨胀，"老好人"的性格必会掺入"权术"的考量。五洲四海皆同！

1916 年 6—7 月，章宗祥（左）、曹汝霖（中）、陆宗舆（右）三人在北京中央公园（今中山公园）合影（“五四”时期的“卖国贼”全齐了）。曹汝霖回忆录多处涉及袁世凯，他说：“小站新军由项城一手训练而成，将领都是项城的心腹，向来只知有袁宫保，岂铁宝臣所能转移。”“开办京张铁路（北京到张家口），不借外资，不用外人，由袁项城保举詹天佑君办理。詹君留学美国，与美国工程师金达从事铁路有年，资历很深，由袁项城委为京张铁路总工程师。”曹汝霖这番故事的背景是：1881 年，被清廷强令中途辍学的 94 名“留美幼童”，回国后境遇很惨，不是找不到工作，就是学非所用。詹天佑便是其中一个。1901 年，袁世凯被清廷任命为直隶总督兼北洋大臣，被湮没 20 年之久的“留美幼童”们这才有了用武之地。京张铁路开工时，袁世凯派其幕僚郑元直将一座鸟鸣钟送给詹天佑，以示关怀。后又有《致詹天佑函》，写道：“修筑京张铁路，乃大张我国人志气之举。”可见，由袁世凯的部下和同事写袁世凯，比今人写袁要真实很多。

张謇：胖墩青年有点儿憨

袁世凯年轻时待人接物还是比较真诚的，否则不会有徐世昌、严修这样的一大批挚友。脾性比较随和，甚至有时候还比较憨。谁对这样的人都不会设防。

李鸿章的幕僚于式枚回忆：袁从朝鲜回国，在天津闲逛期间常到李鸿章幕府来和一帮幕僚神聊朝鲜那里的故事，把个朝鲜王宫里的绯闻掀得底儿朝天。于式枚听了兴奋不已：“人皆喜聆其言论，目为一世之雄。”所以只要胖墩袁世凯喘着粗气，汗淋淋地跨入门槛，大家就戏称：“曹操来了。”胖墩袁一点儿也不生气，一副泰然处之的憨样，不禁让于式枚感叹：“余暗窥其举止，确非常人。”

创建民国的功勋，光绪年间的状元张謇，早年和袁共过事，还是他的文章师傅。张謇对这位不爱看书、做事利索的胖墩，当时就有一番评论寄到袁的叔叔处：“慰庭任事非不勇，治事非不勤，但他的举动总夹杂着世故客气的做作，不是一个有学问的人应该有的。不过，要说起他的才能，恐怕是您家族中谢玄（淝水之战的谢玄）那样的人物。他现在从军驻扎在动乱的国家，希望您嘱咐他谨慎从事。”

当时袁世凯23岁，张謇29岁。23岁的袁世凯还没尽脱憨气，做事情不知道藏着掖着。心里怎么想，嘴上就怎么说。据说半个学生的袁世凯，起先尊称张謇为“夫子大人”，后来袁在朝鲜庆军营中每升一次官，对张謇的尊称就降一个等次，从“夫子大人”到“先生”，又变为“翁”，最后以“仁兄”称之。张謇给袁世凯写信调侃说：“足下官阶之愈高，则本人称谓愈小。”袁世凯看了，只是笑笑，也不反驳。尽管张謇后来和他在政见上有所不同，两人还不时地闹些分分合合的勾当，但称帝时的袁世凯还是亲封张謇为“嵩山四友”，免其跪拜称臣、赐朝服肩舆、入朝赐座并许以年薪二万银圆优厚待遇。但张謇不领情，回老家南通搞他的“实业救国”去了。

从这些片言只语中，我们可以看到河南老乡袁世凯，年轻时的确有一种河南农民特有的憨厚劲儿。但是这仅有的一点儿“真”到了官场上，尤其是混迹官场数十年，再多也会转变成“术”。袁世凯也不能免俗，甚至可以说乐此不疲，连想做出点儿“名士”的样子也不可得，甚至视名利为终极目标。只有到了帝制失败后，袁世凯才对幕僚张一麐吐露：“吾今日始知淡于功名、富贵、官爵、利欲者，乃真国士也。仲仁（张一麐）在予幕数十年，未尝有一字要求官阶俸给，严范孙（严修）与我交数十年，亦未尝言及官阶升迁，二人皆苦口阻止帝制，有国士在前，而不能听从其谏劝，吾甚耻之。……总之，我历事时多，读书时少，咎由自取，不必怨人。”能说出这些悔恨之言，说明他的憨还没有完全泯灭。

袁世凯的老朋友张謇

袁克桓：老爸曾是机灵鬼

袁世凯在朝鲜的时候，起先也就是李鸿章卖个人情，将他送到淮军营里“历练历练”。谁知道这个二十出头的胖墩能在平凡的工作岗位上干出不平凡的事情来。其所作所为，暂且不论于国于朝廷到底是有利还是有害，光是和“鬼子拼了”这一情节，就够如今的爱国愤青们狂赞的。袁这个爱国愤青是如何爬上朝鲜“太上皇”的位置的？从其家族后代的只言片语中我们可以略知一二，原来愣头青袁世凯靠的是“机灵鬼”这一招。

袁世凯五姨太天津杨氏所生的儿子袁克桓有个关姓好友，和克桓无话不谈。从关姓朋友口中我们知道了不少袁世凯的“荷马史诗”——“吴长庆是袁世凯父亲袁保庆的拜把兄弟，收留袁世凯任营帮办，随同开赴朝鲜。船抵朝鲜南洋港，吴长庆命先锋营登陆，营官见士兵不懂水性，个个东倒西歪，叫不起，行不动，请求稍缓。吴长庆大怒，以贻误军机重打营官二十军棍，将其撤职；复派袁世凯代理。袁奉令后立命伙头委（炊事班）登岸围灶，大喊‘午饭挪至岸上，一外委（班）一只烤全羊’。仅一个时辰，士兵一切就绪，吴长庆对袁大加赞赏。”袁世凯这招比较狠，这叫“饥饿疗法”，就是猫狗，也架不住食物的诱惑。

传说，清军入朝后误以铜为金，抢掠百姓，更有甚者夜宿农家，吴长庆极为担忧。袁世凯自告奋勇，担当整顿军纪的任务。吴长庆授以全权，并予以可处极刑的令箭。袁认为全处置了必乱，抓最“牛”的开刀即可。吴长庆嫡系协营官带几个人强住民宅，强奸民女，老板娘、媳妇、姑娘一个不落，民愤极大。袁命亲兵将其生擒，录完口供后处斩。吴长庆闻讯后亲临袁营，袁世凯知道是来讲情，借出恭，命亲兵立即执行，没等吴提督张口，几颗人头献上。吴见事已至此，不如顺水推舟，看了口供后连声道：“好、好、好。”从此军纪大振。袁又率兵围剿扰乱百姓的山贼，要求买东西按价付钱，受到百姓拥护。

袁世凯自小不爱读书，长辈给他的评语是“资分不高，而浮动非常”。《朝野新谭》中说，袁世凯投奔吴长庆后，吴作为袁的长辈，认为袁年纪尚小，应该多读一点书，大才子张謇老师每批改袁的文章，总认为“文字芜秽，不能成篇”。但是袁不爱读书勇于干事，而且在实干上他又有其机灵能巧的一面，外加当时的官场上升通道没有完全堵塞，他当然也能做官。美国作家布朗对这位机灵鬼有过一段评述：“袁世凯个性强悍，年仅 26 岁的他当起了朝鲜的‘太上皇’，在平壤这个风起云涌的朝鲜首都迅速形成具有压倒性优势的强大势力。这个年轻人为朝鲜王室训练出了一支精悍的现代化军队，并以此掌控了朝鲜的局势。”可见机灵鬼袁世凯还是凭真干、敢干，闯出了一片天。而这恰恰是同僚缺乏的。

袁世凯治军严明，有句口头禅是：“别让他们小看咱们大清！”

1882 年，朝鲜发生壬午军乱，清廷应邀出兵平乱，袁世凯乃随吴长庆率一支清军配合行动。

战斗中，袁世凯一路放枪，带头冲在最前面，他的坚毅勇敢感染了部下，兵变很快得以平定。吴长庆在给清廷的呈报中将他赞扬了一番，说他“治军严肃，调度有方，争先攻剿，尤为奋勇”，报以首功。

1884年，朝鲜亲日派朴泳孝等密谋发动政变，事先设鸿门宴，拟将清军高级将领一网打尽。清将吴兆有等洞悉其情不欲前往，袁则裹甲怀械先一小时赴席。稍进酒馔即告辞，牵朴泳孝手至门前，从容返营，使这一暗杀行动胎死腹中。

1884年，甲申政变，驻朝日军欲趁机挟制王室，袁世凯勒兵勤王，自行带兵冲进王宫，击退日军，救出韩王。由于韩王在清营中，袁世凯遂代其主持内政、外交、军事，后韩王回宫，亦邀请袁入宫护卫，居住偏殿，和国王仅隔一墙，朝夕晤对。

一张十分罕见的袁世凯照片，袁世凯在朝鲜与各国驻汉城使馆人员合影。前排右二为袁世凯，右四为唐绍仪。这张照片可能是袁世凯最早拍摄的照片，至少是我们目前能见到的袁世凯最早的留影。瞧，照片上日本人不少，说明日人早就在朝鲜不惜代价地布局了。那时候袁世凯也就是25岁上下，把个驻朝鲜总理交涉通商大臣、二品驻外大员的官“做大”“做强”“做优”了，最后俨然成了朝鲜的“太上皇”。此君用现在的话衡量是个“开拓型的干部”，还“两手都硬”呢。

唐在礼：事无巨细都想到

做事儿实是袁世凯的一个行事规律。此君是个烂屁股，50岁后坐在中南海办公室的大皮椅子上半天不挪动一下。整天就是批文件，听汇报，召集人们议事。事无巨细一概需他亲自过目，亲自定夺。他自己说每天工作强度是九小时。万事都理得有头有绪。

管钱的唐在礼回忆道："当军需处工作开始时，袁曾经特别提示我，本处所需各款，必须事先拨足储备，不得临时拮据误事。所以日常处里所存款项至少有50万元。平日几万、几十万的手条应付裕如。偶然有时存款已不满50万元，我便进去向袁报告，说明存款已不满50万了，希望财政方面能早些拨款。袁常回答这样一句话：'一会儿我就见他们（意指管理财务的大员）。'常是我早晨上去回话，下午款即拨来。那时钱来得很爽快，一笔款子拨个百十万、一二百万不稀奇，也并未感到财政紧张。"

阅读袁世凯身边工作人员的回忆录，大多提到他一个不可多得的好处：答应人家的事情，答应拨的欠款，基本是上午答应，下午钱就拨付到手。我认为这是中国领导干部最缺的一大优点，困惑我多时的袁世凯为什么会成功，便迎刃而解了。就我打交道的领导，不是不守承诺，就是推三阻四，找借口赖账："这事不归我管。"袁世凯如真似其属下所说，将银子准备到位，以待随时调用。这就是他能从一个河南愣头青一路扶摇直上的秘诀所在。试想，银弹都上了膛，哪有事不成的？退隐洹上村，家中常常宾客满堂，他分别给待遇、给资助。有人说，那两年里几乎每个月都有革命党揭竿而起，"皆袁之金钱蒸发力也"。

袁世凯钱到位了，管起人来也是相当到位的。他不但事无巨细都要管，而且还疑心重重，生怕哪里出纰漏，哪里被人耍、被人骗。唐在礼将其这些特质都一一晾晒出来："袁对机要方面的自己人抓得很紧，除非他有差遣，我们绝不能擅自离开。万一他凑巧碰到我们不在公事上，他必然起很大的疑心，必然要求各关系方面打听清楚，当时这个人到何处去了，办何事去了。如果他不能放心，可能就从此'多有未便'。所以当时我们都不敢擅离职守，直到晚上下班才得自由。我在下班以后，总要同几位同好的同僚去吃花酒、找乐儿，但同僚也只限于固定的几个人，妓女也只是几个固定的对象，免得惹袁的疑心。至于其他的活动也有相当固定的所在，俾有事便于立刻可以找到我，不至于惹出是非。"

一个成功的政客往往总有过人的一面，袁能攀登权力之巅，一靠其娴熟的政治手腕，二靠的就是这"勤奋"二字。他的勤政，历史上大概只有雍正皇帝可以与之媲美。但是他不如雍正的是出身，所以袁终身没有安全感，连大儿子克定都不相信，故事无巨细都要自己来。人家做了，他要多留份心眼。正如现在网络语调侃的，袁世凯认为"总有刁民想害朕"。

THE ILLUSTRATED LONDON NEWS, APRIL 20, 1912.—600

CHINA, THE REPUBLIC: THE PRESIDENT AND THE PRESIDENTIAL HOME

PHOTOGRAPHS BY ILLUSTRATIONS BUREAU.

1. WHERE YUAN-SHI-KAI WAS FORMALLY INSTALLED PROVISIONAL PRESIDENT OF THE REPUBLIC OF CHINA: THE NEW WAI-WU-PU (FOREIGN OFFICE), PEKING, IN USE FOR THE TIME BEING AS THE PRESIDENTIAL RESIDENCE.

2. AT WORK WITH HIS SECRETARY: YUAN-SHI-KAI, PROVISIONAL PRESIDENT OF THE REPUBLIC OF CHINA.

[illegible]

1912年4月20日《伦敦新闻画报》发表的大总统袁世凯与大总统府影像。1912年3月10日下午3时，袁世凯在北京石大人胡同原清朝外务部公署宣誓就职临时大总统。就职后，此处改为临时大总统府。下图站者为时任大总统府副礼官蔡廷干。

顾维钧：他不知共和为何物

对袁世凯的评价历来有一个“近香远臭”的现象。到了陈伯达时期，一本《窃国大盗袁世凯》，如此走偏锋的极端评价也能红极一时，可见历史任人打扮到了何种程度。

呜呼，评价历史人物哪能采斗鸡眼评法：好就好得云里雾里，坏就坏得十恶不赦。这对待历史人物的准绳就偏了。

历史人物不就是历史上的高级公务员吗？纵观天下，90% 的公务员都是屁股决定脑袋者，哪有坐在这个位子上，尽想着干些挖自己墙脚的事情？公务员的政绩只有做得完美和欠缺之分，没有好恶之别。果然一看袁世凯身边人的回忆，抽象偏颇的袁世凯立刻倒下，有血有肉的公务员袁世凯立起来了。

袁世凯外交秘书顾维钧评价袁世凯：“坚强有魄力，谁一见他也会觉得他是一个野心勃勃、坚决果断、天生的领袖人物……和顽固的保守派相比他似乎相当维新，甚至有些自由主义的思想，但对事物的看法则是旧派人物那一套，他是个实干家，卓越的行政官吏、领袖人物。”

顾维钧评价袁世凯的外交工作称：“此人处理对外关系颇有经验，当他任总统时，实际上同时又是外交总长……袁世凯总统都是幕后的真正谈判者。袁总统在对外关系上是煞费苦心的，对政府所做的一切亲自承担了责任……他是一个老练的政治家，他不仅深知中国积贫积弱，也洞悉日本帝国的扩张政策，他是一个爱国者，即他在处理对外关系中特别是对日关系中唯恐丧失中国的主权。……他为人精明，长于应付各种人物，但从未想把才能应用在治理国家，使之走上民主化道路这一方面。”

顾维钧讲了一个袁世凯和他探讨“共和”的故事：“我记得 1912 年秋天我和袁世凯有过一次谈话。”顾把共和历史的来龙去脉告知一二后，袁接着问：“共和的含义是什么？”他回答，“共和”的意思是公众的国家或民有的国家。袁对此颇有疑惑：中国老百姓怎能明白这些道理？打扫屋子时，把垃圾堆到大街上，他们关心的只是自己屋子的清洁，大街上脏不脏则不管。顾回答：“那是由于他们无知。但是，即便人民缺乏教育，他们也一样爱好自由，只是他们不知道如何去获得自由，那就应由政府制定法律、制度来推动民主制度的发展。”袁问：“那需要多长时间，不会要几个世纪吗？”他回答：“时间是需要的，不过我想用不了那么久。”

顾在回忆录里强调：“我提这段话的意思是想说明，袁世凯不懂得共和国是个什么样子，也不知道共和国为什么一定比其他形式的政体优越。他的统治越来越趋向恢复帝制，保持旧的制度，使自己高高在上。他不只是不了解共和国需要什么或民主如何起作用，看来他根本没有实现共和或民主的愿望。”顾维钧的话比较贴近真实的袁世凯。历史学家傅国涌说：“袁世凯之问，真的无比沉重，相隔 100 多年还能感受得到它的分量。”袁确实完全不懂共和国的性质，他只是以帝国时代丰富的从政阅历来思考问题，而举国上下又有几人真正明白共和到底是什么？

时任袁世凯外交顾问的顾维钧

顾维钧：袁大总统开会的架势

顾维钧回忆1914年日本侵占青岛后袁大总统主持召开的一次会议：

总统府召集会议，所有内阁部长均出席，参事也被邀与会。他首先要听取三位法学家的意见（略）。总统叫伍朝枢发言（略），袁世凯又叫金邦平发表意见。袁世凯转问陆军总长段祺瑞，他想从陆军总长那里了解为了保卫国土，中国军队能采取哪些行动。

段回答说，如总统下令，部队可以抵抗，设法阻止日军深入山东内地。不过由于武器、弹药不足，作战将十分困难。总统直截了当地问他抵抗可以维持多久，段立即回答说四十八小时。总统问他四十八小时以后怎么办，他望了望总统说，听候总统指示。总统再问外交总长孙宝琦（略）。总统环顾左右，等待别位总长发表意见。然而大家沉默不语。总统深深叹了口气说，他很明白根据国际法，法学家们认为我国应该怎样做的意见，然而我国毫无准备，怎能尽到中立国的义务呢？……总统拿着一个准备好的小纸条作为发言的依据。他提醒大家，十年前在满洲，中国曾遇到过类似的事件。1904年至1905年日俄在中国境内交战，那时无法阻止日军的行动，只好划出“交战区”。那么，现在也可以划出走廊，日本可通过走廊进攻青岛，中国不干涉日本在此区内通过，在此地区以外中国仍保持中立。

开会前袁世凯会做足功夫，特别是他擅长的外交事务。顾维钧回忆道：“每次记录都是一式三份——一份呈总统，一份呈外长，一份归我本人。总统对交给他的一份记录阅读非常仔细，不时用他的红蓝铅笔将需要特别注意之处一一画出，并做批注，指出下次会议应说些什么，有时还和我一起阅读。”

由于功夫做足，到了会场，轮到老袁说时，他便慷慨激昂，俨然一个演说家。1915年7月21日，美联社报道过袁世凯的一次中央机关内部讲话：“满洲南部的宗主权逐渐落入到外国人的手中，……外国侵略者已经来到了门口，但是我们的人民仍然每天处于困境之中。我年纪已经很大了，并且清朝给予了我神圣的信任，所以当我承担了共和国大总统的职责时，我怎么能够让这个国家被毁坏呢？当我们想到我们士兵低下的纪律，行政事务的低效，席卷各个省份的洪水和饥荒，一些官员的自私以及在人民中缺乏公众精神，我们应当责无旁贷地去帮助他们意识到在我们沾沾自喜的时候，我们已经躺在了稻草堆上，草堆下火焰已经燃起。……”

袁世凯年轻时在朝鲜就是这么慷慨激昂地说话的，那时是个爱国愣头青。其实贵为总统也是如此。如果研究历史的，不看他的所作所为，只听他做报告，会感觉袁世凯和文天祥差不多一样爱国，所以不能凭冠冕堂皇的官样文章和报告来评判历史人物的美丑。

1912 年 3 月 10 日，袁世凯（前排左六）在北京石大人胡同前清外交部公署举行宣誓就职临时大总统仪式，参与就职仪式的有各国使者和北洋将领。袁世凯右边第二人为时任总统府高级顾问、参谋总长荫昌，第三人为时任海军部总长刘冠雄，第四人为总统府秘书长梁士诒。前排左二为袁世凯幕僚武卫右翼翼长段芝贵，右一为北洋政府国务总理顾维钧。袁世凯 20 多岁时非常活跃，当了总统后，话不多，不轻易表态，给人捉摸不定的感觉。甚至很多心里话，连一生的朋友徐世昌也不知道。但是在下属看来，每次开会，他都能让人畅所欲言，与会者并不担心说错话会秋后算账。从他同事的回忆录里可以得来这样的印象：他像个领导样子，在会议结束前，能总结大家的发言，提出一个归纳性的结论。

“视黄金直如土块”

我一直纳闷，清代总督年薪才180两，雍正朝后总督的养廉银是一年1.8万两。袁世凯兼着八个大臣，最多合法收入是20万两左右。可是袁世凯花起钱来却大手大脚。

《大盗窃国记》说他“敢于用财，视黄金直如土块”。

这里所说的“视黄金直如土块”不是指的他自己乱花钱，相反，他不太注意自身的生活品质，邋里邋遢，连块像样的手绢都没有，吃完饭用袖管当手绢抹嘴。

他的钱大多到了别人口袋里，上至太后、王公大臣，下至部属、下人。

送长辈，送亲友，送同事，人家宫保不看广告，不送脑白金，不送黄金酒，人家送的是真金白银。

随便找几条宫保干的“好人好事”：

一次见段祺瑞成无房户，袁世凯临回籍前将北京私宅赠予段；一日为自己的幕僚阮忠枢娶小妾，他全额赞助，全程陪同；有一回给即将走上军机首辅领导岗位的庆亲王奕劻送去银票10万两。

而他自己的正太太于氏却抱怨他不给家乡的母子定期寄钱。

您可别以为袁世凯纯粹因为性格豪爽，讲义气，重情义，其实他满脑子都是“舍不得三升米，交不到好邻居”的功利主义，算是刘备一类的旧式英雄。

送要送得自然，发自内心的一百个情愿，而且要旁敲侧击，于无声处听惊雷。1962年，北京旗人老大爷察存者给我们说了一个57年前的故事：

新入都的京官照例都有一次普遍拜客的习俗。可能就是袁世凯从直隶总督调京内用为外务部尚书的那一年，有一天，他来拜会我父亲（增崇，字寿臣）。我父亲唤我去见他。我听说是袁世凯，非常高兴。因为我曾西听一言东听一语，在报上也曾见过不少关于袁宫保的故事。今天遇到这样一个机会，我正好看看他是怎样的与众不同。

一进门，我走了几步，随即又向前抢行到袁世凯跟前，认认真真地给袁世凯请了一个安，叫了一声“大爷”。转瞬间，只见袁世凯闪电似的离了他的客位，也照样抢前对我还安如礼，口中还连说“不敢，不敢”。袁世凯双手紧紧拉着我的双手，连说：“老弟好！老弟好！”半侧着脸用炯炯的目光看着我，同时又半侧着脸对着我父亲说：“老弟真英俊，真英俊。”

这时袁世凯便问我：“经书都读过了吧？”我说：“现在才读《周礼》，《易经》还未读。”袁世凯说：“《易经》是要慢慢地读的，不可太快。”又说：“老弟需要些什么书，我可以给送过来。”

我想，袁世凯张口老弟，闭口老弟，给我还安。这可一点也不像我所见过的那些汉员如王文韶（大学士）、鹿传霖（尚书）那样的神气。我见王文韶时，我给他一揖到地，他连座位都不离，手里的水烟袋也未放下，只是半起半坐、歪歪扭扭地拱一拱手就算还礼。我对王文韶那种倚老卖老的傲慢神气很不高兴。我对老师陈述了方才见袁世凯的情况。老师是旗人，听了之后，也连说："瞧瞧人家，这才真正是干才。要是多有几个袁世凯，中国何愁不强！"老师停了一下，接着又说："可是外边都说袁世凯居心叵测，也许和曹操一样，治世之能臣，乱世之奸雄，可也真说不定啊。"第三天的中午，我刚下早学，就看见门房的院子里摆着五个木板箱子（可能即"五车"之意）。门房的人对我说："袁大人差人给少爷送书。"我一看那张大红名帖上的"袁世凯"三个字上，又加了用墨笔写的"世愚弟"三个小字。打开书箱一看，其中有天文、地理、经济、政治、音乐、教育，以及兵法、军事、哲学、法律、国际公法、伦理等各种东西洋学说的译本，还有多种教科书，真是种类繁多，不胜枚举，而且都是京师大学堂所编辑，直隶或湖北官书局出版的。

察存者哪知道，袁一口一个"老弟"，是因为他爹是内务府大臣，"慈禧办"主任。四十出头的袁世凯对他热情，是因为老袁有年龄优势，想更上一层楼。不像王文昭一行将就木的老头，老无所求，对他摆架子。袁世凯知道这世上还没见着送礼让人恨、说好话让人生气的事。袁还知道，这不仅是豪爽，更是一种投资，中国官场属它性价比最高。

袁大总统在中南海那会儿，张作霖还是个杂牌的27师师长，由东北来京谒见袁。

胡子出身的张师长，毕竟没见过宫里的好东西，和总统大人谈着谈着，两只眼睛死死地盯住办公室的四块打簧金表。这金表每个边上都环绕着一圈珠子，表的背面是珐琅烧的小人，样子是极其精致的。袁是多么善解人意的上级领导啊！看到这种情况后，晓得他是爱上这几块表了，当时就送给了他。女儿回忆：我父亲在送走张作霖以后，一路笑着上楼，说明了赠表的经过，并笑着对我们说："他真是没见过世面。他既然看着喜欢，我就送给他了。"说完了，接着又哈哈大笑起来。天下真有这类人，送人东西还哈哈大笑。细细一想，也只有袁世凯有好性情这么送，有实力这么送。

"朋友是手足，老婆是衣裳"，这套市井吃得开的道理，袁是研究得很透彻的。果然张作霖投桃报李，在袁称帝前效忠道："关外有异样，唯我张作霖一人是问。作霖一身当关，关内若有人反对，作霖愿率本部以平内乱……"他甚至用四吨上等好玉为袁登基赶制了一架龙床。能从一个浪荡小子，摇身一变成一品大员，成总统，袁世凯的成功一半是靠送礼。

庆亲王奕劻像。清末舞台上，他的分量不轻。这人比较爱钱，但是外交内政上不怎么保守。思想和感情上比较倾向李鸿章和袁世凯这些朝廷改革派。所以袁世凯在他的身上下的注最大。

年轻时的张作霖。1912 年为第 27 师中将师长，袁称帝后，被封为子爵、盛武将军，督理奉天军务兼巡按使；袁死后，张被任命为奉天督军兼省长，1918 年 9 月被任命为东三省巡阅使。后成为北洋军奉系首领，号称“东北王”。1928 年 6 月 4 日被日本关东军预埋的炸药炸成重伤，当日送回沈阳官邸后不治而亡。

张作霖送给袁世凯登基称帝的礼物——玉石龙床。该玉床净重 1.5 吨，是由碧绿色岫岩玉制成，由 20 余件大块玉和数百件小块玉构成，共用玉料 4 吨多。据说由张作霖密友张景惠委托手下刘某人承办。由于工程量大，还没等到玉床做成，袁世凯便死去了。

徐世昌说袁世凯

1911 年，袁世凯心里到底怎么想，后人无从得知。但是老辣的袁世凯将这台 1912 年的好戏演成了“也是没法子”的被动挨打戏。

谁说的，最好的导演就是看上去没导。“袁世凯在 1912”就没有袁大导演导过的痕迹。

暗地里，袁世凯的导演脚本写得可细呢。徐世昌这个“水晶狐狸”，袁世凯叫他大哥，其对袁世凯的老底最了解。可是袁世凯活着，他一句不说，过了些年，到底憋不住了，借“以正视听”为名，授权袁世凯身边的大红人、总统府秘书长张国淦说了出来，却原来“辛亥革命时，清廷起用项城，督师武汉，未几，擢为内阁总理，其权势之重，一时无与抗衡者。当时，其左右亲昵之人，即有劝袁利用机会取清廷而代之之议”。

是啊，这么好的机会，这么多人进言，袁世凯，袁项城就不想？想！但是袁世凯不敢。

内阁总理大臣，而且是责任内阁，大权独揽，他还怕什么？

徐世昌给出的道理应该是最权威的：“然而项城之所以不出此者：一、袁氏世受清室恩遇，不肯从孤儿寡妇手中取得天下，为后民所诟病；二、清廷旧臣尚多，如张人骏、赵尔巽、李经义等，均具有相当势力；三、北洋旧部握有军权者，如姜桂题、冯国璋等尚未灌输此种思想；四、北洋军力未能达到长江以南，即令帝制自为，亦是北洋半壁，南方尚须用兵；五、南方人心向背，尚未可知。”

徐世昌的分析，由于是内线消息，所以刀刀见血。

这些人是地方大员，封疆大吏，手上有点军队。不过老袁过虑了，这些人几个月后大多走的走，散的散。赵尔巽、李经义这两位后来还被袁世凯拉进“嵩山四友”。

什么是“嵩山四友”？想想吧，那封号比亲王还封得少，只有四位。见到我们的洪宪大帝可不称臣，不跪拜。也就是说书里的“千岁爷”。

可是徐世昌得了“嵩山四友”，却苦笑说：“所谓嵩山四友，即永不叙用之意。”

这个“水晶狐狸”和袁世凯拜了把子，说话做事从不死心塌地，总是若即若离，立场暧昧，永远让人摸不透。

“嵩山四友”的待遇是：每人每年二万银圆年金；赏乘朝舆，穿特种朝服；临朝时，得设矮几以坐。

此外袁还有“故人勿称臣”之命，“故人”共七人：黎元洪、奕劻（庆亲王）、世续（前军机大臣）、载沣（醇亲王、前摄政王）、那桐（前军机大臣）、锡良（前东三省总督）、周馥（前两广总督）。

徐世昌身着洪宪帝制特种“嵩山四友”朝服。徐世昌老师的孙子张达骧回忆徐世昌和袁世凯一样，早有“弃清投民”的想法：“1914 年春季，袁为了集权于一人，将国务院改为政事堂，总理改为国务卿，派吴笈荪到青岛敦请徐任国务卿。徐弟世光知之，向其次妻王夫人说：‘这个勾命鬼（指吴）又来啦！我不能让大哥去。’是日晚间，世光同徐吃饭，先将屋门关闭，问徐：‘大哥，你到北京干什么？’徐不答。世光说：‘你以前对我说的一时权宜、不忘清室的那些话，言犹在耳，才两年多，你忘了吗？你现在竟要做民国的官，太后和皇帝封你太傅衔太保，隆恩殊遇，有清一代能有几人。议和之际，你曲从袁谋，已为世人所不谅。今党人已败，你若再为袁效力，盖棺论定，将何以见先太后先皇于地下。’徐始终沉默不发一言，兄弟两人相对兀坐。直到天将明，徐哭泣，世光遂离去。是日徐即北上。”

徐世昌：登基前的谨慎

袁世凯的“菊人大哥”徐世昌给袁的行事风格定了调：“项城为人，表面大开大阖，其实际先求千稳百当，方肯做去。选举大总统顺理成章，而另起炉灶，则多少带有冒险性，虽是双管齐下，项城终由稳着走大总统一途。”“项城一生走稳着，独帝制幕趋于险着，此余之所不解者。”

袁世凯知道在一个“共和”调子唱得不低的国度，想当皇帝不是闹着玩的，他要用的手段比他一生所用的还多，需要咨询的人又不能敞开心扉地傻问，那会儿又没有民调这个玩意儿，一切都靠自己揣摩、估量、试探、打听。可悲的是，一个人一旦到了权力之巅，也基本上是个聋子、瞎子，别想听到半句真话。谨慎一辈子的袁项城，这次的谨慎没救到他。

徐世昌晚年闲来无事，开始和挚友揭秘袁世凯登基的前前后后：“国会解散，项城乃放手做去。自今日思之，项城以约法会议改造新约法，又修改大总统选举法，着着皆为帝制预谋之阶梯。但在政事堂范围以内，从无人露出帝制二字。自八月筹安会发起，此幕业已揭开，项城未曾向余（徐自称）有一言之表示。”读史至此，笔者感喟：连生死之交都不露半句，可见袁世凯有多少小九九是端不上台面的啊。

唐在礼也说了个袁世凯探口风的故事：“袁世凯‘登基’前几个月，一天早晨，袁叫我到公府去回话。袁在办公室里见了我，只有他和我二人，袁让我在对面坐下，突然问我：‘你是知道的，现在各方面，尤其是文武官员们都敦促我早日即皇帝位，你看如何？’这事出我意料，一时使我无从答复。停了一停我说：‘据我良心说，总统现在的地位、权力都不下于皇帝。您的权力可以说不是普通一国总统所有，国内上下一体唯总统之命是从，总统要怎样便怎样。’”

谨慎的袁世凯把做皇帝的戏演成“毫无价值”。1915年12月13日《纽约时报》报道说：“今天报纸上刊登了袁世凯对帝位的拒绝信和接受信的原文。在拒绝信中袁世凯表示自己‘毫无价值’，因为他没有完成大总统任内的目标，所以希望选其他人做皇帝。在接受信里他写道：‘我对帝位的拒绝使公众失去了耐心，现在他们对我的期望之高已经达到了前所未有的程度，我发现自己很难再和他们争论下去。因此我命令相关机构酌情准备，事关重大务须谨慎从事。准备工作完成时请通知我，以便公告全国。’”

大权在握的袁大总统其实根本不需要来这套，但这就是他的行事风格。张鸣评价：“袁是不是一个爱耍阴谋的人呢？现在这个基本已经成了定论，他就是很好权术。”“以前清政府曾经评价袁世凯是‘有术无学’，就是说他很重视术的这一面。”做大事前的谨小慎微是他多年形成的风格，但是这次的谨小慎微也没救了爱搞权术的袁世凯。

1915年3月18日约法会议闭会时与会者合影。前排左四起为钱能训、章宗祥、朱启钤、徐世昌、孙毓筠、施愚、萨镇冰。徐世昌老师的孙子张达骧回忆徐世昌对“称帝”的态度时说：“1915年，袁谋称帝已成公开的秘密，徐自始至终无一言劝阻。有一天，袁召徐面谈，问徐：‘外间劝进事，大哥知道吗？事可行吗？’徐沉默后说：‘我不知此事。’袁说：‘外间喧传日久，你哪能不知道呢？’徐答：‘知之为知之，不知为不知。’袁素知其性情，知其是观望的意思，即未再问。袁称帝后，徐托病请辞，袁封徐为嵩山四友之一，入朝不称臣，不跪拜。徐对人说：‘所谓嵩山四友，即永不叙用之意。’谢而不受，因回东四五条铁匠营家中，自书‘谈风月馆’一匾（此匾至今还挂在铁匠营徐宅花园厅房中），悬于书斋，表示不问政治。”

五姨太：戊戌变法时老爷像丢了魂

袁世凯在戊戌变法中的作用，史学家还拿不出一个确凿的人证物证，后人的演义已经铺天盖地先入为主了。我一直比较看重亲历的史料，当然由没有利害关系之人写的亲历记最有分量。“老爷”身边五姨太的话，只能半信，但好过天马行空的乱猜。

袁世凯宠爱的五姨太曾经回忆戊戌变法时的袁世凯：

别看老爷现在是直隶总督，当时他不过是在小站练兵的一个按察使。我记得很清楚，那是当朝二十四年（1898 年）八月，克桓就要出生，天儿很热，两个丫鬟给我扇扇子。老爷像丢了魂似的从京城回来，见屋里摆着水，立命丫头撤了，说对胎儿不好。我问他怎么了，他只一劲儿说“生死关头，生死关头”。再多了我也不敢问，他就回他屋了。我过去安慰他，他说：“请回吧！请回吧！请回吧！”一声比一声大。我知道出了大事，心里乱跳。他闷了一会儿又出来，就这么来回走……

……我担心老爷出事，约上大姨娘，一起进了书房。他见我们进来，抬起头突然问我：“老五，你看当今圣上如何？”“老爷，我看……我看当今圣上还是个孩子。”大姨娘瞪我一眼，意思是怎么敢犯上？其实我还真是这么看的。“孩子，是孩子。”老爷赞成我的看法，说完更衣离府。

……老爷当了直隶总督后，我曾问起此事，老爷讲：“他们看我在小站练兵，手中有兵权，其实那时的兵权是虚的，小站 7000 兵只有枪没有子弹，练打靶时由天津弹炮局派专人送到小站，监督打靶，发多少子弹，回收多少弹壳。我驻在小站，聂士成的毅军在滦州，董福祥的甘军在武清，遥遥数百里间，处处牵制，焉能达到，即到亦焉能成事？”

虽然五姨太有利益相关者之嫌，但是以上的这些话，从内容上看倒是真实的。文人骚客演绎袁世凯的戊戌变法故事，是主题先行的演义，恰恰不知道戊戌变法，袁世凯所不为的原因。是他不可为，不能为，他的军队只有枪没有子弹。而且这还是从一个旧家女子嘴里道出来的事实——历朝历代的朝廷防自己的军队像防贼一样的十二分小心。

是啊，以前是冷兵器时代，只要关上内城墙大门，皇帝老儿还能睡个安稳觉。自从洋人发明了洋枪洋炮，朝廷当家的就不安生了。最后，不知道哪个机灵鬼给皇帝出主意，让枪炮和子弹、炮弹来个大分家，像虎符一样分两半，只有合在一起才起作用。袁世凯就是有心，也不能凭空弄来子弹、炮弹。戊戌变法失败怪罪袁世凯是急病乱投医。所以五姨太这些话才是袁世凯最好的辩护词。君不见直到后来百多年了，枪炮和弹药分离还在实行。五姨太一个天津小贩之女，再聪明也杜撰不出这类军国秘事。

袁世凯的五姨太杨氏

五姨太：细说袁灭义和团

环渤海地区，自古以来，民间大多好习武。义和团、红灯照就是在这块比拳头硬的肥沃土地上开花结果的。这地方，一年一季庄稼，一年中有半年在家歇着，没事干。外加这一带是中国闹瘟疫比较多的地方，查中国瘟疫史，发现这一带不说年年有，也是隔三岔五来一次大瘟疫。明末李自成为何很轻松就攻下京城？因为那会儿北直隶一带正闹瘟疫，守在北京城头上的朝廷士兵，看着看着就倒在地上不省人事。可以说崇祯皇帝不是因为刚愎自用而败，是被瘟疫给害得丢了祖宗的江山。所以自古以来，为了强身，这一带的村庄都爱扔个石锁、舞个大刀什么的。遇到非我族类，经过有心人士一撺弄，暴力就会成蔓延之势。

1899 年冬天，袁世凯到义和团的重灾区山东，任山东巡抚。他带来了 7000 人的新建陆军，一水儿的新式装备，浩浩荡荡，一时间成了济南府的一大风景。

他一到济南就命令地方：传教士外出，要当地官吏派兵护送。还以“充作公所”的名义把各教堂保护起来，如济南天主教堂的大门上就挂出了“官书局”的大牌子。

袁世凯的五姨太那时是袁的新娘，她在 20 世纪 30 年代还能清楚地记得那会儿的故事：

庚子年春天的一天，老爷让我跟他去小清河校军场。我坐在士绅、太太堆里，老爷请济南名士及大小文武官员，观看法师神术。提督程文炳，从小站就跟着老爷，见老爷对义和拳神功犹豫，特推荐一位大师给老爷表演。老爷请法师上坐，问他：“大师一旦上法，果能避枪弹？”法师说：“神仙附体，当然！”老爷一指校场，说：“请！”程文炳命火枪手 30 人，持后膛枪向法师开火。一阵轰然声响过，法师原地站立，毫发无损。

……老爷大喜道：“我中华有此神人，何愁洋人不灭！”又说：“取我的洋枪一试。”这是一把德国教官送他的勃朗宁。老爷对准法师，叭叭两枪，只见法师摇晃一下，仰面倒地。我们都看傻了，军士们也惊慌。唤来马弁去瞧瞧，马弁回来报告：“大帅，法师的眼睛睁着，面带微笑！”老爷远远地喊：“大师请起，袁某服了！”没动静。再呼人视之，回报：“大帅，法师可能……可能升天了。”老爷急步上前，只见法师胸腹各一洞，血流如注，定死无疑。老爷沉着脸，命赏银 500 两厚葬，返身离去。在场所有的人议论纷纷。程文炳紧随老爷身后，一劲儿求告：“大帅……大帅……”老爷头也不回地说：“我不怨你。你想让大家信义和拳，要误国呀！”原来 30 名火枪手，遵程提督命，提前将弹头卸掉。从此老爷认准义和拳是妖佞之徒，在全山东镇压，好多人都跑到直隶境内。

山东巡抚袁世凯就用这招，配合其他动作，便慢慢地将义和团“请”出了山东地界。

山东巡抚袁世凯照片。1907 年的《纽约时报》有一长篇文章介绍说：“他不是一名士兵，从不是。直到他作为山东巡抚时义和团反叛爆发，他从未看过来复枪，但知道这些是比他自己的军队的装备更有效的武器，犹如‘怒老虎猛扑，顽固象撤退般’。在那些天中，他有一个文书，在职责允许的情况下指挥军队，但是他这个山东巡抚是在中国的义和团反叛并向北京进军的过程中获利的人。即使只用那些被废弃的步枪，他也能将义和团赶出自己的领地之外，他熬过了中国被外国占领的时期，他取悦外国人并安抚自己的人民。从那天起，他的兴趣就专注在了军事和关系网上。他积蓄了钱财，但仍然在这一年将 1.3 万名年轻的中国人派到日本的学校。他在自己的省份开发煤矿和铁矿，并取消了外国人的某些权利。”

五姨太说“称帝”

袁世凯的五姨太是个话匣子，老来无事喜欢唠嗑。恰恰是这些“无稽之谈”，让我等窥视到了袁“称帝”前后的秘闻。五姨太说这些国家机密时，袁已去世，她整天闲着无聊，见到儿子袁克桓的朋友来天津大营门洋楼玩耍，这老太太就免费地打开了“机密文件”，把袁世凯守口如瓶的那些事儿像倒豆子一样，哗啦啦全倒出来，而且还是白描手法，有料！

五姨太说：“老爷称帝，意在袁氏家族源远流长。但这事在家里除大爷（袁克定）外没一个人高兴。先是大夫人按名分应是皇后，依登基大典，大夫人要带我们给老爷磕头。大夫人不干，说：‘叫我领头磕头我不能磕，我给他生儿养女还要给他磕头？他弄了这么多小婆子来又给谁磕过头？我活白了头发又出了皇上啦！’说完扬长而去。老爷最欣赏的二爷克文，当年随老爷到颐和园给西太后祝寿，老佛爷见后生可爱，欲把自己的娘家侄女许配给他，被老爷以已婚为名谢了。老爷问他称帝如何，克文借口想一想，第二天呈诗一首，诗里告诉老爷，当个总统已经很不错了，人的一生短暂如白驹过隙，依老爷的才德和年岁，不要冒着风雨的危险上到最高的地方。老爷看了毫未理会，令管事将二爷软禁在涵元殿直到老爷去世。”

五姨太讲：“说起老爷称帝，都怨大爷，他把老爷害苦了。”有人问五姨太：“五娘，老爷不想当皇上吗？”“怎么能不想，当官的哪个不想？但不敢呀，老百姓认为一改共和一切都会好，所以老爷一直犹豫。不知怎么，从民国四年（1915 年）起，送到各屋的《顺天时报》隔三岔五地刊登民众赞成老爷称帝的消息。《顺天时报》是日本外务省在北京办的报纸，主要介绍日本化妆品和小百货，还有京城趣文、戏园子海报什么的。因为老爷不准家人外出，各屋就看这报解闷。老爷经常看得高兴，指着报对我说‘天意、天意’。后来才知道这些消息是怎么回事。三小姐静雪的丫头小苍回家看望父母，因小苍的母亲曾是三小姐的奶娘，所以每次小苍回家，三小姐总给奶娘带回几件衣服、几包洋点心，或捎几块钱。奶娘知道三小姐爱吃零食，也让小苍带回些核桃、栗子等。这次回府，奶娘给三小组买了二斤德顺斋黑皮五香酥蚕豆。三小姐吃蚕豆时，无意间看到包蚕豆的《顺天时报》跟家里的不一样，就找来自己保存的同一天报纸，结果日期相同，内容却不一样。三小姐在府里与二哥克文最好。她告诉二哥，克文说‘我早知道，不敢说’。晚上，三小姐拿着《顺天时报》给老爷看，老爷问从哪来的，三小姐照实说，老爷眉头紧皱。第二天老爷把大爷找去，问明情况，原来府里上下所有的《顺天时报》全是大爷找人按他的意思重编单印的。大爷挨了好一顿鞭子，老爷边抽边骂‘孽子’，从此疏远大爷，到死也没给他好气。”

青年袁克定。从袁克定仅有的四张照片来看，这位“太子”长得很英俊，而且德文好到能阅读出兴趣的程度。可惜了，20 世纪 50 年代，他老年后，这样的人才硬是因为成分问题不予重用。

五姨太说他权心太重。当然失败者的权心太重是属于“寇”的范畴。他的错在于，他根本不知道他父亲到底有多大实力，让老父亲霸王硬上弓去“登基”，最后的结局只有众叛亲离一途。如果他成功了呢？五姨太定会说他“足智多谋”。

张传彩："老太子"不像曹丕

袁克定是1878年12月出生的，为正夫人于氏所出。对这个嫡长，从他小时候起，袁世凯就请德国天主教神父做家庭教师，所以克定的德语不错。（这点是学李鸿章的，其大儿子李经方也是从小学英文，可见当年外交职业已经成洋务派高干子女的不二选择。）

袁世凯做总统后，洹上村琐事由袁克定处理。一次惊马，克定从马上摔下，骨折后严重错位。1903年9月赴德就医，受到了当时德皇威廉二世的接见。德皇以皇太子的规格宴请袁克定。威廉二世力述"中国非帝制不能自强"的观点，并请他转告袁世凯，德国将全力在外交、金钱上支持袁世凯称帝。回国后袁克定禀告袁世凯"欧洲有威廉，亚洲有世凯"。袁世凯很高兴但也很诙谐地说："你已六根不净，怎么当太子？"

他的妹妹袁静雪回忆道："我父亲生前，对我大哥申斥的时候最多，但有重要的事还都和他商量。一来是大哥年长，二来是大哥也的确能给父亲出些主意。后来张勋闹复辟，我听大哥说：'当时若依着我的主意，哪里还会有这场乱子。'原来清帝退位的时候，我大哥主张：作恶多端的王公一律处死，溥仪及其左右流放黑龙江，让他回原来的老家，还谈什么优待条件！当时我父亲虽没有采纳，但可以看出我大哥在父亲面前是敢说话的。在帝制进行中，我父亲是犹疑不定的。我曾听见他申斥我大哥说：'我的事你不用管，你也不要乱接近人。'他常跟我父亲说'大丈夫做事，要乾纲独断，不能仰人鼻息，任人掣肘'一类的话。又有一次饭后，他对着我和五哥克权说：'你大哥是个拐子，你二哥成天和一些清客鬼混。你们哪里见过天下有拐皇帝，有书呆子皇帝呢！'记得我父亲死的那一天，曾把我大哥叫到里屋去，我们在外屋听见我父亲说：'这个事我做错了，你以后不要再上那几个人的当！'过了半小时，他就死了。"

晚年的袁克定与其表弟张伯驹生活在一起，张的女儿张传彩回忆道："在承泽园第一次见到袁克定时，我想原来这就是要做'小皇帝'的那个人啊！我们上学时，也整天说'窃国大盗'袁世凯，'野心勃勃'的袁克定，不过我见到袁克定时，他已是位七旬老人，那时候我眼中的他，只是一个很可怜的、没人关心、有些孤僻的老人，并不是电影或历史、文学书描绘的'现代曹丕'那种老谋深算的样子。袁克定从不抽烟，和客人见面也很客气、和善，总是微微欠身点头致意，对我们孩子也一样。他年轻时曾到德国留学，所以通晓德语和英语，看的书也以德文书居多，有时也翻译一些文章。或许是因为早年跟随袁世凯四处游走，他的口音有些杂，听不出是河南、天津还是北京话。"1949年以后，袁克定始终依靠着救济维持生活。他于1958年死去，终年80岁（袁家第一个突破60岁鬼门关者）。

青年袁克定照片。他比他爹洋气，毕竟喝过洋墨水。晚年袁克定已经沦为社会底层人士，寄人篱下，在邻居小学生的眼里只是一个“干瘦、矮小，穿一身长袍、戴一小瓜皮帽，拄着拐杖，走路一高一低，瘸得很厉害，一个脾气有点怪的老头”。后来袁克定亲自找了章士钊，去文史馆上班，挂名委员，月支人民币60元。他基本不上班，在家坐领。文史馆想请他回忆些旧事，他坐着看自己的书，也不赶人走，也不理会人家，仿佛没见屋里有客。家人最后忍不住对文史馆的工作人员说：“你们走吧，我们不会为了这点钱把祖宗卖了。”其时，袁克定衣衫破旧，粗茶淡饭，举止言谈依然如故，提起父亲言必称“先大总统”，称自己为“不孝男”。看来袁世凯的死对他的打击是一辈子的事。

袁静雪：二哥克文如曹植

袁克文是袁世凯的二儿子，他的故事最多。妹妹静雪对他也着墨最多：

二哥袁克文，小名叫作招儿，从小过继给大姨太太为子。大姨太太对于二哥更是十分溺爱，二哥向她要钱用，她从不驳回，如果实在不能满足二哥的要求，她也会向我父亲转要了来，供给他用。因此，二哥从小就养成了用钱如水的毛病，以致最后他不得不靠着卖文、卖字来维持生活。说起来，这是和大姨太太对他的溺爱有着极其密切的关系的。

……他的荒唐生活，从他十五六岁就开始了。他经常住在外头，整夜不回来。由于大姨太太对他过分溺爱，首先替他百般隐瞒，所以起先我父亲并不知道。为了替我二哥隐瞒，大姨太太甚至还说出这样的话："谁要是告诉他爸爸，我就和谁拼命。"有一次，我母亲因为他在外面宿娼，彻夜不归，实在气得无法，把他痛打了一顿。但是大姨太太却因此和我母亲大闹了一场，吓得我母亲从此也就不敢再管了。后来，我父亲虽然知道了一些，但是也在那里装糊涂。

……当我父亲奉命出山，我们家里人还留在彰德的时候，他回到彰德来了。大家一看，他已经剪下了辫子。这时候，我家还没有一个人敢这样做。因此，大家感到非常惊讶。特别是大、三两位姨太太认为他要闹革命了，都拉着他的手又哭又闹。他实在无法，就说："好啦！好啦！我以后留起来就是啦！"他这么说，我母亲到底还不放心，她把他看了起来，使得他行动不能自由。后来，我父亲从北京打电报来叫他，我母亲无法阻拦，他才得以离开彰德。

……他是一个"名士派"的人物。他所交结的也是和他气味相投的一些人，如方地山、董宾古等，都和他来往得很密切。在中南海的时候，他会客和闲坐的地方是"流水音"，他经常和这些人在那里过着诗酒风流的生活。他不爱过问政治上的事，也不愿意和当时的达官要人们往来，所以在我父亲死了以后，他就是在生活困难的时候，也从不向当时的军阀政客——我父亲的老部下"打抽手"。后来，张作霖和张宗昌虽然都邀请过他，但他都一一辞谢了。他于1931年旧历二月死在天津两宜里。他本来得了猩红热，发着高烧，后来经过调治退了烧。这时候，他又跑到他长期包住的国民饭店四号房间，叫了一个名叫小阿五的妓女来胡搞。回家以后，他就又发起高烧来，过了两天就死了，终年42岁。

据袁克文四子袁家緝回忆，克文有着深厚的文学底蕴，人称"袁门子建"（像三国时期曹植曹子建一样才华横溢）。尤其在诗词楹联方面，造诣很高。"父亲读书博闻强记，过目成诵。据母亲说，他在 15 岁时作赋填词已经斐然可观。父亲用富瞻的文采填词作诗自娱，特别是即席集联，都能信手拈来。”由此我们似乎看到了一个七步成诗的曹植再生。这样的人当故事看挺有趣的，如果袁世凯脑子有问题，让其接班治理国家，那就不靠谱了。

袁克文像

袁克文是个天资聪颖、风流倜傥的文人。他不仅填词作画好，书法也好。后经济拮据，他就以卖字弥补生活。克文还爱好收藏古玩、邮票等。只要是他所爱，不论价钱多少，都要收买，真是挥金如土。

袁克文戏装照，摄于1920年。他一生最大的爱好就是戏剧。尤其是昆曲、京剧，他能清唱，能彩唱，经常登台演出。袁克定竭力反对他登台演出，认为有辱家门。一次义演，克定叫来天津警察总监阻止。克文笑着说：“明天还有一场，唱完就不再唱了。”结果还是照演，克定也奈何不得。

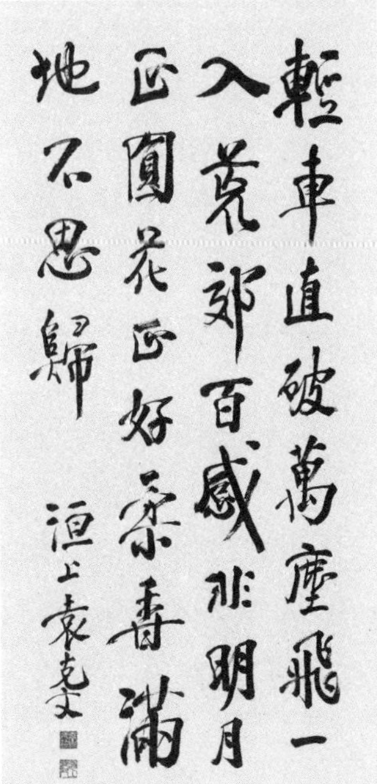

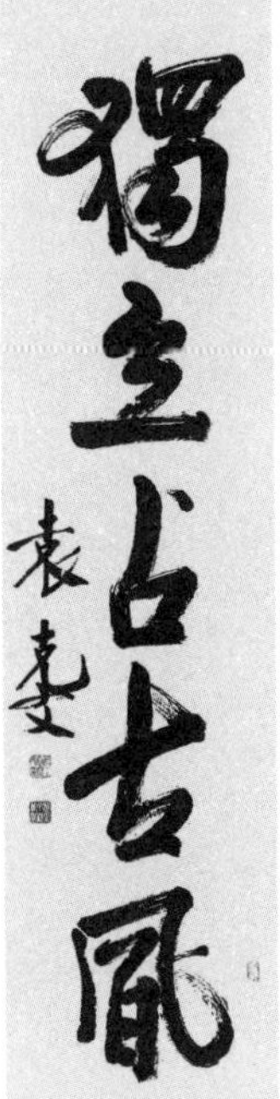

袁克文因其特殊身份，更因其字火候到了，故无论走到哪里，总有人找他求字。他的润笔费价目如下：“联屏、直幅、横幅整纸每尺二元，半纸每尺一元。折扇每件六元，过大、过小别议。以上皆以行书为率，篆倍值，楷、隶加半，点品别议。先润后书，亲友减半，磨墨费加一成。”

袁克文写字有其独到之处，不用桌子，把纸悬空，由人拉住两端题字。朋友们看了，无不惊叹。当时上海的各种小报纷纷请他写报头，有些小说也请他题签。一次，一个叫陶寒翠的作家以其《民国艳史》请他题写封面，他一挥而就。后来小说出版送给他一册，他一览之余，才大为懊悔，原来书中大骂其父袁世凯，从此他再也不敢轻易应承了。

唐在礼：袁也重视宣传

别看袁世凯五大三粗像个鲁莽军人，他也十分重视宣传的笔杆子作用。和历来统治者一样，知道笔杆子和枪杆子，有了这两杆子便会得天下，坐天下。所以他暗地里办了《亚细亚日报》《国华报》等喉舌报。

唐在礼对这知道得一清二楚："首先是利用报馆的访员。访员一般都是袁的亲信人介绍来的。比如张一麐就介绍了好几个，别人也有介绍来的。这些访员每天按时出入公府，主要是'采访'公府透露出来的官方新闻，有人接待他们。"

"他们接触访员，总的说来，有两个方面。一方面是官方向访员透露消息，借此利用访员散布、宣传有利于当前企图的资料。消息有真有假，有的夸大，有的是捏造出来的，有的是故意放的空气，有的是解释性的。比如说国家如何如何困难，到如今不借款不能过日子，借款乃出于不得已，等等。"

"有的消息替袁说好话，明知外面有些人责备政府或袁，就针对这些问题做成'答客难'式的说明，进行辩驳，转派责难者不是，等等。另一方面是暗地里给访员们一些钱，还给他们些方便，如暗地里介绍机关的头脑，为他们打点交通上的便利，等等。有时还叫他们打进各方面去刺探活动情况回报。这笔用项也是通过军需处拨付。"

唐在礼上面所说的大多属于宣传的典型手法。由于宣传人员，大多是上通下达的机灵鬼，所以一般也会被用来兼职做密探。如同苏联，在世界各地大量安插塔斯社记者。如果较真起来，这还是咱们袁大总统的"创新产品"。不信可以唐在礼的回忆为证："其次是密探。密探两个字，当时不肯被外面知道，一般是用'通讯''宣传'等等名词遮掩。在密探圈子里，固然有用'密探'身份在外面招摇撞骗的分子，但这些人多数属于密探的'须子'，也就是狗腿子，如果招摇得过分，是会被收拾掉的。真正密探都不愿露出自己的身份，露出来既不容易办事，又为社会所瞧不起。这些人举止相当阔绰，有的还在机关里挂名兼差，家里有电话，出门时整天在玩乐场中随和，一般称为'通天地人'的朋友。"

袁世凯重视笔杆子没错，哪个统治者会自动放弃这个有力武器？但是袁世凯不足之处在于，自己知道笔杆子是只听钱指挥的，他却在决定其一生事业的最后一役中，把"舆论"这个"婊子养的"当真了，把日本人办的《顺天时报》，当成不受他控制"敢讲真话"的报纸。他没想到的是，他的大儿子为了那个"传太子"的诱惑，也会使钱自办一个发行量只有一份的《顺天时报》。老袁聪明一世，糊涂一时，居然相信了这份世界上发行量最小报纸的"万民拥戴"。到头来，害死袁世凯的最终还是"宣传"二字。

民国初期的《亚细亚日报》头版报头。该报为袁大总统创办和收买的报纸，由帝制分子薛大可主编，丁佛言、樊增祥、易实甫等人撰述，日出三大张，是御用报纸中言论最反动、活动最猖獗的一家。袁世凯称帝期间，该报带头改用“洪宪”年号，称袁世凯为“今上”，记者署名“臣记者”。报馆两次被炸，勉强拖到1916年1月停刊。1916年3月，袁世凯被迫取消帝制以后，北京《亚细亚日报》也随之寿终正寝。

日本外务省在北京办的《顺天时报》

袁静雪：中南海里的父亲

搬进中南海，袁世凯选择了临湖的欧洲风格的海晏堂为办公地点，并改名为居仁堂。

他的办公室，设在居仁堂楼下东头的一间大房间里。楼下的西部，是他会客、开会以及吃饭的所在。另外，在居仁堂的前院，还有一处叫作“大圆镜中”的房子，也是他会客的地方。在什么地方会什么样的客，是按着来客的身份以及跟他的关系来区别对待的。例如，一般生客在“大圆镜中”，熟客在居仁堂楼下西部，最熟的就在办公室内会见了。如果来客比较有身份，那么，会见的地方也可能有所改变。

袁世凯的吃喝拉撒几乎都在居仁堂里，据袁静雪回忆：“我父亲的卧室，是居仁堂楼上东头的一个大房间。他最喜欢二姐和我，就让我俩住在楼上西头的一个房间里。我家其他人的住处，也是经过他安排指定的。大致的情况是：我娘于氏和二姨太太、大哥夫妇，还有大哥的姨奶奶和他的孩子们以及四哥夫妇都住在福禄居；大姨太太、三姨太太和二哥夫妇、三哥夫妇，还有一部分小弟妹们，住在卍字廊后边的四个院子里；五、六、八、九这四个姨太太和她们的孩子们都住在居仁堂后边的一所楼上。这个楼和居仁堂的楼上，是有天桥可通的。”

居仁堂里古玩多，但是袁克齐回忆，“袁世凯不好古玩，他经常挂在嘴边的一句话是：‘古玩有什么稀罕，将来我用的东西都是古玩。’”居仁堂 1949 年后只时间短暂地做了段中央军委的办公室，20 世纪 60 年代还是被拆了。

袁世凯是个大胃王，而且吃饭很香。曹汝霖一次被留下，同进晚膳，“见他有兼人之量，碗大的馒头，吃了两个，还佐以肉类，我只能吃四分之一。他说你不惯面食吧，叫侍者拿米饭来。我说不是不惯面食，实在已饱了，不能再吃饭了。”

听说他早餐可以吃十几个水煮蛋，食量是常人的三倍！这个好胃口遗传给了他的十七子袁克有，克有“每餐饭后必有一道小菜，就是让十五嫂炒 16 个鸡蛋，就像餐后的茶点一样必不可少”。袁世凯的食谱里，不是鸭子就是肉，他还特别爱吃鸭肫、鸭肝之类的动物内脏。还有人说他爱吃滋补品，常常一把一把地将人参、鹿茸放在嘴里嚼着吃。

他的早死，别人以为是家族遗传，在我看来是蛋白质、胆固醇摄入量超标。袁的体重严重超标，生活习惯又不好，加上后期精神忧郁，俨然就是“三高”患者。

每日公余到晚间，袁率全家人口逛花园，进晚餐，与在洹上村时情形相同。总统府花园设于中海西岸演武厅前（杨景震语）。后来袁世凯在南面开了个口子，将孤零零的宝月楼改为面对长安街的新华门。袁世凯在这里住了五年多，他是“活着进的新华门，直到死后才被抬着出了这个门”（袁静雪语）。

中南海里欧洲风格的建筑海晏堂，从袁世凯起，北洋政府就将办公地点设在海晏堂。图为徐世昌做大总统时，在海晏堂与一班北洋元老的合影。

西方人的袁世凯“速写”

评价袁世凯有一个有趣的现象，谓“外香里臭”，曰“近香远臭”。

“近香远臭”指的是，纵观这百多年来，袁世凯的形象开始还行，延后却被后生越描越黑，终于从同时代舆论公认的“大总统非袁不可”，成了我等熟知的“窃国大盗”。“外香里臭”所指的是，袁世凯同时代的外国人给予了他较正面的评价。有些评价和我们现在的“窃国大盗”相差甚远。

好，咱们现在看看同时代外国人是怎么评价袁世凯的。

当袁世凯离开河南安阳洹上村，重新出山回到北京后，当时的英国《潘趣》周刊这样写道：“在华的所有外国人都认为袁世凯是当前中国的核心人物，因为他的名字是他们唯一懂得发音的中文名，而且他也是一个威严的、能够给所有认识他的人带来信心的领袖。”

《剑桥中华民国史》：“他有一打以上的妻妾和众多子女。他除在正式场合穿西式军服外，都穿中式服装。他不懂外语，从来没有出国到比朝鲜更远的地方游历过。”

“他虽然在科举考试中失利，但受到儒家课本的教育，并相信其道德上的功效。另一方面，他是作为沿着西方和日本的路子进行官方改革的领袖而在清朝赢得赫赫声名的。”

“他招募了许多受过外国教育或有外国经历的随从，他精心培养了一些有朝一日用得着的外国人，他派遣了几个儿子到国外去受教育。看来，他是在不断追求新旧的融合，相信这个混合体最适合中国国情。”

旅居天津 30 年的日本作家佐藤铁治郎在其《袁世凯》一书中说：“袁世凯者，亦捐纳保举出身者也。其任一事必革故鼎新，积虑处心，倡遵立宪，鼓铸国民。尤感独抒所见，置一己之利害于度外，为国家谋生存，卒能动专制君主之听，使立宪萌芽。”

英国皇家海军的查尔斯·贝思福勋爵在结束亚洲之行回国时说了这样一番话：“我很荣幸，我在中国结识了一个朋友，他就是袁世凯。”

英国作家威尔写道：“袁世凯，当他 1911 年出山的时候，在许多方面都可以说是一个令人惊异的中国人。在一个其统治阶级一直都由一些软弱无能的人（他们因为寒窗苦读或生活安逸而苍白无力）所组成的国家里，他有着罕见的精神活力和强健的身体。交到他手里的任务，的确是一项艰巨的任务，是一场关系到四亿人的巨大变革，而且，如果能够得到明智的建议的话，这项任务他未必就不能胜任。在某些事情上他的确很无知，但他有丰富的政治经验，而且显然也拥有非凡的学习能力。”

THE ILLUSTRATED LONDON NEWS, Feb. 24, 1912.—285

FOLLOWER OF A DYNASTY WHICH ENDURED FOR 267 YEARS.

DRAWN BY A. C. MICHAEL.

OMNIPOTENT; THEN AN EXILE; NOW IN POWER AGAIN: YUAN SHI KAI, PRESIDENT OF THE PROVISIONAL GOVERNMENT OF THE CHINESE REPUBLIC.

Yuan Shi Kai, elected President of the Provisional Government of the Chinese Republic in place of Dr. Sun Yat Sen, who resigned in his favour in company with the Revolutionary Cabinet, has cut off his pigtail, the badge of Manchu servitude, although he still shows strong desire not to wound the feelings of the fallen, by deprecating any general rejoicings over his occupancy of the Presidency. He it was, it will be remembered, who was called out of exile by the Imperialists in the early stages of the crisis to become Viceroy of Hunan and Hupeh, and suppress the growing rebellion. Into this exile he had been sent in January of 1909, when he was handed an edict which told him that, as he was unexpectedly suffering from an affection of the foot which made it difficult for him to go about his duties properly, he must resign. Under the late Dowager-Empress he was practically omnipotent; and he it was, it is said, who arranged the three Edicts in which the Manchu dynasty announced the end of its 267 years' rule. The first of these contained the passage: "Let Yuan Shi Kai organise, with full powers, a Provisional Republican Government, and let him confer with the Republicans on the methods of establishing a union which shall assure the peace of the Empire and of forming a great Republic uniting Manchus, Chinese, Mongols, Mohammedans, and Tibetans."

《伦敦新闻画报》1912 年所绘袁世凯像

布朗亲历山东巡抚袁世凯

袁世凯的一生亮点不多，但他在山东巡抚任上口碑不错。可以说正是山东巡抚任上的杰出表现，才让洋人和朝廷对他刮目相看，也奠定了他日后做大总统的基础。为什么这么说呢?

以前老认为袁世凯只是靠北洋枪杆子夺了总统宝座，其实革命党把宝座让他，一半是因为非袁世凯借不来洋人的款子。没了银子，南京临时政府吃足了苦头。袁能借到“救命钱”，好大一半是他在山东巡抚任上积累的口碑。但是袁在山东巡抚任上的史料一直不多。这里录有当年美国人阿瑟·布朗亲往济南的文字，让我们窥视到一点袁巡抚的细节：

我与袁世凯相识是在1901年夏的山东省会——济南府，在递上我的名片和介绍信之后，他很快与我约定了会面时间。我准时到他的府邸拜会，他不但亲自在衙门门口迎接我，还把我请进了他的书房，这真是真心实意的以礼相待。他很快给我留下了深刻印象，当时他42岁，中等个头，身体壮实，脸庞刚毅，眼神明亮而率直，气度非凡，我想他无论身在何处都会引人侧目。他的态度相当真诚，通过他那位曾在哥伦比亚大学留学两年的翻译，我们进行了一次有趣的长谈。我颇为诧异的是，不谙英文、从未离开过亚洲的他竟然对美国的情况那么熟悉。他向我谈起了他准备出版日报，设立一所军事院校与一所文科院校的计划。他将给山东省下辖的108个县分配名额，每个县必须至少选派两名学生进入他即将开设的军事院校和文科院校，他要锻炼这些学生的智力和体格，使他们在毕业的时候把在新学堂里获得的“启发与学识”带回自己的老家。

……由于受到袁世凯的沉重打击，山东的义和团的首领们派出一名代表去游说袁世凯，这位代表告诉袁世凯，民间仇外的情绪正在猛烈上升，他劝巡抚大人“顺应民意”铲除洋毛子，让他的子民都从那可恨的西化风气中解脱出来。见多识广的袁世凯没有相信这个朴实的义和团代表的话，他知道在实力悬殊的中西对比下，洋人不可能被赶出中国，更别谈“永远”，他明确地告诉这位代表，想把洋人赶出中国的时代早已过去，他奉劝义和团民，他们的失败是必然的。这位代表却告诉他，胜利是确定无疑的，因为兄弟们有法术护身，洋人的子弹不可伤他们分毫。对此，袁世凯严厉地回答道，他的士兵手上就有这些子弹，对方不妨派自己的人出来做个法术表演。义和团代表对此表示拒绝，但是袁世凯却不肯放过他们。他热情地邀请义和团的头目们到府邸饮宴，等他们到齐了，酒酣耳热之际，他突然命令他们沿着院墙站成一排，在义和团头目恐惧的求饶声中，枪声大作，结果无人逃脱。袁世凯用一场鸿门宴，终结了义和团在山东的势力扩张，并成功地阻止了义和团向山东以南省份的扩散。

1899年山东巡抚袁世凯与德国官员合影。德国是一个后起的欧洲强国，等到俾斯麦统一德意志后，也想在中国这块“唐僧肉”上分一勺时，为时已晚。左看右看，还就是胶东半岛有发展成德国亚洲立脚点的可能。1897年11月，山东曹州巨野发生两名德国传教士被杀事件。德国以此为借口，派兵侵占胶州湾。1898年3月6日，德国迫使清廷签订《胶澳租界条约》，租期99年，将山东划作自己的势力范围。1898年9月，德人开放青岛为自由港。1899年10月，德皇威廉二世命名“胶州保护地的新市区为青岛”。两个月后，袁世凯来山东做巡抚，免不了要和德国人打交道。

朱尔典：不懂英语却能说出英人名

袁世凯曾经对英国驻华公使朱尔典说过：“要是我能当总统，这将大半归功于你朱尔典的帮助。”这朱尔典不就一英国驻华公使吗？袁世凯不谢北洋同人的肝胆相照，不谢革命党人的拱手相让，不谢清廷退位诏书上的那段好话——“当兹新旧代谢之际，宣布南北统一之方，即由袁世凯以全权组织共和政府，与民军协商统一办法”，却单单挑出这个爱尔兰干瘪小老头来谢？原来这对宝货的“友谊”是在朝鲜“用鲜血凝成的”。

那会儿袁世凯还是一个 26 岁的血气方刚愣头青，顶着李鸿章保举的一顶“总理亲庆等营营务会办朝鲜防务”，即朝鲜驻军副司令兼营务处主官的乌纱帽，于 1884 年朝鲜发生甲申政变时，指挥清军击退了日军，平定了动乱。当时由于各国在朝利益的关系，致使日、俄、美等国与袁的关系恶化，仅英国与袁世凯的关系密切。这密切的关系使袁世凯与当时任英国驻汉城总领事的朱尔典成了密友。据说，甲午战争前夕，日人密谋暗杀袁世凯，朱尔典准备了英国兵舰，将袁世凯送回天津。

1906 年，朱尔典出任英国驻华公使，袁世凯也在自己的清廷系统里爬到了举足轻重的位置上。这样，即便是出于政治需要，两人也要把“鲜血凝成的友谊”保持下去。

1909 年，袁世凯处在命悬一线的时刻，朱尔典顶着英国公使的高帽，立即面见亲庆王奕劻，对袁免职一事提出质询。别看摄政王载沣威风凛凛，大英帝国的态度对于清廷还是有相当重的分量。最后这批刚刚上台的毛头当政者，只能将屠刀重重举起，轻轻放下，以袁世凯患脚疾为由，开缺回籍。袁世凯这才捡了条命，回安阳洹上村欲了却残生。而朱尔典不离不弃，和他始终保持密切联系，随时准备袁的东山再起。

1911 年辛亥革命爆发，朱尔典多次拜访清廷总理大臣奕劻，声称残局非由袁出山收拾不可。袁世凯终于如愿以偿，东山再起，掌握了军政大权。这以后，一直到袁世凯当总统，再到准备登基，他俩几乎天天会面。朱经常上门给袁送去建议，袁也虚心求教，请他为自己当参谋，朱尔典也因此成为外国使团的首席公使。你说袁世凯怎么会不说出开篇时的那些重谢话？

袁死后，朱怀着悲痛之情说：“我对此人颇怀好感，他虽不幸逝世，但音容仍在……他早年在朝鲜就结识了不少英国友人，直至生命的最后一息，仍是英国的一位忠诚朋友。他虽不懂英语，但却能说出他所有英国朋友的姓名，经常向我谈及他们之间的往事。几乎就在最后一次见面之际，他仍向我讲述：从早年时代开始，他就一直和英国人保持着良好的朋友关系，并懂得如何信任他们，喜欢他们。任命英国顾问，聘请英国教师教授其子弟，遣送三个儿子赴英留学，向英国捐赠作战基金，赞赏大英帝国的观点，凡此种种，足以证明。”

朱尔典（John Newell Jordan，1852—1925），生于爱尔兰，为农家子弟。清光绪二年（1876 年）来华，先在北京领事馆任见习翻译员，曾于各口岸学习领事业务，对中国官场相当了解。1888 年升为北京公使馆馆员，1896 年出任汉城总领事，1906 年成为驻华特命全权公使。1920 年退休，1925 年去世，享年 73 岁。

《纽约时报》的500篇报道

我粗粗算了一下，从1900年到1916年，《纽约时报》在16年间有500篇左右的“袁世凯报道”，很多还是长篇大论的专题报道，说明万里之外真有读者惦记着老袁呢！

我们已经将其译出，限于篇幅，只能将其中一小部分的新闻，以标题形式列出。有趣的是，老外的报纸标题做得很实，仅仅阅读标题，读者也能知其一二。更加有趣的是，一些有关袁世凯的报道在今人看来是耸人听闻，我们的历史中从未提起过，但这就是当年的“袁世凯时闻”，很有史料价值：

不信任袁世凯总统　形容袁为“以欺诈著称的奸雄”	1900年7月10日
总督袁世凯被杀？传已为端郡王所杀	1900年8月7日
李鸿章的继承人　袁世凯任直隶总督	1901年11月9日
袁世凯总督改革陆军和海军	1901年12月5日
重建中国军队　日本派一名将军重组袁的军事系统	1901年12月21日
聘外国人助重组政府，袁世凯催促慈禧太后认真考虑该提案	1902年1月25日
发现价值7000万美元的金银　清廷逃前所埋　袁将用来组建军队	1902年1月27日
天津被归还给中国　袁世凯总督恢复了对这座主要城市的控制	1902年8月16日
直隶地区的改革受阻　慈禧太后否决了总督袁世凯的印花税计划	1903年4月14日
中国的新领导人　袁世凯位列中国最高领导集团	1903年12月6日
袁世凯奏请清廷　希望与日建立对俄同盟以夺回东三省	1904年2月6日
保卫中国朝廷　袁世凯的军队从所有道路进入北京	1906年3月10日
中国军队的新领袖　保守派代替袁世凯　反对者得到军权	1907年2月7日
召袁世凯回北京　太后身边的人都是中国最强大的人	1907年9月5日
引导中国人觉醒　处于危境的中国产生了一位新政治家　袁世凯激发了爱国主义　这种爱国主义正冲刷掉老偶像并重建帝国	1907年9月29日
一位中国改革家　袁世凯的成就引起广泛关注	1907年10月29日
只两人知摄政王计划　改革者惧怕袁世凯　康有为槟榔屿悼皇帝辞世	1908年11月18日
维新领袖有望回归　康有为的女儿表示是袁世凯将其父出卖给慈禧太后	1909年1月6日
审判袁世凯　康有为说将证明前皇帝的死与袁世凯有关	1909年1月9日
袁世凯的垮台被认为结束了他在这里的生涯	1909年1月9日
袁世凯宣誓就职中华民国大总统	1912年3月11日

"JAPAN HAS NO MORAL SUPERIORITY OVER US OR RIGHT TO DIRECT OUR FUTURE"—YUAN SHIH KAI

密拉君存　袁世凱贈

Li Hung Chang's Successor in Political Leadership Tells of Reforms That Are Needed Before Genuine Autonomy Is Restored to China.

《纽约时报》插图，描写袁世凯与其军队的关系。

中国总理辞职　袁世凯大总统接受了唐绍仪的辞呈　1912年11月13日

中国开始了新的内战　南方八省准备宣布成立独立同盟　据称由日本人密谋　南方人宣称他们已经得到了日本天皇官员承诺的支持　1913年7月17日

密谋在就职典礼上刺杀袁　京警察局长承认被南方叛军贿赂　1913年10月11日

袁世凯被选举为中国的大总统　他在过去的12小时中的第三轮投票中得到了多于2/3的选票　袁世凯507票　黎元洪179票　1913年11月23日

来自中国的观点　所有积弊摆在袁世凯面前　1914年8月9日

一旦袁世凯拿出勇气　君主政体将很快在中国成立　1915年8月18日

中国不久将针对君主制投票　投票方案被通过并由大总统亲自签署　共和制似乎已走到尽头　各省代表和各报观点都支持成立君主制的政府　1915年10月9日

广州群起反帝制　整个南方地区以破坏共和为敌　对以北方为主的统治强烈不满　迫切要求改革　或许是革命的前奏　1915年10月15日

推迟时间　袁世凯的加冕典礼时间不会早于1月1日　1915年12月13日

袁世凯下令攻击叛军　大总统领导临近省份的军队向云南进军　叛军被围云南　美国公使芮恩施电报说此情况已经蔓延到其他地区　1915年12月30日

中国将军抛弃袁世凯　1916年1月1日

袁说，“只是一个小冲突”，他坚信政府会很快镇压住这次叛乱　1916年1月20日

袁世凯加冕为中国皇帝的计划被停止　1916年1月22日

为什么袁世凯改变了计划　1916年1月26日

袁世凯决定恢复总统制　袁世凯阻止革命失败　中国“共和军”现在希望袁世凯放弃总统职位　将使其接受审判　现在宣布放弃帝制为时已晚　1916年3月24日

日本插手中国的叛乱　前法官威弗利相信日本人在煽动混乱　反叛能否成功仍存疑问　1916年4月10日

袁世凯要借2500万美元镇压反叛者　1916年4月16日

否认有关袁世凯患病的报道　1916年6月1日

黄兴将军发电报给其秘书　确认袁世凯服毒自尽　1916年6月9日

袁世凯之后　中国谁主沉浮　1916年6月11日

这其中，《纽约时报》在1903年12月6日的一篇报道里这样描写军人袁世凯：“近期北京传来的快讯显示，中国政府，特别是其中的满族当权者十分关注东三省首府奉天被俄国占领一事，中国宫廷中弥漫着一种战争情绪，这或许是他们任命袁世凯为军队指挥官的原因。

“在所有中国高级官员中，袁世凯应该是最适合所任职位的人。在中国的外国人此前对袁世

凯的能力还有过怀疑，李鸿章死后，袁世凯继任直隶总督，他证明自己不仅可以像其他官员那样提出进步的观点，而且还拥有西方人的那种能力去实现这些想法。如果不是因为袁世凯，很难说天津是否能归还中国。

“袁世凯在组织军队方面有充足的经验，不过此前他一直缺少高层对他的支持和表现的机会。现在他有充分的机会和力量把中国军队转化成一个有效的组织。中日战争期间袁世凯在朝鲜担任中国政府的代表，战后，中国政府获得了战争的教训，允许袁世凯征募新军，所有的装备采用外国样式，同时聘请德国人做他们的顾问。”

西人老报上刊登的中国“猎奇”画面。原注是：一个中国式的游街，刽子手和他的助手大步向前展示其威风，他们都是赤裸裸的壮汉，由巡捕护送着通过上海的英租界。西人的报纸对中国的报道里，很大一部分属于对东方古国的猎奇报道，是带着一种先进文化对落后文化的“代差审美观”来“发现美感”的。充斥在报上的铜版画大多是“砍头”“凌迟”“三寸金莲”等。故他们在中国寻找“开化者”时，袁世凯以其通情达理、善于沟通、略懂洋人的待客之道而被他们接受。对此类心态，我们也不要过分不自信。没办法，人家报纸是私人办的，以营利为目标，读者爱看什么，报纸只能随从。如果我们过分愤世嫉俗，把它上升到民族高度批判之，那就有点儿滑稽，自己也会因此气坏身子。

梁启超对袁从爱到恨

大多国产文人，经不起显微镜下的细看。梁启超虽也不能，但还能粗看一下。这人看似观念不停地在变，其实他的变大多以国家、政体的得失为准绳。说了一辈子的话，言多必失，但百年后看来，不少道理还真有道理。

梁氏对袁氏并无个人好恶。早期梁启超跟老师康有为搞变法，最后为什么看上袁世凯的力量？因为知道袁也算半个“康党”。只是官僚油子袁世凯，最后一无实际军权，二为项上人头丧失了“革命理想”。梁启超也没假清高，知道袁这样做是官僚常态，反之倒不是常态了。所以梁启超并没有如小道新闻认为的那样，从此恨上了袁世凯。

后来，“戊戌变法”失败，流亡日本 12 年后，梁启超接到了袁世凯催促的函电，回国就任法务次官。这次梁启超受到了空前的礼遇，请他住在贤良寺。外人看似是玩弄权术的袁世凯想利用梁博取“尊重知识分子”的好名声，其实这时候的梁启超讲“开明专制”“开明大总统”，这很合袁世凯的胃口。这时期是两人的蜜月期。正像有人指出：“梁是一个温和的改良派，认为中国得循序渐进，而袁世凯当初的民国是比较符合梁启超理论的，所以民国初年梁支持袁世凯，并承袁意，将民主党与共和党、统一党合并，改建进步党，与孙中山领导的国民党争夺政治权力。”

等到袁称帝，此时的梁启超已非昔日的改良派，欧美的游历和对西方各国历史的学习，让他对自己的立场有所修正。反对之下，他跟着冯国璋上袁世凯家，对袁世凯称帝唱起了劝退双簧。袁世凯一看路数不对，开始顾左右而言他。梁启超讽刺这时的袁世凯：“自国体问题发生以来，所谓讨论者，皆袁氏自讨自论；所谓赞成者，皆袁氏自赞自成；所谓请愿者，皆袁氏自请自愿；所谓表决者，皆袁氏自表自决；所谓推戴者，皆袁氏自推自戴。……左手挟利刃，右手持金钱，啸聚国中最下贱无耻之少数人，如演傀儡戏者然。”袁梁由此开始正式分道扬镳。最后梁气愤地说：“以此等人而为一国之元首，吾实为中国人羞之。以此等人而全世界人类四分之一归其统治，吾实为全世界人类羞之……呜呼，我国四万万人之人格，至今日已被袁世凯蹂躏而无复余。”

1915 年年底，梁启超与蔡锷策划武力反袁，护国战争在云南爆发。需强调的是，拥戴也好，反对也罢，这里并无梁启超的个人恩怨。蔡锷说：“眼看着不久便是盈千累万的人颂王莽功德，上劝进表，袁世凯便安然登其大宝，叫世界看着中国人是什么东西呢？国内怀着义愤的人，虽然很多，但没有凭藉，或者地位不宜，也难发手。我们明知力量有限，未必抗他得过，但为四万万人争人格起见，非拼着命去干这一回不可。”

梁启超像。梁是一个温和的改良派，认为中国得循序渐进，而袁世凯当初的民国是比较符合梁启超理论的，所以民国初年梁支持袁世凯，并承袁意，将民主党与共和党、统一党合并，改建进步党，与孙中山领导的国民党争夺政治权力。

第三章

袁世凯透视

尽管相貌不佳，读书不多，既无高度又逊风度，但袁世凯久处市井，历练江湖，深谙人情世故，加之机心绵密，善于权变，所以官场上，巧于应付，拿捏尺度，自显英雄风采；情场上，体贴人意，不乏温度，一点不缺女人缘。

打量一下袁世凯

作为男人的袁世凯，身材短小，体态臃肿；读书不多，屡试不中，自难风雅。在女性的眼里，既无“高度”又少“风度”，显然魅力不够。

哪像人家李鸿章，1.83 米的高度，早年进士出身，翰林院养就的文章气质，外加“洋务运动”历练出来的外交官风度，往哪儿一站都帅气夺人。斯人如此，搁在现代，也称得上是魅力不减的“老帅哥”。

袁世凯继承了李鸿章北洋大臣的政治衣钵，却无法继承李氏的男人风度。身高没办法，乃是娘胎里带来的，但向横里长，那就得怪他那一张嘴。天下“吃货”没有不胖的。

倘若以貌取人，袁世凯的确有点色不如人，至少不养女人的眼——个头不到 1.6 米，身躯臃肿，圆头短颈，在一袭晚清特制“武警”军大衣的衬托下，不免示人粗鄙。三女儿袁静雪说：“我父亲生就一副五短身材。我们曾看到过他做直隶总督时的一张照片，从照片可以看出那个时候他已经比较胖了，到了中南海，比以前更胖了些。”

法国人用恭维代替开涮，形容袁世凯：他的身材、面部表情、头部的外形、面貌的轮廓以及胡须的式样与他们的老虎总理克莱蒙梭非常相像。实话实说，克莱蒙梭长得不咋地，算是法国人眼中的次品。

1915 年 12 月 12 日《纽约时报》直截了当地说他：“矮小结实，有着粗脖子，身形微胖。”

美国驻华公使芮恩施用外交辞令修饰了一下自己的评语：“他身材矮胖，但脸部表情丰富，举止敏捷。”

众口一词，个矮腰圆，体壮脖粗，袁世凯一亮相，在架势上就矮了李鸿章三分。

这还是远看。走近看，袁世凯皮糙肉厚，面如蒙尘，暗无光亮，比不得人家李鸿章气血充盈，满面红光。得，在肤色上又吃了一亏。

相貌上，袁世凯先天不足。所以老袁一生什么都被人编排，就一点没人诟病，即从未有过桃色绯闻。说来还得归功于长得不帅。

尽管相貌不佳，读书不多，既无高度又逊风度，但袁世凯久处市井，历练江湖，深谙市井风俗，为人处世上，既不违人情，又颇合事理，加之机心绵密，善于权变，所以官场上，巧于应付，拿捏尺度，自显英雄风采；情场上，体贴人意，不乏温度，一点不缺女人缘。

1902年袁世凯兼任政务处参预政务大臣时满身铠甲的照片，看上去像个结结实实的肉粽。

"先结婚，后恋爱"

袁世凯生命中的女人，明里暗里，大大小小，前前后后，十多位如夫人，可谓艳福不浅。只是这些女人没有一个是因为袁世凯的帅而对其一见钟情的。

袁世凯的九位小妾中有三位来自妓院（大姨太、六姨太、八姨太）。

对于中国文人、官吏的娶妓为妾，林语堂解释说："大多数著名的学者像诗人苏东坡、秦少游、杜牧、白居易之辈，都曾逛过妓院，或将妓女娶归，纳为小妾，故堂而皇之，无容讳言。事实上，做了官吏的人，侍妓宥酒之宴饮，无法避免，也无虑乎诽谤羞辱。"

袁世凯的妾则更多地来源于自家的女婢，是在长期主仆生活中慢慢建立感情的。

从女婢走入老袁个人生活的有五位，她们分别是二姨太、三姨太、四姨太、七姨太、九姨太。前三位是朝鲜族。这三位朝鲜姑娘，袁世凯自己说是抗日援朝间，他家的三位女婢。而七姨太是大姨太的女婢，九姨太是五姨太的女婢。

尽管袁世凯长得不帅，这些女人与他结缘都是"先结婚，后恋爱"，但老袁自有老袁的魅力，女人们大都念着他的好而在情感上臣服于他。

查老袁的一妻九妾。四姨太还为他殉节呢（吞金立死），三姨太、九姨太没殉成。（三姨太吞金后，伤身，三个月后死；九姨太因为怀孕，有孕乃大，被劝下，没死成。）一个女人肯为一个男人抛弃生命，你能说这只是金钱的关系？说明老袁在她们心里是有分量的。

老袁管理妻妾队伍是有一套的，最主要的一点是一碗水端平。不似光绪皇帝那样偏心眼，专宠珍妃一个。到最后怎么着，就那么三个后妃还分成三拨，和载湉哥离心离德。

老袁不，他从不搞满人那套翻牌子勾当，每个女人给一周，七天时间满打满算，朝九晚五，风雨无阻，雷打不动。

钱财利益方面，七子袁克齐说："我父亲对待她们，都一例看待。无论分物或给钱，没有偏轻偏重的情况。因此一家向称平安，争吵的事情，我一次也没见过。我记得三庶母想买一副金镯子，父亲说，好！每人一副，一个人买是不行的。月钱数目，各房一律，谁也不能多拿。家中存款折子向由我母亲保管，父亲的图章由五庶母存着。家中用钱，我母亲向父亲报告数目后，就拿去请五庶母盖章，到银行去取。取出后交账房按月钱数目发放。如果庶母们谁要犯了错误，父亲除当面训斥外，还要看情节轻重，停发一月或数月月钱。有一次九庶母与人赌博，就被停发两月月钱。"

这就对了，按规则办事，走程序，不偏不倚，这就消除了妻妾队伍中"患不均"、嫉妒可能造成的不稳定因素。

上图和下图是同一张照片，是袁世凯的正夫人于氏（中）和几位姨太太在中南海“新华宫”与女儿们的合影。由于都不清晰，又是唯一现存的袁世凯女眷照片，不得不一起付印，对照着看。这照片来自于旧日的日本画报，日本人作为花边新闻刊登出来。

一个成功的男人后面总有一个女人，而一个成功的袁世凯后面有十个女人。此图中八位穿“公主服”的是袁世凯女儿，其他为姨太太们和儿媳孙女们，后排大女儿伯祯已嫁给前清两江总督张人骏之子，故“公主服”两样。

这张照片有三女袁静雪（估计是于氏左后那位）。她有一个段子可做此照注解：“在我父亲‘洪宪称帝’的时候，我们家庭中对此也有不同的反应。我娘最高兴，她说她要当‘娘娘’了。有一天，‘大典筹备处’把做成的‘皇女服’送了进来，二姐和我是经我父亲口头上封为‘公主’的，但是“公主服”还没有做好，我娘便叫二姐一起都穿上‘皇女服’，陪着她一起照相。这天，五、六、七、八、九妹，还有大哥的两个女儿，共七个人，都穿上了新装；唯有我是不赞成帝制的，偏偏不肯穿着照相。很多人劝我，我母亲还吓唬我，我不听，最后只得由我穿了便服了事。拍照的时候，我娘居中稳坐，众‘皇女’左右簇拥着，看起来，花团锦簇，好不得意。”

发挥妻妾的主观能动性

管理妻妾队伍，除了一碗水端平，还有一条是老袁让这些女人有事干。女人没事干就会生事，三个女人一台戏，东家长西家短，整天搬弄是非。

老袁采绵里藏针法，让大姨太场面上出风头。大姨太早年虽出身于青楼，但是人家有梁红玉一般的眼光，属于能自如应付台面的女性。二姨太管钱财（前期）和烧菜，前期管钱财，是因为那时还没挖掘出五姨太的金融才能，说白了，五姨太那时还未进门呢。三姨太发扬朝鲜族能歌善舞的特点，弹琴（七弦琴）唱歌。大家知道，韩姬的音乐和舞蹈才能是天生的，不少朝鲜能歌善舞的女性，最后凭借舞之蹈之进入了“国母”的行列。五姨太管队伍建设，说是管理，后期主要是掌握财权，因为她把账做得滴水不漏，让老军头的“老爷”看不出破绽。其实暗地里，她早就开始经营自己的一亩三分地，乃至于到分家的时候，她这一支一点儿也没经受金钱的摧残。在民国那个只认钱的年代，小日子过得有滋有味。不似六姨太，20世纪50年代，还在中老年档期，便把本来就不多的余钱给用得囊中羞涩，最后被新政府作为社会闲杂人士动员去了农村，最后惨死在前不着村、后不着店的破败小屋里。此是后话。

不同于前面几位过了更年期的姨太太，六、七、八、九姨太太此时因为正值“虎狼之期”，故白天让其学文化，栽桑养蚕缫丝织绸，晚上值班伺候，巫山云雨。

大家都在忙。忙就好，闲事儿就少，张家长李家短的是非也就少。那会儿的社会，西风还未刮到寻常人家，夫妻之间并不强调情感交流的重要性。无所事事的一群女性待在一起，非把一个家庭弄得鸡犬不宁。想想也是，每日三餐吃饱了喝足了，不弄点儿响动也太憋屈了自己。夫君袁世凯知道这个理，外加他也是河南项城一苦地方出来的，脑子里总有一些自己动手、丰衣足食的自耕农思想。所以这一家的众多女性都在忙。

袁世凯对待妻妾特别鬼的地方就是投其所好，对症下药。

不知是真是假，据说袁世凯好上了二姨太的熏鱼，二姨太美得什么似的，每天用高粱米和芝麻养蟹，变着法子改善伙食。

五姨太杨氏从小跟爹做小买卖，擅长理财，老袁就让其管钱。还假装糊涂让五姨太每天从预算里扣点儿小钱，自得其乐。

什么都拿不出手的那几位，就让她们学英文，学填词，酬酢唱和，吟风弄月。

其实，读懂人心、善解人意的男人，从来都不缺魅力。何况袁世凯并非一般的男人，而是手握重权、足够“伟大”的将相人物。

袁世凱君之如夫人三人合影

周妃　秦樓　閔氏　朝鮮人　翠媛

同时代日本杂志上的照片，袁世凯的三位如夫人。影像质量很差。但是题注为周妃、闵氏和翠媛。然而，除四姨太朝鲜人闵氏外，查袁世凯家族后人编写的资料里，并没有周妃和翠媛二位。估计是日本人标错了。据此，有人便“据说”起来了，什么“十三姨太周氏，杭州西湖上的一位名妓；十五姨太翠媛，竟是他的六姨太洪氏的亲侄女”，更加没谱，作为公众人物的袁世凯也只能让后生，以这类下里巴人式的猎奇编排一番。

黑如点漆的眼睛

袁世凯读透人心，全靠一双黑如点漆的眼睛。

大双眼皮，属于重叠式太和殿风格的那一种，两个黑乌乌的眸子占掉整个眼帘的80%。如果有人印刷袁世凯的标准像，油墨师傅必须选择纯黑的那种，一点儿杂质都不许有。

更有甚者，这对黑眸子还水汪汪的，带点儿晶莹剔透。

看着这对黑眸子我就纳闷了，袁世凯大半辈子待在降雨量低于600毫米的北方干旱地区，怎么就养就他这么对一泓秋水？

袁世凯认为他的这双眼睛不是先天具有的，是其后天练就出来的。他还偷偷地将这技术教给二儿子袁克文："于薄暮时行之，兼养目力。"

这双乌黑闪亮的眸子，不知镇住多少英雄豪杰。

山西"土皇帝"阎锡山，1915年4月间被袁三次召见，其中第一次召见给他留下了终生难忘的印象，并为此谈虎色变。他后来回忆道："我一生见过了多少位咱国家的元首，如孙中山、黎元洪、徐世昌、冯国璋、曹锟，甚至张勋、段祺瑞以至蒋介石等，没有哪一个像袁世凯的两道目光那样虎视眈眈地逼人，使人不敢仰视。"

美国驻华公使芮恩施1913年第一次向袁世凯递交国书后，回去对袁世凯做了如下描述："他的两只眼睛长得优雅而明亮，敏捷而灵活，经常带着机警的神情。他锐利地盯着来访的客人，但并不显露敌意，而老是那样充满着强烈的兴趣。他的两只眼睛显示他多么敏捷地领悟（或者通常是料到）谈话的趋向，他总是聚精会神地听着，似乎对每一个新的细节都能做出判断。"

人说眼睛是心灵的窗户，老袁知道自己这双眼睛抵得上日本的一个师团，所以在外交场合充分发挥之。

老袁的眼睛赢得了芮恩施的好感，以致到后来，康有为想借美国势力反袁世凯，这位美国当时著名的远东事务权威、威斯康星大学政治学赫赫有名的教授、时任美国驻华公使的芮恩施，以三篇绝密"内参"发回美国本土，认为美国支持"康老"是得不偿失的买卖，把康有为的动议硬是给"参"掉了。这是间接帮了袁世凯的忙。

第一次见面，连"国父"孙中山也被这双眼睛给蒙了，孙说他的眼神是那种至诚至真的样子，"眼光四射"。所以才有了200天左右的孙袁蜜月期。

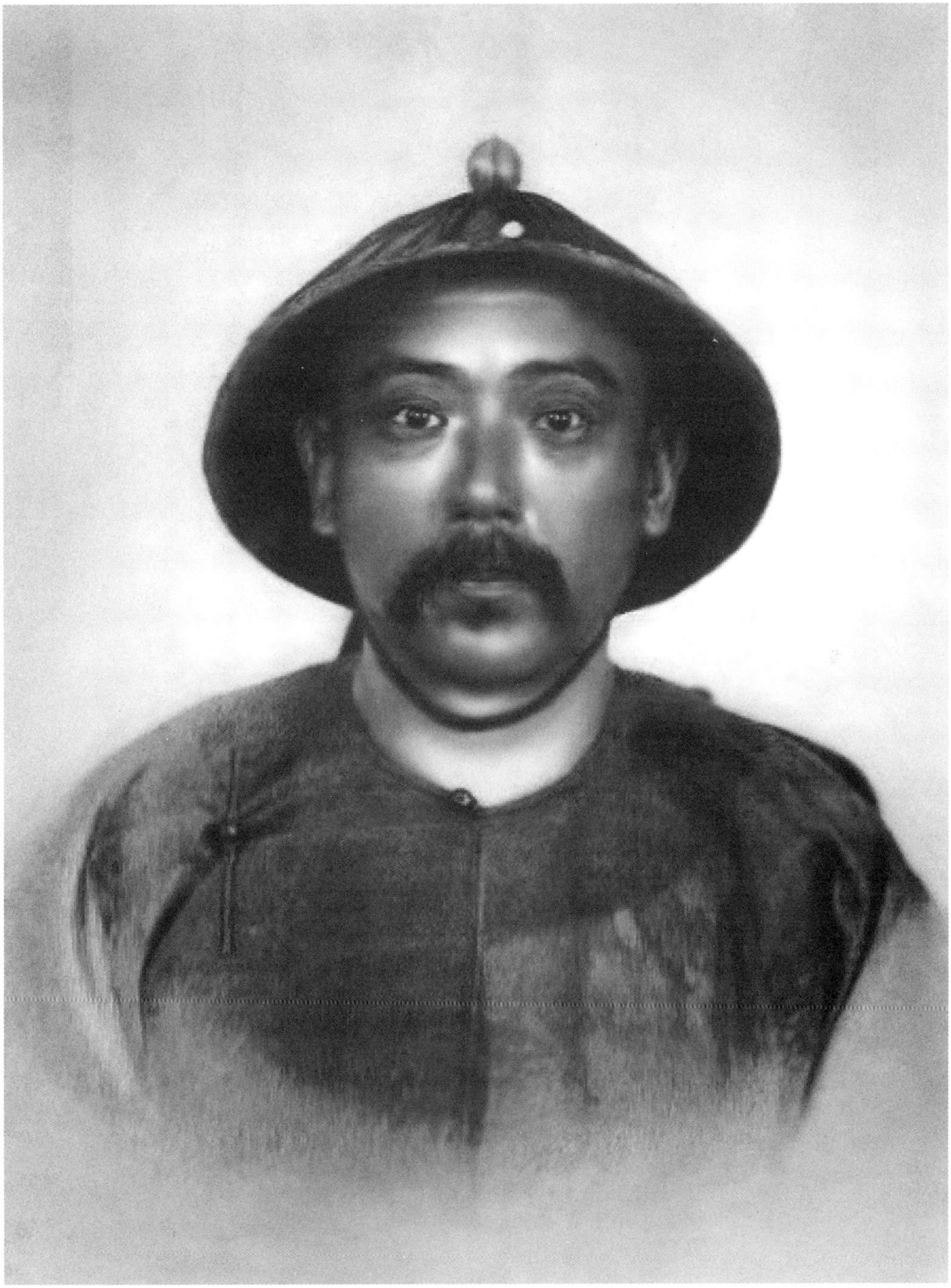

任山东巡抚时的袁世凯夏装像

这是一双“不怒而威”的眼睛

袁世凯的30多位子女对老爸这双眼也印象深刻。

“如果（孩子们）得了坏分数，他那种严肃的面孔，不留情的申斥，是谁也受不了的。”（袁克齐语）“他的双眼，如果圆睁起来，确实令人感到有些‘杀气’，这大概是人们对他心怀恐惧的道理吧！”（袁静雪语）

袁克齐和袁静雪说的是他们这些做儿女的感觉，其实袁大总统对人的态度是分对象的。

对子女，他摆出严父面孔，是严肃有余、慈爱不足的那一种。“我父亲性情刚烈，态度严肃，寡言笑。有时他叫我们兄弟陪他吃饭，大家都很受拘束。”（袁克齐语）

对洋公使、洋访客是专注倾听，热情洋溢，一口一个“中国人民的老朋友”之类的外交辞令。

至于他的僚属或部下，他对待他们都很客气，很少看到他厉声厉色的神气。“但凡和他接触过的人，没有一个不对他抱着恐惧的心理。可以说，我父亲是有着‘不怒而威’的神态的。”（袁静雪语）好个“不怒而威”，天下大权在手的人，都给人以“不怒而威”之感。呜呼，却原来权是力量的源泉。权力，权力，中国人造词真是绝了！

女儿看到的只是会客室里的“不怒而威”，《纽约时报》却将袁世凯的“不怒而威”理解成政治上的“估量”：“袁注意到了，他在审慎地估量着这股新生力量（注：指新军）的强弱和走向，并给自己设想了一个可能发挥领袖作用的合适位子。然而，他同时也一直都预备好，那就是当遇到哪怕是一丝反对的迹象时，就迅速横跨一步以躲避打击。”

对政敌他是先施诱惑，再施迷惑，如不奏效，话不投机半句多，老袁便闭目养神，绝不睁眼看你一下。回到办公桌前，双眼露出凶光，在判决书上金眼御览，“金口御断”。

他手下的大红人唐在礼回忆说：

> 处理革命党人的案件，向例先由军政执法处总办陆建章亲自向袁世凯请示决定发落。这里面有个最大的难题，就是袁世凯对这些案件的处理很注意舆论的反应，他有时很用心思，但毕竟还必须随着他个人的旨意做出决定，并且事实上一直是凭他“金口御断”的，话一经说出口来，就几乎没有斟酌的余地。
>
> ……袁对这些案件，处理得很严酷，对批文措辞决不随便放过，要求“合法合理”。在这一点上他很用心思，有时还亲找陆建章进去研究。有时也找我进去当面嘱咐，说“再交给周肇祥看看”。就是这样，多少反袁人士就在袁的“合法合理”之下被处决了。

看了这段，明白了，原来那会儿的执法处是摆摆样子的，生杀大权都在袁大总统一人手里。难怪袁世凯从不对政敌怒目而视，最多只盯着你，不说话。

袁世凯威严的眼神和炯炯有神的黑眼珠子的确给人“不怒而威”之感，所有和他打交道的洋人多对他这双活力四射的眼睛印象深刻。

精力充沛，气血充足

眸如点漆，说明袁世凯精力充沛，气血充足。这点《纽约时报》特派记者托马斯·F·米勒德看得最清，他在1908年专访袁世凯时说："他目光炯炯，敏锐的眼神显示出了他身体的健康和心情的安定。"

是的，袁世凯壮得像头牛，宽宽的额头油光锃亮。说话大嗓门，声如洪钟，中气十足，给人以身体健硕之感。

除此之外，袁世凯还特别注意包装自己的军人形象。

袁静雪描述："由于他好武，所以无论是站着或坐着，总是挺直了腰的，就是坐在沙发上和人谈话的时候，也直着腰。靠着沙发背坐着的时候是有的，但也是直着腰在靠着，从来没有看过他斜歪在那里的时候。他在坐下的时候，总是一边由鼻子里发出'嗯'的一声，一边用手摸着胡子，然后慢慢地就座。他坐下以后，总是两腿叉开，两只手经常放在膝盖上。由于他腿比较短，所以在坐的时候，总是两腿垂直，仿佛'蹲裆骑马'的姿势，从来没有看到他架'二郎腿'的时候。"

为了刻意增加自己的军人威严，袁世凯又在以下四点上做足了功夫：

一、蓄威廉须。人到中年，特别是小站练兵后，袁世凯留起了德国军人的威廉须。两边翘翘的，似张飞的武将风格，又与时俱进，跟上了欧美潮流。

其实当时的中国，一切唯德日为美，特别是德国，那种说一不二的硬朗作风，专制加民主的政体，对中国军政界，特别是对袁世凯很有吸引力。

民国时出版的《世载堂杂忆》里说："当时欧洲大战起，德国挟疾风扫落叶之势……世凯乃一切师承德制。其练兵也，军中步法，令改用德御林军步伐。其训将也，选将皆用留德陆军学生。其选制服也，先由家庭改革，诸子皆着德国亲王陆军制服，照相颁示。其教子也，圈出荫昌为诸子德语教师。其每日呈进居仁日览，亦译奉《德皇威廉本纪》一纸。乃至于蓄须，府中文武军官，咸模仿世凯嗜好，蓄威廉二世八字牛角须。"

大总统袁世凯留了，北洋系的一大批高级军官就得留。一时间中国军政界威廉须泛滥。

二、扎一根军用皮带。袁世凯晚年留下的立照，大多扎一根宽宽的军用皮带。这是老袁最失败的形象。

你想，老袁的腰围最起码四尺，属于熊腰族。他不思遮掩，还用一根皮带大咧咧地一箍，把个水桶巨腰明码实价地暴露无遗。

三、手握一根藤手杖。袁静雪说："他走路的时候，有一些左右轻微地摇摆，手里一定拿着一根下端镶有铁包头的藤手杖。这根藤手杖，仿佛不是我父亲借它来支撑自己的身体，而是

山东巡抚任上的袁世凯照片。《纽约时报》记者米勒德 1908 年描述他见到的袁世凯："过了一会儿，袁世凯走了进来。早就听说袁非常沉溺于他那艰苦的工作，并且这工作也极大地耗损了他的体力和心神，所以我特别注意观察他的容貌，指望能从中发现一些迹象。但让我惊讶和感到满意的是，袁看上去比我上次见到时好许多。实际上，现在的袁就是健康和精壮的化身。"

故意用它来敲地似的，随着他走路的声音，总是另外听得见这根藤手杖梆、梆……敲地的声音。我们知道，我父亲所以要随身带着这根下端镶有铁包头的藤手杖，是有防身之意的。”

女儿不知道的是，这还是一根权杖，同样是欧洲传来的新玩意儿。这说明五千年的古老帝国，精神崩溃后，整个社会都以西为美。把自己定位为西式练兵鼻祖的袁世凯，当然需要一根藤手杖来充当一支新式军队的图腾。

别看袁世凯五大三粗的，他在政治和军事上一直走在“求变”的最前沿。在当时，所谓求变就是观察西洋，分析西洋，模仿西洋。这一点，李鸿章身后，清廷里非他莫属。

甲午战争后，国际形势错综复杂，清廷对英日结盟对付俄罗斯的大格局一团雾水，甚至有人想和俄罗斯结盟对付英日同盟，美国哈佛大学汉学泰斗费正清在《剑桥晚清史》中写道：“袁世凯在分析该同盟时甚至更加强调了这一点。据他所奏，在东方没有一个国家的陆军出日本之右，在西方没有一个国家的海军胜过英国。这两个国家的结合产生了一个新的强国集团，它不仅影响东亚的均势，也影响整个世界。”所以在他训练的新军中，不但倡导西式的操练，唱西式军歌，连服装打扮都要求和西洋军人“保持一致”。正因为袁世凯西化得彻底，才出现了晚清民初不可小觑的“北洋”劲旅。

四、雪茄烟。袁世凯没有烟瘾，深恶痛绝鸦片。为了让人对新军耳目一新，这家伙居然拿雪茄烟来包装自己。女儿袁静雪说：“他和人交谈的时候，嘴里总离不开雪茄烟，走路的时候也是如此。”

住洋房，抽洋烟，着洋装，夹杂些许洋词儿，1911 年，中国精英的这几个画面已经在告诉我们，清末民初那十多年并不是死水一潭。

这时的老大帝国在每个细节处都发生了突变，连废除科举都成了读书人的共识，这在李鸿章时代是不可想象的。更有甚者，南方数省民意开始求变。变什么？满清贵族知道，所以他们急就了些改革开放的条条纲纲。可是历史吊诡得很，恰恰这些改革动作，为“辛亥革命”的爆发创造了条件。

法国历史学家托克维尔说：“一个国家发生革命，并非总是因为人民的处境越来越坏。……经验证明，对于一个坏的政府来说，最危险的时刻，通常是它开始改革的时候到来的。”

右页图　当上中华民国大总统的袁世凯，军衔上最后也还是三颗星，这已经是当时最高的军衔了。图中袁世凯着大元帅服，肩章和衣袖是三星和三道。照片由天津福升照相馆拍摄。福升照相馆清末因拍摄慈禧入殓一事而留名史册，北洋政府时期为众多军政名人拍摄肖像照。照片由袁氏第八子袁克轸签赠友人洛德伟。

是片為 先父在京時所照而移於津醫洛德偉先生因持以贈為永久
之記念也

Fu Sheng
TIENTSIN, CHINA.
福陞
天津東馬路

和孙中山比，袁世凯的演讲差一个档次

袁世凯说得再慷慨激昂，他还是属于那种做得多说得少的人。哈佛大学费正清主编的《剑桥中华民国史》说："他天生是一位实践家，而非理论家。他没有构想出改良方案，也没有为这方案制定一系列原则，而只是实践了这一切，并证明它们的可行性。"

孙中山是一位职业鼓动家，以说和写起家，一生花费大部分时间于筹集革命资金，组织暴动起义。所以孙先生演讲的功夫给后生很多教益。

民国刘禺生的《世载堂杂忆》中有一段孙中山自述，介绍自己如何练习演说之法：

一、练姿势。身登演说台，其所具风度姿态，即须使全场有肃穆起敬之心；开口讲演，举动格式，又须使听者有安静祥和之气。最忌轻佻作态，处处出于自然，有时词旨严重，唤起听众注意，却不可故作惊人模样。予（先生自称）少时研究演说，对镜练习，至无缺点为止。

二、练语气。演说如作文然，以气为主，气贯则言之长短，声之高下皆宜。说至最重要处，掷地作金石声；至平衍时，恐听者有倦意，宜旁引故事，杂以谐语，提起全场之精神。谠言奇论，一归于正，始终贯串，不得支离，动荡排阖，急徐随事。予少时在美，聆名人演说，于某人独到之处，简练而揣摩之，积久，自然成为予一人之演说。

看看国父孙中山怎么鼓动驱逐"鞑虏"的。孙有一次在广州演讲，说到反清复明，台下老广大多数不解。孙从口袋里拿出一个"某某通宝"的铜板视人，问："你们认识这几个字吗？"曰："能识。"孙中山又举反面两个满文字示之，大伙儿忙摇头说："不认识。"孙中山结合这枚铜板例举满人入主中国奴役汉人，辅以上文那些演讲技巧，让大家明白了反清复明之大义。

孙中山的口才，袁世凯是佩服的。两人 1912 年 8 月 24 日第一次见面后，都对对方有好感。台湾地区出版的《国父年谱》记载说："先生留京约一月，与袁会晤共 13 次，每次谈话时间自下午 4 时至晚 10 时或 12 时，更有谈至次晨 2 时者。每次会晤，只先生与袁世凯、梁士诒三人，屏退侍从。所谈皆国家大事，中外情形，包括铁路、实业、外交、军事各问题。表面甚为畅洽。先生察袁野心，然仍予推崇，以安其心。"

13 次密谈后，袁世凯向《纽约时报》记者说出了两人的一个约定——孙中山将花一大段时间专门去全国各地演讲，启迪人民。

这个约定一看就知道是孙中山主动提出来的，他认为中国人"民主素质"不高，现代意识薄弱，提出中国政治应分三步走：军政，训政，宪政。他干的这是训政。

1924 年 11 月 28 日，孙中山在神户高等女子学校发表关于“大亚洲主义”问题的演讲，认为欧洲文化是用科学与武力使人屈服的霸道文化，而亚洲文化是以仁道和道德感化对手的王道文化，王道文化好过霸道文化。“大亚洲主义”演讲全文只有六千言，面对的听众又主要是日本民众，但社会上却流传着五种不同文本，而演讲却只有一次。

孙中山和袁世凯也有蜜月期

1912年2月，孙中山将临时大总统职务让给袁世凯时，就曾表示要“舍政事，专心致志于铁路之建筑，于十年之内筑20万里之线”，认为“凡立国铁路愈多，其国必强而富”。

当时，他曾对袁世凯提出：“未来十年，你练百万精兵，我修20万里铁路，何愁不国强民富！”袁世凯呵呵一笑，说：“修20万里铁路，先生想必很有把握；但练百万精兵，世凯怕力不能胜啊。”

让孙不掌握实权，去全国布道、修铁路，正合老袁的意。他马上投其所好，特授孙中山以筹划全国铁路全权，出任中国铁路总公司总理，设总部于上海。

袁世凯并把他当年为慈禧太后回銮时所特制的豪华花车，拨给孙总理专用，以便巡视全国铁路现状；同时更饬令各地地方官员，对巡视路政的孙总理做盛大招待。黄兴同时亦受任为汉粤川铁路督办，以襄赞孙公。对此唐德刚评论说：“袁氏派孙中山去修筑铁路，显然是，给这个革命领袖找个优差肥缺，安顿下来，免得他继续革命或重新造反。谁知孙公是个诚实的爱国者，他把袁总统的美意当真，向中西媒体正式宣布自己今后的使命之后，就认真地干起来。”

“在袁氏的怂恿之下，孙公竟率领大批失业党人，乘了豪华专车，到全国视察去了。等到后来孙、袁交恶，当局要清查铁道公司的账目，始发现铁道一寸未建，而视察公帑却浪费百十万两。政府就要下令通缉了。此是后话。”

其实他们两位无论从哪儿看，除了都是中国人外，彼此的差异天南海北。外国人在评价两人时大多采实用主义立场。

《纽约时报》说：“袁是位杰出的‘务实型’改革家，在这方面他明显区别于那些煽动家和半吊子的‘革命党’，他对清国政体施加影响意味着这个政体能够在有序和稳定的状态下发展、进步。袁不会进行草率的试验和欠稳妥的冒进，而只会推进理性和必需的改革，大清国能够消化并吸收这些改革的速度有多快，改革推进的速度就会有多快。”

中国人更多加入道德判断。听听唐德刚教授在《袁氏当国》中的分析：“袁世凯是传统中国里的‘治世之能臣，乱世之奸雄’，才大心细，做事扎扎实实，有板有眼，是位极有效率的行政专才和标准的中国法家。然而他无理想，对现代政治思想更是一无所知，这是时代关系，先天后天自然发展的结果（顾维钧先生当时是袁氏随时咨询的机要秘书，事后告诉我亦如此）。而孙中山却正是袁的反面。孙公周游世界，爱国之心极烈，为人又好学深思，满头脑理想，欲施之于中国，而道不得行。辛亥之后自己虽不在位，但对袁世凯倒满怀幻想，希望袁能拯斯民于水火，臻国家于富强。”

油画《孙文见袁世凯》(沈嘉蔚绘)。据报道：1912 年 8 月 24 日下午 5 时 30 分，孙中山乘坐火车由天津抵达北京前门东车站，袁世凯派心腹赵秉钧前去欢迎。北京一时万人空巷，市民争睹其风采。各报刊争相采访、报道孙中山之行，形成一股巨大的政治旋风。

当晚 8 时，袁世凯在铁狮子胡同总统府为孙中山举行了盛大的欢迎宴会，并亲自为孙中山执盏，略谓："刻下时事日非，边警迭至，世凯识薄能鲜，望先生有以教我。""财政外交，甚为棘手，尤望先生不时匡助。"孙中山表示，国内经济凋敝，民不聊生，唯有恢复生产，兴办实业，开源节流，而交通为"发达之媒介"，故提出修筑全国铁路之务，希望袁世凯给予帮助。宴会结束后，袁世凯对人感慨与孙相见恨晚，谓："不图中山如此嘹亮！"孙中山亦对其他人称："袁总统可与为善，绝无不忠民国之意，国民对袁总统，万不可存猜疑心，妄肆攻讦，使彼此诚意不孚，一事不可办，转至激迫袁总统为恶。"(《孙中山年谱长编》)

孙先生性格直率

上海师大的萧功秦教授对孙先生是这样评价的："历史上真实的孙中山，在性格上确实就是个愣头青。他头脑单纯，缺乏对人与事的洞察力，却充满浪漫主义的激情，执着而百折不回。"电视剧《走向共和》中的孙中山躺在地上，血流满地，愤而剪掉辫子，极合孙中山的个性气质。虽然并非历史真实，但却不乏逻辑真实。事实上，许多与孙中山有过密切交往的人士都不约而同地提到他的不切实际的幻想家气质。民国初年，他曾计划，让各省通过向外国借债修铁路，以为如此就可在十年内在中国建立 350 万里即绕地球 40 圈的铁路！这一总长度则是根据中国人口比美国多五倍而推算出来的。他的一位美国朋友说他在中国政治上如此不切实际，以至于"幼稚得不值得重复"，"不适合于担任任何需要常识的工作"。连他的私人秘书李禄超也说他是"孙大炮"。而孙中山身上所有这些对其政治行动产生影响和后果的个性特点，很可能迄今为止，99% 的当代中国人毫无所知。因为从童蒙时期开始，我们教科书中的孙中山，就是类似于样板戏里的李玉和。革命先驱者怎么可能是"孙大炮"！

是啊，我也认为孙中山关于修铁路的宏伟规划有点不着边际。瞧瞧咱们新中国成立 60 年来，到 2008 年年底中国铁路营业里程还没有超过 8 万公里呢。要知道这已经是举全国之力，每年几千亿地花下去，近百万人常年努力的结果。（这还要去掉 1949 年之前造的 2.18 万公里铁路。）大家知道，百多年前美国铁路大王斯坦福一家公司就造出了这个数，还顺带建造出一座斯坦福大学。

但是孙中山毕竟是喝过洋墨水的，在他心中激荡的不是拿孔孟之道来正人心的那套充满着尸腐味的陈词滥调，而是实业救国。他的话今天听来还是掷地有声："今日之世界，非铁道无以立国"，"交通为实业之母，铁路又为交通之母"，"今日修筑铁路实为目前唯一急务，民国之生死存亡系于此举"。

在他的心中，其实有一个美国蓝本和欧洲蓝本。这在当时的中国就是进步的表现。他 1912 年说："凡立国铁道愈多，其国必强而富。如美国现有铁道 20 余万（英）里，合诸中华里数，则有 70 万里，乃成全球最富之国。中华之地 5 倍于美，苟能造铁道 350 万里，则可成全球第一强国。"但是那个时代的问题不是不要建设，是饭都吃不饱，没有钱搞建设。就是建设起来了，也没有一个可供庞大铁路系统消化的市场。说到底，在一个农耕社会做工商实业，是不可以一步登天的。欧美的成功经验是建立在民间资金活跃、市场成熟基础上的。所以唐德刚先生说"中山因无行政经验，乃有此失"，有一定的道理。

1911 年 12 月 25 日，孙中山到达上海时留影。1911 年 11 月 24 日孙中山由法国马赛乘大英公司“马尔当”号轮船回国，途经地中海、苏伊士运河、红海、亚丁湾和阿拉伯海，于斯里兰卡科伦坡换乘“狄凡哈”号英国邮轮，再经马六甲海峡并陆续停靠槟城、新加坡和中国香港后，终在 12 月 25 日驶抵上海。当天上海租界的《警务报告》详细记载：孙逸仙搭“狄凡哈”号抵沪，由一艘悬挂两面革命军旗子的专用汽艇将其接至租界码头，然后乘坐 176 号汽车驶往静安寺路哈同公馆。孙在哈同公馆接见了伍廷芳先生及其他来客约 30 人，后于下午 2 时 30 分前往爱文义路 100 号伍廷芳寓所，并一直停留至下午 4 时 20 分。晚上孙在戈登路 7 号彭济时（即“庞青城”——作者注）家与友人共进晚餐，至夜晚 11 时离去。孙现住宝昌路 408 号，此屋系法国人屠榭之产业。据 28 日勃罗斯的报告：“孙逸仙博士整日在宝昌路忙于接见宾客。现法租界捕房已派人警卫该所房屋，夜间并有一人睡在里面。”除了法租界，沪军都督府、商团武装以及公共租界也曾经担负起孙中山的警卫工作。孙中山在沪期间与伍廷芳、温宗尧、陈其美、程德全、黄郛、胡汉民、李平书、彭济时及美国荷马李，日本池亨吉、大田、本乡等人有较多接触，黄兴因先行赴宁陪伴较少，此外汪精卫、宋教仁、张静江、居正、赵凤昌、张謇、唐绍仪、哈同、宫崎寅藏、犬养毅等人也有会议或过往。还有日美英法等政界、记者人士，同盟会员、原立宪党人、反正官员、议和代表、地方绅商、广东老乡和帮会中人。

买办袁世凯

小站练兵前的袁世凯是个啥样？1909年日人佐藤铁治郎所著《袁世凯》一书揭露了个中秘密。原来，甲午战争后，袁世凯“随营解散，徘徊于京津之间，无所事事”。这时李鸿章正在马关和日本总理大臣伊藤博文谈判。一次伊藤博文问李：“袁世凯现任何事？”李鸿章回道：“小差事，无足重轻。”伊藤曰：“以袁世凯之才，任无足重轻小事，无怪无人材也。”李的文书将此话原原本本地记到了会议记录里。写到这儿，佐藤铁治郎突然感喟道：“岂知一语闲谈，遂影响于袁世凯者不浅。”原来那些文秘回国后，其记录稿被京津沪各报转载了。于是“清之朝野上下，睹我伊藤氏答李鸿章之言，皆以袁世凯为一时人杰，于是袁世凯三字，遂振振有声。留心人材者，咸欲一睹其人”。于是，下岗待业反日青年袁世凯，多亏了日相一句闲聊话，在京城声名鹊起。

此时，“清方大挫之后，二三老臣为国求贤，于两宫前保荐袁之才略”。慈禧太后立刻命召见袁世凯。朝堂之上，发宏论说天下事，话到高潮处，哪里快，哪里慢，袁世凯拿捏得炉火纯青。应答堂对，这是袁世凯的强项，“袁奏对多中恳要”。可是小袁的命不好，老太太就是没将小袁的“革命道理”听进半句。与此相反，光绪帝听了称许不已。众大臣和旁听者也不停地叫好，都认为袁世凯“可得志”。不料召见后，让人跌破眼镜，西太后最后只给了他个濒临关门的“军务处”小差事。袁大为失望。袁世凯哪里知道，别说老太太心不在焉，就是太后再满意您，也得咨询一下专管选拔干部的吏部。吏部一打听，袁世凯在朝也不过是个副处级，还老犯些组织纪律方面的错误，所以“按律”给了个同级的副处差事，您有什么好撕心裂肺的？何况眼下待业中，家有一妻四妾要你养。这说明袁世凯还是历练不够！

袁世凯不这么想，他认为自己怎么说都是一个“媒体红人”，“感动中国”的人物。于是他到处找人，“日奔走于王公之门”。找人就得拎东西上门，这就说到了个钱字。“数月来奔走酬应”，袁世凯那点钱早就日见羞涩了，后来干脆“负债累累”。

小袁躺在旅馆里琢磨，这样下去怎一个愁字了得？脑瓜子比别人转得快的袁世凯突然想到：时下外国人在中国开始做国际贸易，由于语言不通，风俗不了解，“多雇用清人为经理”。受雇的清人“常居间收利，有暴富至数百万者”。袁世凯想，这个副处不要也罢，干脆进外企做“买办”当白领得了。特别是想到眼下大清国军队新败，“盖知清此次之败，海军战舰，陆军军装器械，全数告尽，势必再置，置则必须仰给外人”。清国不能生产？袁世凯是圈内人，这点他知道得一清二楚。突然他灵机一动，何不……袁世凯越想越来劲，干脆跑到改革开放的最前沿——天津，去看个究竟，做一下市场调研。

清末天津的热闹景象。天津更像是帝都北京的一个港口和对外窗口。保守的清廷，“有辱国格”的事情都在天津操办，时间一长，天津不成了闹市才见鬼呢！

袁世凯天津遇贵人

这清末改革开放的前沿什么样？不到天津不知道，一打听，“适有西人欲开军装洋行于天津，拟聘熟习官场人为买办。故争先恐后，设行以图招揽”。袁世凯激动万分，连考虑都没考虑，就冲上前去说：我要应聘“买办”。洋人打量下这个河南矮小子，说：可以，您先交3万元“保证金”。3万！哪壶不开提哪壶，袁世凯一听两眼发黑，踉踉跄跄走出了办公室。

热血青年袁世凯有一个优点，那就是古道热肠，喜欢交朋友。“桃园三结义”，对他来说是平常事。结好后，袁世凯嘻嘻哈哈也就忘了。非常时刻，袁世凯想到了他先前在“营务处时，与奉天举人王英楷结莫逆交”。王是一个巨富，“其人为野蛮（清国人）中之最开化者，与袁畅谈时，两情相洽，引为同调”。袁世凯途穷路迫，也就写信去求人家，“王得袁书，遂挟重金北上，晤袁于天津”。

到了天津，王进门就责备袁：兄怎么这么没出息？！袁说：咋啦，人家欧人国务大臣退位后，不是也下海搞工商业，“君何责我不志也？”王曰：人家都干的是本国生计，“有独立性质”。买办是什么？就是给老外打工的，为人家干些走后门、跑关系、批条子之类的勾当，属于蝇头小利，这些都不是兄的强项，何况“君又不通西语”。袁世凯一腔热血下海经商，被这位王老弟一说，冷了一半。王英楷乘胜追击道：“君盛名倾中外，方王师败绩，正朝廷梦醒之时”，大丈夫不想着干大事业，“乃欲谋此奴隶事！”袁听了委屈地说：媒体的那点小名声，顶个球！就是有，奈何朝廷没人理会。王叫道：啊呀，我的老兄啊，当今社会，您就是有天大的本领，也不能空口白说革命道理啊！兄如果要用钱，尽管吩咐！袁世凯在金钱和权力面前终于大彻大悟，连连说：“唯命是从。”这个王英楷是个举人，一个字：能！两个能人赛过诸葛亮，没几天，他们“侦知袁从人中有河间赵姓者，与阉宦李莲英系属戚谊”。王用金钱搞定赵，授赵以如此如此、这般这般行事。赵找了李莲英，刚说明来意，没想到人家李莲英一听就说：这事好办。因为早先各大臣在太后面前保荐过袁世凯，只要等机会“顺水行舟”就行了。叫赵回主子的话：一颗红心，两手准备，“静候时机可也。自此以后，宫廷动静，大臣奏对，皆随时密报袁知。数月后，适清两宫命筹饷练新军”。袁得报，大喜说“兵事是我的强项，李公公为我图之”。“李乘机说西太后。西太后于召见大臣时，遂问袁世凯知兵否？”军机大臣都说：眼下大清国就数他知道练兵。这回西太后算醒着听的，也全听明白了。于是“拟命其与聂士成各练三十营劲旅”。这么着，袁世凯转了组织关系，去天津小站上班了。就此，这位年轻人正式走上近代中国的历史舞台。

1895年，袁世凯在小站成立“新建陆军督练处”，自任督练官，下设行营中军等九大处。2005年，位于营盘原址的“小站练兵园”仿古建筑群落成，周边已开发旅游产业。图为练兵园内的“器械”复制品。(何玉新摄)

《三大纪律八项注意》的渊源

据报道，1973年12月12日，毛泽东主持中央政治局会议，宣布八大军区司令员对调。会上，毛泽东建议与会者共同演唱《三大纪律八项注意》，并由他来亲自领唱。可让毛泽东没有想到的是，他自己领唱的歌曲，却与袁世凯有着某种联系。

据刘华清将军回忆：这曲子最早是他们从鄂豫皖苏区的民歌《土地革命完成了》改编而来，但该民歌的曲调来自于冯玉祥的《练兵歌》；冯玉祥五音不全，不通曲律，这《练兵歌》的曲调是照搬张作霖的《大帅练兵歌》；张作霖胡子出身，和音乐八竿子打不着，他也是转抄了张之洞的《大帅练兵歌》；张之洞更不是曲作者，这曲调原来是南北秋操时，从北洋袁世凯的《大帅练兵歌》学来的。

其实，政治思想工作北洋时代的老袁也做。

袁世凯的政治思想工作是委托新建陆军参谋营务处总办徐世昌做的。这徐世昌就是后来部队政委和美军随军牧师的鼻祖，文宣工作是他的分内事儿。

徐翰林果然了得，于诗文书法绘画外，还写得一手好打油诗。经过袁司令的修改和首肯，中国军队最早的政治思想工作歌曲诞生了。

《大帅练兵歌》：朝廷欲将太平大局保，大帅统领遵旨练新操，第一立志要把君恩报；第二功课要靠官长教；第三行军莫把民骚扰，我等饷银皆是民脂膏；第四品行名誉要爱好；第五同军切莫相争吵……

徐政委写好歌词，缺少曲子。没办法，中国文人历来是只填词不作曲的。人家不屑作曲也不会作曲，更没听说有作曲这一行。徐天天听兵营里的德国教官咿咿呀呀地哼着小调，便多了只耳朵。听着听着，感觉有点儿意思，特别是那种进行曲最让老徐提气。于是老徐做了中国文人中第一个弃《念奴娇》曲牌于不顾的开山祖，选了首普鲁士军歌《德皇威廉练兵曲》的曲调来为他的《大帅练兵歌》填词。

这下徐世昌牛大了！

他没想到，这首与军区司令袁世凯合作完成的歌曲，不但成了革命和“反革命”军歌的蓝本，还成了我们激情燃烧的岁月里最让人记住的两首歌曲曲调之一（另外一首是《国际歌》）。

而且在1984年洛杉矶奥运会的开幕式上，袁世凯、徐世昌带入中国的这首普鲁士风格的曲调，被东道主美国的吹鼓手们演奏成为中国体育代表团进场的行进曲！更不可思议的是，当中华台北队入场时，伴奏的乐曲还是这首歌的曲调。

清末陆军第三镇一协的军乐队在演奏

清末陆军第三镇的士兵在行进

北洋新军军服（刘永华绘）。1898 年，新建陆军改称“武卫右军”，袁世凯上奏朝廷，建议效法外国，统一操法典章，官兵军服也与传统号衣有了不同，仿效外国，军服的袖章上出现了区分官兵等级的红道。1901 年，清政府决定推行常备军制，袁世凯负责编练“北洋常备军”，陆军新式军服开始形成。但高级军官的礼服，为便于朝觐，仍着官帽。下级官兵军服已与现代军服无异。1904 年，清政府令全国普练新式陆军，以北洋军营制饷章包括军服统一于全国新军。但实际情况并未能一致。

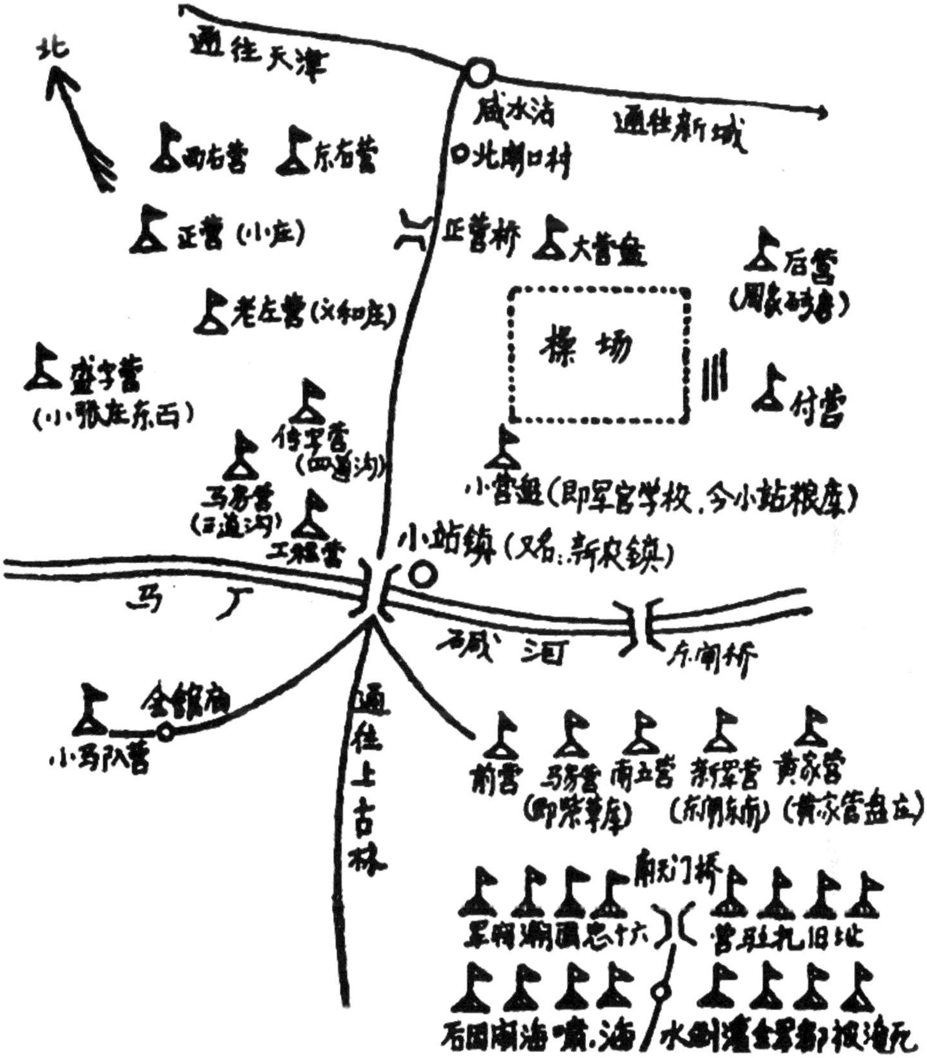

小站练兵营盘示意图。袁世凯上任后，将定武军改为“新建陆军”，扩充到7000人，分步、骑、炮、工、辎重五个兵种，聘用德国人为教官。新建陆军以镇为编制单位，虽然名称与淮军相似，但实际上与西方军队的师、旅、团、营、连、排相吻合。每镇两协（相当于旅），每协两标（相当于团），每标三营，每营四队（相当于连），每队三排，每排三棚（相当于班）。镇设统制官，协设统领官，标设统带官，队设队官。

小站练兵时的袁世凯，这时的袁只是个直隶省里的按察使。

徐世昌（1855—1939），号菊人。他从晚清封疆大吏做到民国总统。1877 年，徐世昌在河南省淮宁县任文案一职时，得以结识了袁世凯。袁世凯当时非常倾慕徐世昌的才气，而徐世昌则认为袁世凯是一个有大志的人，相互倾慕之下，两人遂结为金兰之好。当时的青年袁世凯轻财尚侠，在得知徐世昌无钱赴省应试后，慷慨解囊，赠送了 100 两银子给徐世昌作为盘缠。徐世昌也确实是块好料，他在随后的科举考试之中连连得中，先中举人，后中进士。任授翰林院编修、翰林院庶吉士。

訓練操法詳晰圖說

左腳前邁一步如法向右擰轉右腳前踢與左轉法同向後轉轉字落於左腳右腳前邁一步隨以腳前掌用力從左向後擰轉左腳隨之立定如係向後轉走與上法不同走字落於右腳即默數五字一左腳在原地踢開半步半面左撇身體隨之半面左轉轉至四十五度左腳落地二右腳三左腳四右腳各如

255

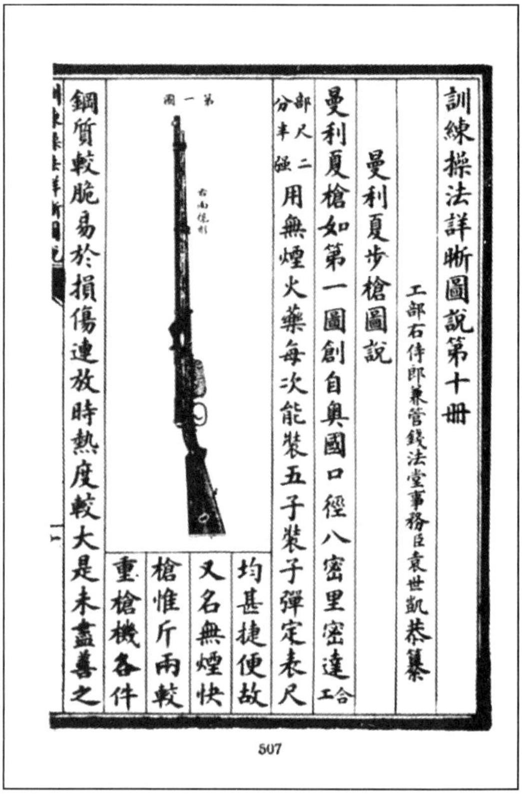

訓練操法詳晰圖說第十册

工部右侍郎兼管錢法堂事務臣袁世凱恭纂

曼利夏步槍圖說

曼利夏槍如第一圖創自奧國口徑八密里密達合工部尺二分半強用無煙火藥每次能裝五子裝子彈定表尺均甚捷便故又名無煙快槍惟斤兩較重槍機各件鋼質較脆易於損傷連放時熱度較大是未盡善之

507

甲午战败之后，袁世凯在天津小站训练新军，邀请徐世昌来新建陆军营务处公干。徐在小站练兵工作两年多，一来受到袁的信任与尊重，言听计从，称之为兄。二来是翰林出身，受到将领的尊重，皆称之为师。三来工作勤奋，自学军事及英语，先后编写了《新建陆军兵略存录》及《训练操法详晰图说》13 册。

中国第一支现代化军队。袁世凯小站练兵，师从日、德，造就了一支 20 世纪初中国最为现代化的军队，无论武器装备，还是人员素质（在北洋前期和中期，文盲一律不招收）都是史无前例的。

袁世凯与载涛在彰德秋操演习现场。彰德秋操是袁世凯练兵大臣任上举办的三次秋操演习之一，《续安阳县志》记载本次演习“列阵数十里，错综变化，出奇制胜，极战争之能事。外宾作壁上观者，咸称赞不置”。

“马克沁”重机枪。单就装备而言，北洋新军与当时欧美列强军队可以说是站在同一水平线之上。

野炮队。演习正式开始后，霎时间，百年不见烽火的中原大地炮声隆隆，枪声不断，人喊马嘶，尘土飞扬。古老的中原大地见惯了冷兵器时代的金戈铁马，还是第一次见到现代武器的厮杀。

龙虎豹

袁大将军手下干将千员，精兵十万，然最得力的谓“龙虎豹”三人。龙者王士珍，虎者段祺瑞，豹者（也作狗）冯国璋。

这点，徐世昌看得最清楚。我们从《洪宪遗闻》的转述中听到他这么一段话：“就军人方面言，项城成功，所倚为干城者，为段祺瑞、冯国璋、王士珍三人，时称北洋三杰也。”

“北洋三杰”呈现的特质比之以往旧式中国军人截然不同。这里只举王士珍和段祺瑞的一二事加以佐证。

中国旧式军人讲男子汉的鲁莽和冲动，似乎没有这些自毁因子就不成八尺军头。王士珍在形象上就上不了这类绣像小说。削肩膀的文弱书生外形，遇事懂得退避三舍，懂得爱惜羽毛。更为可贵的是，他绝不轻易搅和到晚清民初的混沌政界，宁愿像一个欧洲传统军人一样。民初时王士珍人到中年，那些年几无对外战争发生，于是他宁愿回到肃杀的河北老家，低调地过着小乡绅的寒碜日子。你说他是军人，他更像一个退伍职业军人；你说他在等待出山的机会，他似乎从没指望用自己的军事本钱换取行政权力。而以军从政，在传统军人看来，是我们这个老大帝国演绎了数千年的一出“老戏”。自古以来，军队在中国历史上首先是一支左右国内政局的力量，然后才如欧洲国家的军队，是抗击外敌的专业武装力量。

段祺瑞呈现的是另一种特质。以现在的标准看来，段祺瑞属于“打铁还需自身硬”的模范干部。下班回家，很少见他还在外面饭桌上和不三不四的人厮混。有一段时间，他在

清廷钦差大臣视察袁世凯小站练兵时情景

中国政坛上可说是呼风唤雨的人物，但是也没见到他用非常下三滥的勾当败坏当时的政治风气。在我看来，此君的职业洁癖是近代中国政治生态中的一种稀缺品质。

袁世凯用的那些人大多也不属于阿谀奉承之辈。有些人如他的部下兼好友徐树铮，相当有品，需要在这里补上历史书上遗忘给他的那一笔。在我看来，徐树铮在外蒙古独立的艰难时刻，在当时为羸弱的中国做出的贡献，可以媲美晚清的左宗棠。1919 年 10 月，被任命为西北筹边使兼西北边防军总司令的徐树铮千里迢迢来到库仑。他软硬兼施，仅用半个多月时间，就迫使外蒙古王公向中华民国大总统画像行三鞠躬礼。11 月 17 日，外蒙自治官府递交取消自治的呈文。22 日，中央政府颁布“俯如所请”的大总统令，外蒙正式回归。

徐树铮像

徐树铮在段祺瑞手下从记室干起到总参谋等要职，段祺瑞出了不少好主意，是个和桂系白崇禧一样的“小诸葛”智慧人物。

徐树铮颇有东晋谢安冷血动物的特质，据说皖系兵败，他被吴佩孚立为“十大祸首”之一，悬赏通缉的赏金从3万元涨到10万元。可他在敌军兵临城下之际，身着白色长衫，乘坐敞篷汽车，到北京殖边银行提取现款，以还购书债。琉璃厂旧书店店主见状惊愕万分：“区区小事，何劳督办此时大驾光临？”徐笑答：“此时不来还，将成坏账矣！”徐在躲进日本使馆时，还写诗调侃吴佩孚：“购我头颅十万金，真能忌我亦知音。”

段祺瑞和徐树铮可谓情投意合。两人都自奉俭约，有点清高，还刚愎自用，最要命的是两人都爱到处树敌。晚年下台后的段祺瑞曾经留言子孙：每年家祭，祖宗牌位旁，要摆上徐树铮的牌位，给徐树铮磕头。

朝廷请“大帅练兵”，他不找根正苗红的苦大仇深者，却找来一批王伦式的知识分子。这些人还不是一两个，一说一箩筐：段祺瑞、冯国璋、曹锟、靳云鹏、王士珍、段芝贵、陆建章、李纯、李长泰、鲍贵卿、陈光远、王占元、田中玉、何宗莲、张怀芝、景启、刘锡钧、唐国治、李得胜、杨汝钦、崔朝俊、韩辉增、赵学治、何兰芬、王风岗、孙鸿中、丁得胜、徐邦杰、任永清、梁华殿、张锡藩、刘承恩、李天保、吴凤岭、李壬霖、申保亨、汪本崇、劳本泉、傅宪武、张心全、吴佩孚、王者化、张文元、胡思光、吴鼎元、孔庆塘、滕毓藻等。

实践是检验真理的唯一标准。当时清廷不是袁世凯一人在练兵，更不是他一人在带兵，充其量他只是个“按察使”，练了老半天也只在荣禄武卫军中充武卫右军。为什么以后的几十年就他手下的这些王伦们驰骋中华？

冯国璋的总参谋长张联棻老人曾经说：“袁世凯最初在小站练兵时，规模并不算大，新建陆军总数不过7000人，但由于当时我国缺乏军事人才，随着腐朽的绿营兵的淘汰，新建陆军就成了一支异军突起的武装。不久，袁世凯又以新建陆军为基础扩编为北洋六镇，所有高级军官都出自小站。以后，随着北洋军事力量的扩张，小站出身的军人就布满了全国，无形之中形成了以袁世凯为首的北洋军阀集团，为以后袁世凯篡夺政权打下了军事基础。”

袁世凯的虎：段祺瑞

袁世凯最得心应手的属下当是段祺瑞。这个人意志坚强，文武皆通。但这些品质北洋军人大都具有。其最为可贵的素质，用现在的话说就是：政治上过硬，有大局意识，有国际视野。在用人制度上搞五湖四海，不搞自己的小圈子。他给自己定下“不抽、不喝、不嫖、不赌、不贪、不占”的规矩，反腐倡廉，一身正气。至于缺点吗？也有，那就是：说话不注意方式方法，不能团结广大人民群众一道前进。用徐世昌言简意赅的一句评语：“段素性倔强，长陆军有年。”

段是炮兵专家，正宗的“德国造”。这里有他当年在克虏伯射击场上的“飒爽英姿”。别看段祺瑞是个海归，他和现在的海归一样，回来后发现各种有利可图的位子都被本土“有丰富实践经验”的行伍出身的人占据了。他只好到二线，到有军事培训班性质的威海随营武备学堂任教官。是袁世凯这个另类上司将段祺瑞从不能吃预算的教书匠锻造成我国第一个炮兵司令员。其实直接的原因还得说是满人荫昌。

话说当时在德国的中国学生装束奇特，尤其是脑后拖着的长辫子经常招致德国人的围观与讪笑。一日，段祺瑞在遭受耻笑后回到寓所，怒气冲冲要剪掉那条可耻的辫子。同学立即劝阻，

段祺瑞在德国学习期间在克虏伯射击场上的留影（右二为段祺瑞）

认为剪辫子还是先电告朝廷为好。他们于是致电军机处，转奏朝廷请求剪掉辫子。朝廷回电大加训斥段祺瑞等，坚决不许剪辫子，加之随队“政治指导员”荫昌的劝阻，段祺瑞只得作罢。过了些年，袁世凯要荫昌推荐人才到小站，荫昌第一个想到的就是这个剪辫子的段二愣子。

在袁世凯的亲信中，段祺瑞是颇有代表性的一个人物。笔者观察他多年，感觉这个人的一生颇多可圈可点之处。请看这段。

庚子事变后，两宫从西安回京。沿途各地官吏都行跪拜大礼迎送。1901 年 11 月，两宫銮驾进入直隶辖区，直隶总督袁世凯令多支部队分地段迎驾。开始几支队伍都行跪拜礼，偏偏行至段处时，段祺瑞全副戎装，腰挎军刀，昂首挺胸，率领全军将士持枪列队，整装肃立，按营队在道路两旁排成方阵，以操典式的军人姿势走向御驾：立正！敬礼！

段的迎驾方式，使随驾的载沣等王公大臣既惊讶又气愤，认为此举简直是大逆不道。经过询问知道段是按照德国式操典训练行迎驾之礼的。不管怎样，榆木疙瘩的清贵们对段祺瑞不请示，不汇报，自作主张打破祖宗规矩的行为颇为愤怒。

坐在轿子里的慈禧看到这支部队气势威严，军容尤为雄壮，感到银子没有白花，非但没有怪罪，心中反而一阵暗喜。段祺瑞就这样逃过一劫。

袁世凯对段颇为高看。因为段除了一个军人脑子外，还生了一个政客的脑袋。

还记得段祺瑞那篇慷慨激昂、临门一脚的军人奏章吗？

共和国体，原以致君于尧舜，拯民于水火，仍因二三王公，迭次阻挠，以至恩旨不颁，万民受困。现在全局威胁，四面楚歌。……事于今日，乃并皇太后、皇上欲求一安富尊荣之典，四万万人欲求一生活之路而不见许。祖宗有知，能不恫乎。盖国体一日不决，则百姓之兵燹冻馁死于非命者日何啻数万。瑞等不忍宇内有此败类也，岂敢坐视乘舆之危而不救。谨率全体将士入京，与王公剖陈利害。祖宗神明实式鉴之。挥泪登车，昧死上达。

写得多得体，充满爱国主义情操，却又刀光剑影地暗示，不退位，就将率北洋军兵临城下。

袁世凯说破了嘴皮子都不能让皇室退位，老段这寥寥数百字便发挥了千军万马的效应。

隆裕太后见已无法再拖时间，而且关于清室的优待条件也基本确定了，就于 1912 年 2 月 12 日发布谕旨，宣布退位。至此，统治中国长达 260 多年之久的清王朝宣告垮台。

2 月 14 日，袁世凯当上了临时大总统。

这就是北洋龙虎豹中老虎段祺瑞“三造共和”中最得意的“一造共和”。

宣统二年（1910 年）5 月 25 日，清廷以段祺瑞督办北洋陆军学务有功，赏头品顶戴。12 月 18 日加侍郎衔，外放任江北提督，驻江苏清江浦，负责本地治安。晚年段祺瑞，很少和人来往，闲着无聊，心不在焉地玩玩台球。回放老年段祺瑞的经历：1926 年 4 月 9 日被冯玉祥驱逐下台，退居天津日租界当寓公，潜心佛学，自号“正道居士”。1933 年 1 月 21 日，段祺瑞悄悄离开天津，脱离日本人的势力范围。1 月 24 日段祺瑞移居上海。1936 年 11 月 1 日段祺瑞胃病突然发作，2 日在医院病逝，终年 72 岁。3 日行政院决议国葬段祺瑞。1937 年 1 月 11 日灵柩运抵北京西山卧佛寺后殿。

袁世凯的龙：王士珍

北洋三杰龙虎豹中的龙——王士珍也是炮兵科班出身。这人长得不像虎背熊腰的军人，倒像一个白面书生。的确，这个人带兵打仗并不擅长，而是擅长运筹帷幄，为袁世凯出点子。这个大将军的特点是一个“小”字，怎么说？他人长得小小的，练兵打仗爱琢磨些小点子，业务上爱搞些小发明，生活上小富即安。如果光这些个“小”，他最多是条小龙。其实他表面与世无争，骨子里却很有主意。庚子后，袁世凯去山东当巡抚，王士珍任军事参谋。时济南、泰安、东昌、曹州等数十州郡义和团运动风起云涌，王士珍为袁世凯提出了一整套镇压义和团的策略——先行劝解，然后以武力相威逼，如仍不从，再捕杀首犯，解散胁从。结果大获成功。1900年6月，端、庄二王派了一个义和团的首领，拿着清政府的令箭去找袁世凯，说端王命令袁世凯安抚义和团，允许设坛继续操练。袁非常吃惊，立即召集僚属开会商议。群僚认为：如答应设坛，义和团将兴盛起来，造官府的反；如不答应，难免受到端、庄二王的严厉谴责。这时王士珍站起来说：“请交给我来审问吧！”王立即将义和团首领以盗窃端、庄二王令箭之罪推出斩首。此时袁召集的会议还没有散，袁问王：“审问得怎么样？”王答：“已经处决了，可以把令箭封起来送还端、庄二王。”袁世凯顿时醒悟，十分佩服王士珍处事“明决”。

王士珍的经历比较丰富，当过兵，读过军校，上过前线，死里逃生过。所以小站练兵，王士珍一开始就被任命为讲武堂总教习。他完全按照德国陆军的营制、操典训练士兵。1898年2月，荣禄来小站检阅，路过海河，河面不宽，尚有冰冻。王士珍用特制的帆布做桥，搭于冰上。荣禄的步兵、骑兵、炮兵从桥上通过，行如坦途。这种帆布桥稍加整理后即为小舟，可供游渡，若拆卸折叠，极易收藏携带，荣禄看后更为高兴。等到检阅完毕回去再过海河时，王士珍仍为他架设帆布桥，荣禄担心天已渐暖，冰河解冻，会有危险。王士珍禀告说：“不用担心，三天后冰冻方解。”后果然如此。荣禄深服王士珍料事精确。

凡是重要军情袁必问王：“聘卿审核否？”上奏或下发的文稿袁也一定让王圈阅修改，临发前还要让王审阅。因此当时不少人称王为“龙目”，即袁的“眼睛”。袁世凯向慈禧太后保奏说：“王士珍多年随臣当差，知之最悉，切实可靠。”王随后被任命为北洋陆军第六镇统制。然而，办事不含糊的王士珍却在政治上含糊了。辛亥革命后，他跟不上形势，标榜自己忠于清廷，辞官退居家乡正定城内。所以民国的历史上，这个人的故事不多，只在张勋复辟时，此公命令京城守城部队打开城门，让辫子军像潮水一般涌入城中。后来，又同张勋等把12岁的溥仪抬出来宣布清帝复辟。

王士珍（1861 年 8 月 19 日—1930 年 7 月 1 日），今河北正定人，北洋三杰之首，他凭借过人的才智和卓越的政绩，得到袁世凯的青睐，先后担任军政要职，直至陆军部长、总参谋长和北洋政府总理。1918 年，王士珍退出政坛。袁世凯任大总统后，鉴于王士珍不争权夺利，不植私党，便想再用王士珍这位“龙”头大哥。几次派人去请，都被王拒绝。1914 年夏，袁世凯派儿子袁克定专车去正定请王士珍，临行前，他嘱咐袁克定说：“聘卿不来，弗许归。”袁克定到后，王士珍表示已无意于政治。袁克定说：“参不参加政治是一回事，父亲邀请你去京谈谈又是一回事，如果你不去，我也只好留在正定了。”但王士珍还是不为所动。最后是段祺瑞设计，以朋友之道邀请他来车站会晤，被强行架上火车开往北京。王不得已参见袁世凯，立即授陆军上将军衔，5 月 9 日设立陆海军大元帅统帅办事处，任命王士珍为六大办事之一，但实权最大。

袁世凯的豹：冯国璋

段祺瑞、王士珍和冯国璋同为袁世凯手下的“北洋三杰”，却各有各的特点。王平时善操权谋于腹中，段常行凶残于形外，冯则以贪婪置他人于不顾。辛亥革命后，段、冯影响均超出军界，写入政史。故论其在后世的知名度，则龙不如豹，更不如虎。

豹是冯国璋。他也是秀才出身，参军打仗之余，喜欢写点心得体会，冯称这些为“兵书”。1896年3月袁世凯看了这些“兵书”，视为“鸿宝”，誉冯“军中学子无逾公者”，任用其负责训练新军，任督操营务处帮办兼兵学堂监督，旋又升为督操营务处总办，兴办军事学堂。1897年，冯国璋编《新建陆军兵法操典》，又与王士珍、徐世昌、段祺瑞合编《训练操法详晰图说》。在袁看来，冯国璋政治上不怎么合格，脑瓜子直了点儿。载沣以“足疾”将袁世凯职权剥夺，冯国璋借口“值西陵与祭，坠马受伤”和原配吴夫人病丧、母孙太夫人逝世为由，请辞回籍，均未获准，反靠逢恩诏官加一级。所以冯国璋一直对清廷感恩戴德，但仍忠于袁世凯。

辛亥革命后，冯被任命为第一军总统官，1911年10月29日开始攻打汉口，11月1日攻克汉口，11月27日攻陷汉阳，并隔江炮轰武昌。他攻下汉阳后，清廷以战功授予冯二等男爵，冯激动得先大笑然后大哭，说想不到我一个穷小子竟然封爵了！一定好好报效朝廷。当他准备乘胜追击时，袁马上派段祺瑞代替了他。调冯北归，兼任禁卫军1200人的武装总统官。清帝退位后，冯国璋把自己的花翎官帽珍藏在家里，多年后，才剃去一直保留着的小辫子。袁世凯将自己的家庭教师周氏许配给冯国璋，以便监视控制，冯也曾因称帝对袁生出过怨望，但听到袁去世，冯国璋抱头大哭。

冯国璋被称为北洋三杰中的“豹”，他作战强悍迅速，一贯以清朝旧臣自居。他待人宽厚，八面玲珑，各方讨好。冯国璋敛财能力特强，曾经将皇宫内明清两代后妃放生的、挂有金银牌没人捕捞过的鱼卖掉，得大洋8万。他的经营活动大多集中在金融和地产上，在老家拥有良田千亩，在江苏南通与人合办盐垦公司，占地70万亩，拥有几个钱庄，死后遗产有2600多万元。此外，冯国璋还保存一大批旧枪炮，以备将来复起使用，直到死后人们才发现这个庞大的军火库。

冯信风水，他相信河间一块黄龙湾地能让他发达，去世后偷偷埋在那儿，并且建了很多地下室，以存放财宝，而将政府给他的国葬墓弄成衣冠冢。

和袁世凯一样，北洋的这拨人，说新不新，说旧不旧，半新半旧，亦新亦旧，还可新可旧。其实，人要在社会上干点儿事，不都这样？

冯国璋戎装像。冯国璋以识字人入伍，做了将军，正如段祺瑞说他："我与冯是旧友了，此君有个钱癖，固所深知。"一生爱钱，但也没听说有贪腐行为。只是当大总统的时候闹了一个大笑话，这就是"卖鱼事件"。据传，中南海的鱼是前代皇家所放养，其中还有一条三尺长的红鱼和一条大鲤鱼，上面系着金圈，挂着金牌，一向就不曾为人所捕捞。冯国璋入主中南海后，派人将湖中的鱼一网打尽，然后命人在市场上高价卖出，一时间北京各处都在叫卖"总统鱼"，而所售之款尽入了冯国璋的私人腰包。当时有人写了一副对子嘲讽说："宰相东陵伐木，元首南海卖鱼！"

山东巡抚任上露一手

义和团是慈禧提倡的“爱国主义运动”。等吃足了苦头的慈禧缓过气来，发现整个北方就袁世凯管辖的山东局势相对平静，这才想到袁没有跟着瞎起哄的好处来。

战败后漫长的外交活动期间，慈禧发现，整个北方就山东有完整的电报收发系统。所以朝廷的旨谕都以济南为枢纽，经过袁之手，拍发到全国。北京、天津和直隶境内的电杆、电线、铁路已被义和团全部捣毁。

如果说小站练兵让袁世凯小有名气，山东巡抚任上的700天，则使他亮相国际舞台，走红朝廷。

《纽约时报》说：“在义和团期间，凭借训练有素的军队，袁世凯几乎是中国唯一能保护外国人安全和财产的总督。在其后任另外一些职位时，他增强了军队力量，计划让中国军队成为能被世界各国承认的军队。”

洋人第一次发现，“半野蛮人”中还有如此头脑清醒的官员——礼遇教民，治下军队纪律严明，奉行和洋兵“井水不犯河水”的政策，甚至暗地里还帮助临近省份前来避难的中外人士。

外国人的工商活动在山东没有受到严重的侵害。而在袁世凯上任之前，山东的义和团是洋人最难对付的。

鲁人恨教民的欺凌，多同情于拳众的排外思想，见袁氏竭力压迫他们，全都大愤，而以“汉奸”“二毛子”诟骂袁氏。

街巷间也时有大书咒骂袁的文句的，就像今天的贴标语呼口号一样。等到京津的祸变酿成之后，大众才一下子改变了论调，而歌颂袁抚台不停口了。

在徐凌霄、徐一士所著的《凌霄一士随笔》中这样记述：“京津官绅避难者，麇集济南，全都有到了乐土的感觉。济南城的市面，繁荣气象，倍于平日。说到袁抚台，没有不说他是山东的福星，中国的伟人的。”

袁世凯自己也说：在山东巡抚任上，一共做了两件大事，一是剿办山东境内的所谓“拳匪”；另一件是在八国联军入侵时期“保境安民”。

与此同时，袁世凯着手筹办新政。1901年办官立山东大学堂，是全国各省中最早兴办的官立大学堂。他推动设立了银圆局，创办商务总会，并亲莅胶东，力保胶济铁路的顺利修建。

是年1901年，袁世凯42岁。

山东巡抚任上的袁世凯。这个时期的袁世凯不知道哪来这么多闲钱，在照相馆里拍了不少照片。估计因为是山东“一哥”，照相馆免费拍摄，以期达到广告效应，抑或是袁世凯知道这时候的自己气血两旺、神采奕奕，特地留下的“青春写真”。

“劳模”袁世凯

1901年11月7日，经荣禄、奕劻等推荐，袁世凯署直隶总督兼北洋大臣。28日，清廷以其“共保东南疆土”“卓著勋劳”，加其太子少保衔。1902年6月9日，实授直隶总督兼北洋大臣。慈禧看到日本成功的例子，也挺想学的。“上有所好，下必甚焉”，直隶总督袁世凯来劲了。40多岁的他样样走在别人前面，方方面面都显得才干突出，咄咄逼人。其成绩单有：

一、建立以“北洋六镇”为骨干的现代化陆军。

二、设立“保定陆军学堂”“军医学堂”等一大批军事院校。

三、创办北京、天津两市的现代化警察部队。

四、兴办新式学堂，据1907年统计：专门学堂12所、实业学堂20所、优级师范学堂3所、初级师范学堂90所、师范传习所5处、中学堂30所、小学堂7391所、女子学堂121所、蒙养院2所……总计8723所，学生16.4万多人，人数位居全国第二；学务资产480万两，名列全国第一。

五、提倡办实业，在天津设立直隶工艺总局，聘请后来当选为美国总统的斯坦福大学矿业学毕业生胡佛为顾问。到辛亥革命前夕，直隶省工矿企业达137家，资本总额达2920万元以上。袁世凯在工商业者心目中的地位大大提升。

一个山东巡抚，一个直隶总督兼北洋大臣，这两个差事使他好评如潮，而且是中外闻名。

1902年，袁世凯与八国联军将领在天津利顺德大饭店合影。

1903 年，袁世凯视察京师大学堂译学馆时，与张百熙（左）、朱启钤（右）合影。

1903 年，袁世凯（前排正中）视察京师大学堂译学馆，和张百熙（前排左四）、朱启钤（前排右四）及管理人员、中外教师合影。二排右三为蔡元培，时为译学馆教师。

让慈禧刮目相看

袁到任，首重练兵，练兵就是练钱。袁世凯一上任就扩军备战，这钱从哪儿来？

《纽约时报》给出了答案："北京，1月26日。中国官员发现，皇室成员在逃出北京之前把价值超过一亿两白银（大约7000万美元）的金银埋藏在皇宫内眷居住的地方。"

朝廷已经批准从中每年拨给直隶总督袁世凯500万两白银，用于在直隶地区维持一支10万人的军队。

袁世凯被授予中国陆军和海军的实际控制权，他建议在陆军聘请日本顾问，在海军聘请英国顾问进行指导。

据说慈禧"西狩"回銮后，发现临走时埋下的银子没丢，高兴得不得了。

别看慈禧是太上皇，她爱钱可是一个公开的秘密。死后留给儿媳妇隆裕太后的银子，辛亥革命后被袁世凯以军饷的名义掏空了。且听曹汝霖说法：

"袁世凯恐宫中内帑，留为后患，于是以军饷无出，前方军心动摇不能担此重任为词，奏请辞职。隆裕太后没有阅历，何能洞，总理既以军饷无出为辞，不能空言慰留，又无他法筹措，遂将慈禧太后历年积蓄之金条尽数交出，共有30余箱，合银600万两之谱。这批金条，都是督抚关道等所进之贿赂，每条都粘有臣某恭呈字样，余曾目睹。"

查那会儿封疆大吏，三品以上官，一年半载就挪换位子，原来这是太后敛财的好机会。

袁世凯得了每年500万两银子后，便增募新军，改良武器装备。

1903年，袁世凯一次就从日本进口步枪、马枪1.4万杆，手枪650支，各种炮64尊，以及大批弹药等，共值银120万两。到1905年，袁手上已经有了北洋常备军六镇，精锐兵力八九万人，逐步形成一个以其为首脑的北洋军事政治集团。

治官，袁也有一手。便是没收人家灰色收入和小金库，考核官员，访调官员政绩。

他派遣官员出国考察学习，命令直隶州县实缺官员必须赴日学习三个月，经考察确有所得后才能赴任。保定府派员访日后，向袁提出：仿照日本税法，改良直隶税法一项。袁世凯批示"大致可采"。

1907年老袁还实现了中国历史上的第一次"普选制"选举，这就是"天津议事会"的选举。《剑桥中华民国史》中说："1907年，天津《大公报》的创始人英敛之，考察北京的立宪，发现多数报纸内容猥琐，赌场生意兴隆，饭馆藏污纳垢，官员只知吃喝玩乐，处处靡靡之音。这让他大失所望。但他所在的天津，却是一派新气象。没有一个晚清官吏能在同样短暂的时间内比袁世凯取得更多的改革成就。"

天津谘议局。中国第一次地方选举——“天津县议事会”选举，就发生在这里。

中国第一支警察部队——天津巡警

袁世凯和慈禧太后

地方好办，京官难当！1907年进入军机处的袁世凯，到了北京才知道，在全中国做点儿改动是多么的难。最严重的时候，据说连慈禧都哭着说："我如此为难，真不如跳湖而死。"

慈禧的家学底子您是知道的，汉语能说会写，但水平不是很高，常出错别字；满语听力尚可，口语不行，书写更不行。绝不能让肃顺看笑话！这是刚走上领导岗位的小寡妇慈禧的决心。于是慈禧拼命地学习。为了一本《治平宝鉴》，她放下身段，经常由大臣们隔帘为其讲解，从中学到了很多统治术。慈禧太后不像传统意义上的女人，又处处散发出女人的气息。她有很多古今妇女干部身上的通病。首先是凭感性情绪化地管理干部队伍。后宫的太监和她走得近，她就认真听他们的意见，有时军机处拟的旨也让小太监给"意见"掉了。其次，知识储备还是不够。她的那些治国理念大多来自于《玉堂春》《秦香莲》，最多是《鸿门宴》。这就不奇怪她骂起儿皇光绪来用的那些反问句，什么"难道祖宗之法没有他洋夷的那套好？"第三，不务正业。是个女人都爱美，这没错。可您不能什么权都揽，揽下了又没时间管，整天琢磨那些个鸟粪美容法、蛋清刮脸术，误了国家大事。

然而也有一样好，就是无知者勇。慈禧太后圣贤书读得不多，用人胆大且生猛。李鸿章，一身江淮痞子气，她用。袁世凯，大学文凭都没的河南二愣子，她也用。可以说，兰贵人用的这些人个个掷地有声，都是晚清的风云人物。脏活、累活和苦活大多由这类汉臣做了。那些琴棋书画俱佳、锦绣文章誉满天下的名士，都让她供在翰林院里当摆设。

奇怪，从曾国藩到袁世凯，慈禧太后大多喜用中部地区的汉人。可能这个地区人多地少，一个位子十个人争，要想出人头地就得加倍努力。《纽约时报》（1910年10月2日）给她的评价蛮高：

当慈禧太后在世的时候，清国有领袖。那时，人人都很清楚谁是国家之舟的舵手。她统领整个民族，再精明的男人也要按她的吩咐去做。当她一离开人世，尽管是个女性，清国也马上感到自身缺乏强大的领袖。在慈禧太后有生之年，她为女性参政树立了榜样，她创造了全世界女性的巅峰之作。她受人尊敬，有教养，政府的官员向她俯首称臣。在她之前，在古老的中国，没有任何领袖尝试过宪制。在她有生之年，她使君主立宪制在中国成为可能。

慈禧第一眼见到袁世凯就觉得顺眼

袁世凯对慈禧，那可是功夫用到了家，细微处都事先在脑子里过了个遍，所以留在慈禧脑子里的印象都是美好的。曹汝霖在其《一生之回忆》中有段文字很能说明袁世凯：

“两宫召见（我）前一日，袁项城自海淀别业电话招见。时项城已入军机，春夏之时，两宫在颐和园听政，各军机大臣，都在海淀有别业。余遂驱车至海淀别业，以为必有事垂询。岂知见后即说，你明日初次召见，故特招你来将应注意的仪注告你，这种过节，不可不知，以免失仪。遂将怎样进殿，怎样跪对等等应注意的事，一一告知。且谓应备一双护膝盖，琉璃厂有售的，恐跪久即麻，起立不便云。余深感其关切之意，谢之辞出。”

瞧，袁世凯教了多少见太后的招儿，连到琉璃厂买护膝都知道。

遥想庚子年，袁世凯对慈禧太后是用足了心机。患难见真情，就是在这次慈禧一生最大的劫数中，袁世凯真正让慈禧感动了一回。《辛丑条约》签订后，两宫回銮。袁世凯在山东各地急忙采办大宗绸缎、日用品及食物，另备白银20万两，派人专程去太原上贡。1901年12月15日，袁世凯由济南亲自到直隶省顺德府迎接两宫圣驾。袁世凯望见太后御辇来到，便匍匐道左，跪请圣安，随即放声大哭。众大臣一看都大吃一惊，因为这是一件犯忌的事儿。按清朝制度，王公大臣除了国丧举哀大哭外，平时绝对禁止对皇上哭泣。随驾官员见袁触犯天条之举，都替袁担心。慈禧太后也觉得很奇怪，便问袁世凯为何要哭。袁世凯抽泣着回答：“臣见圣容消瘦，痛彻肺肝，不觉失礼，忘却大罪在身。”慈禧听了袁的回答，反倒安慰说：“瞧你这孩子，咱们今天能够见到面，总算是菩萨保佑，现在你也用不着再伤心难过了。”慈禧以其“共保东南疆土，尽心筹划”的卓著勋劳，加封他太子少保衔，并赏黄马褂，特许紫禁城骑马。袁世凯得到了他一生中最爱听的名字“袁宫保”。

从这天起，袁世凯便成了太后面前的红人。太后下一个十年，基本依靠的左右手就是此君。最多时，袁世凯名下顶了十大差事：直隶总督、北洋大臣、参预政务大臣、会办练兵大臣、办理京旗练兵事宜大臣、督办电政大臣、督办关内外铁路大臣、津镇铁路大臣、京汉铁路大臣、会议商约大臣。

太后面前的红人

当袁世凯开缺回籍，《纽约时报》(1909年1月2日)回忆其和死去的太后的关系时说："著名的慈禧太后活着时对袁世凯是完全信任的，而且袁世凯在中国对外关系上几乎有着同样的实权。袁世凯组建中国现代军队，丢弃大刀长矛和粗俗的呐喊口号，取而代之的是经过欧洲将领精心训练，穿着整齐军服的士兵。"

这就是老寡妇慈禧太后真正少不了袁世凯的地方。袁能让她憧憬到一支列强式的虎狼之师，而且是自己的，听她慈禧指挥的。

更要紧的是袁世凯"乖"，懂得老妇人的心。这不，1902年11月，老太太68岁大寿时，"该员"花了一万两白银，从香港购进了一辆美国产小汽车作为寿礼送给了慈禧。问："此乃何物？"答："轿子车。"于是"轿车"一词诞生了。

宫里其实很沉闷，慈禧早就想"与时俱进"一把。于是慈禧兴致勃勃地乘坐汽车去颐和园，随从们则抬着大轿在后边追着跑。

然而，汽车刚刚开出宫，慈禧突然发现担任司机的太监孙富龄不仅与自己一样平起平坐，而且坐在自己前面。

原则问题，慈禧从来不马虎，她顿时大怒，喝令孙富龄跪着开车。被吓破胆的孙富龄只好跪下开车。跪着开车怎么开啊！这不比"酒驾"还危险吗？

于是这车晕晕乎乎，摇摇晃晃，几次差点儿撞到人。好在那会儿的北京，人口只有现在的十分之一，太后才逃过一劫。

1902年，官拜直隶总督的袁世凯为了讨好慈禧，用一万两白银购进一辆美国杜里埃牌(Duryea)小轿车作为慈禧68岁大寿的贡礼送给了慈禧太后。此车设计新颖、工艺精湛。

吓得一身香汗的慈禧，立马就恨起洋人。唉，洋人到底靠不住！于是慈禧换回大轿。

走进轿子里，闻着熟悉的气息，吃着递进来的冰镇金瓜。一声“老佛爷起驾——”此刻听来是如此的顺耳。

至此，一颗忐忑不安的心才归于平静。慈禧喃喃地自语道：这不能怪袁世凯，还是老祖宗的法子好！

这就是老妇当国活的写照。

1902 年，袁世凯的武卫军护送两宫回銮。

谋杀光绪帝？

1908年11月14日，光绪帝载湉因病在北京瀛台涵元殿逝世，享年38岁。

仅仅一天之后，慈禧太后也因病去世。

与此同时，以袁世凯为首的篡国夺权集团加快了他们反清阴谋活动的步伐。

霹雳一声震天响，1909年1月2日，英明的摄政王载沣一举粉碎了袁氏反国集团。

从随后朝廷发布的诏书中得知，袁世凯背着清朝中央政府和美帝国主义密谋什么“互派大使”的勾当。

为了体现朝廷的“给出路”政策，清廷根据“其现患足疾，步履维艰，难胜职任”，将袁世凯永远开缺回籍。袁世凯夹着尾巴灰溜溜地离开首都北京，溜回了他的河南老家。

似曾相识的历史告诉我们一个道理：从古到今，不管用什么话语，都掩盖不了一个事实，那就是——伴随一个大人物的消失，一定会有一次剧烈的变动，我们称之为能量释放，就如同地震是地下能量长期积累的瞬间释放一样。

这两个月来朝廷很吊诡。

要么不死，一死就是成双成对。成双就成双，双双死去的却是一对政治上的死对头。更加蹊跷的是两人的死，中间只隔了20小时（光绪前一天傍晚，慈禧后一天午后1时）。

最不敢相信的是慈禧临死前还从“死对头”的亲弟弟家中又找了个“接班人”。难道慈禧老糊涂了，不知道弟弟会为哥哥报仇，不知道亲弟弟会调查她“毒死”哥哥的事儿？除非“谋杀”一说子虚乌有，否则就是慈禧老糊涂了，杀了人家的哥哥，还让人家弟弟当道。

为什么慈禧找载沣当这个摄政王？载沣的弟弟载涛另有一说：“慈禧太后执掌政权数十年，所见过的各种人才那么多，难道说载沣不堪大任，她不明白吗？我想绝不是。她之所以属意载沣，是因为她观察皇族近支之人，只有载沣好驾驭，肯听话……慈禧太后到了自知不起的时候，光绪帝虽先死去，她仍然贪立幼君，以免翻她从前的旧案。”

“谋杀”一说在当时就很喧嚣，以至于引起大洋彼岸《纽约时报》的掺和。1908年11月17日，慈禧死后两天，该报发表评论《没有证据显示是谋杀》：“怀疑皇帝和太后死于谋杀的谣言四起，尽管如此，至今没有充分的证据显示他们是非正常死亡的。皇帝已经被病痛折磨了很长时间，在他的后半生一直处于身体虚弱的状态。慈禧太后多年以来肩负着治理国家的重任，在最近的几个月中她的健康每况愈下。11月3日太后的生日庆典过后，她的肺充血引起了高烧。”

《纽约时报》接着写道：“负责诊治皇帝和太后的医生们表示，这两个人的身体都遭到了极端天气的侵害，尽管如此他们仍然认为用现代的医药进行治疗会取得一定的效果。慈禧太后在死前颁布诏书追封自己为‘伟大的皇太后’，并且指定光绪的皇后叶赫那拉氏成为新太后，由溥仪继承光绪的皇位。”

Le Petit Journal

Le Petit Journal

5 CENTIMES SUPPLÉMENT ILLUSTRÉ 5 CENTIMES

ABONNEMENTS

Le Petit Journal agricole, 5 cent. — La Mode du Petit Journal, 10 cent.

Le Petit Journal illustré de la Jeunesse, 10 cent.

On s'abonne sans frais dans tous les bureaux de poste

Dix-neuvième Année

DIMANCHE 29 NOVEMBRE 1908

Numéro 941

LA MORT DES SOUVERAINS CHINOIS

Les corps de l'impératrice Tseu-Si et de l'empereur Kouang-Siu exposés dans le pavillon de la Longévité impériale

并排躺在棺木中的慈禧太后与光绪皇帝，成为法国《小日报》杂志 1908 年 11 月 29 日（星期日）那期的“封面人物”。该刊在报道中明确指控这位终年 73 岁的中国太后在临死前毒死了 38 岁的皇帝，并评论道：“当然，至今所有针对慈禧太后的谋杀指控，都是建立在推理的基础之上的，没有得到更为直接的证据支持。但一个母亲被公认为杀子凶手，无论事实真相如何，她的母亲角色无疑是十分失败的了。”

手握重兵，历来危险

关于有人谋杀光绪帝，康有为最起劲，在东南亚的槟榔屿，他会见记者，说“证明前皇帝的死与袁世凯有关”。

《纽约时报》1909 年 1 月 8 日槟榔屿报道：“今天在一次访谈中，1898 年变法失败后被从北京驱逐的著名中国改革家康有为宣布袁世凯已经被结束了高等职位。原因是他在前皇帝的死亡中起了关键的作用，并且袁世凯可能会因为与此事有关联而被审判。”

全世界都闹得沸沸扬扬，载沣不可能不知道这些“指控”。如果这些“指控”针对的是王世凯或李世凯，这只是每天发生在中国大地上的成千个“指控”之一，本来中国人就不团结，有了利益纠葛更是如此。摄政王载沣会一笑了之。

可是这是袁世凯，一个手上掌握着呼风唤雨能力的人啊！

朱东安教授的这几段话说得很准：

对满洲贵族来说，更为糟糕的是，咸同时期湘淮军虽称盛一时，但湘淮军外尚有八旗、绿营、练军等武装力量。

就湘淮军而言，亦有曾、左、李、刘等诸多派系，相互牵制。而到了北洋军时代，八旗、绿营、湘淮军、练军都已退出历史舞台，新式陆军一统天下。

只是新军的编练，虽然遍地开花，风行一时，清政府也打算在全国建立三十六镇新式陆军，但直到武昌起义爆发也没有完成这个编练计划。其初步成军的部队虽有二十几镇，但真正练成者仅直隶六镇七万人左右，湖北一镇一协一万八千人上下。其他各省皆未练成。

且北洋军全部德国装备，由德国军官训练，精锐冠绝一时，非他省新军所可比。

此时，李鸿章、刘坤一早已去世，张之洞也已年老体衰，致使军界、政坛都一时成为袁世凯一枝独秀的局面。

这样，那拉氏往日对付湘淮将帅的那些法术，也无所施其伎了。

瞧，慈禧太后到了晚年也拿袁世凯没辙。这已经成了一个人数只占整个国家总人数 1% 左右的清朝统治集团的一块心病。

清廷在满汉问题上一直是小心翼翼，宁左勿右。有清一朝近三百年，越到后来越疑神疑鬼，为什么？因为太平天国被“平乱”后，汉人的势力压都压不下去。

1903 年 5 月 14 日，河北保定府，中英军事官员合影。前排（坐者）左起：保定府的臬台，藩台，英军高官，两江总督张之洞，户部右侍郎、练兵大臣铁良，直隶总督、北洋大臣袁世凯；张之洞后立者为保定府道台，右为其幕僚梁敦彦。

载沣罢袁

光绪在被囚禁期间，每天在纸上画大头长身的各式鬼形，写上“袁世凯”三字，然后撕成碎片。又经常画一乌龟，龟背写有“袁世凯”三个字，然后贴在墙上用小竹弓射击，射烂之后还不解气，还要再取下来剪碎，“令片片作蝴蝶飞”。

更玄乎的是，还有人说光绪临死一言不发，唯用手在空中写了“斩袁”两字。

光绪在临终前一天，嘱托亲弟弟载沣一定要诛杀袁世凯，为自己报仇雪恨。

呜呼，中国的历史往往和说书、演义、武侠小说纠缠在一起。也难怪，由于诉说对象大多是引车卖浆者流，非用点儿猛料不能震住“看官”。

所以，看历史，必须要用常识判断史实。更何况，浩渺史料前，咱也不能指着老祖宗的那支笔。

都说载沣懦弱，其实他在开缺袁世凯的事儿上做得还是很到位的。26 岁的小伙子，一上来就干得这么漂亮，着实难得。

载沣先将袁世凯的罪责定性为“擅自与美国谈互派大使事宜”的外交错误。要知道，外交无小事，事事是大事。从外交上下手，可大可小，载沣便有了主动权。另外，朝廷同人认为外交是老袁的强项，先杀杀他的威风，给他一个下马威，也算给 14 级、五品以上的干部开一个吹风会，让大家重新站队。

然后交张之洞等军机大臣廷议，民主集中制，这可是咱们中国老祖宗的集体智慧啊，行之有年了。

接着根据清廷的惯例进行处理，体现载沣没有公报私仇，是“按律办事”。

处理时对袁世凯本人“给出路”，并且派员去北洋，充分肯定绝大多数北洋同志是好的，充分肯定前段时期的北洋部队的辛勤工作。对冯国璋要求调离领导岗位的请调报告，不予考虑，并给予记一等功一次的嘉奖。

事发后，外国媒体纷纷发表评论。这是第二天《纽约时报》相关报道的标题：

“给袁世凯的诏书据信出自满族当权者的阴谋，惧怕革命性的暴乱，放逐袁世凯的理由是‘腿患风湿’——其职位由那桐接替”。

《纽约时报》一个月内发了十多条袁世凯被开缺的消息和评论。实际上，事发当天就登了长长的文章——《中国一代枭雄，现代军队组织者》。

大清国有点儿风吹草动，外国人就抽风。

宣统元年（1909 年），大街小巷到处贩卖的皇室年画。一个新政府上台，总要进行一番宣传。在这个文盲遍地的国家，最有效的宣传工具就是年画。它很形象，也能符合下里巴人的审美习惯。现实中，宣统皇帝恰恰是个小瘦猴，摄政王载沣的实际身高也比成年后的溥仪矮半个头。年画最缺的就是真实性。

袁世凯“躲猫猫”

君要臣死，臣不得不死。此时的袁世凯如丧家之犬，惶惶不可终日。

这回，袁世凯不仅下野开缺回籍，还被奉步军统领衙门之命前来护卫实则监视的袁得亮一步不离地跟上了。但袁得亮此人生性愚蠢，又不通文墨，而且贪财好利。

袁世凯对他周密照顾，与他拉上了宗族关系，大量奉送金银财物投其所好，“将其拉拢下水”。袁得亮不仅把每月向步军统领的报告交给袁世凯的幕僚捉刀，还把肃亲王派密探到河南的消息也如实相告。

袁是个要面子的人，遇到此等不风光的事儿，和众人玩起了“躲猫猫”。谁想到，在去天津避难时，还是给英国人“海鲁君”撞到了：“头等车内仅三数人，我找了一处近暖气的地方坐定。这时上来一人，穿着很朴素，毛发有点儿鬓白。他的随从甚多，坐处与我相对。我见其仆人给他放下一束新闻类报纸，他立刻拿起来翻阅，2点25分，车过丰台，他阅报已有40分钟左右，还端坐不动。这时有仆人又置些酒类于茶几上，车上的仆人小心翼翼地伺候着他。我用英语询车上的检票人，知道这是清国军机大臣袁世凯。4点30分，车到老龙头，袁下车，即乘一华丽马车往西行去了。”（佐藤铁治郎著《袁世凯》）

根据相关资料，我们回放整个事件的过程：

1908年年底，慈禧死前问之于军机大臣立储之事。别人一言不发，袁说：“国家多事之秋，宜立长君以主社。但事关重大，应候庆王回京，再行决议。”

光绪、慈禧死后，社会上关于袁世凯弑君之说喧嚣。有一京报说光绪死时留了500字的遗言要杀袁世凯。佐藤铁治郎说：“奈其后谣言纷起，君臣之间势难融洽。”

为此载沣开始解决袁世凯去留问题。

几天后，庆王府告之“将对袁不利”的消息，袁惶惶然如丧家之犬，无计可施。“时大有草木皆兵之势”。

1909年1月2日，袁世凯往内廷，走到殿廷的时候，早被买通的当值太监将他拦住，偷偷地对他说：“袁大军机可不必入内，今日摄政王怒形于色，听说严惩谕旨即下，恐怕对袁大军机不利，宜早筹自全之策。谕旨如何严峻，则非我辈所能得知。”

袁世凯惊慌失措地回了家，然后在张怀芝的保护下前往天津。

袁到天津，先至德国饭店，饭后至袁世凯亲信、直隶总督杨士骧衙门，住署后花园。杨士骧带来了北京的消息，说“罪只及开缺，无性命之虞”。袁世凯听后长舒了一口气。

其眷属于是日晚车亦到天津，住德国饭店。

袁世凯在天津的居所，位于奥租界金汤二马路（河北区海河东路39号）。这是他在光绪三十四年间（1908年）廉价买得一块地皮，计5.7市亩，建造的一所富丽堂皇的大型住宅，委托英、德建筑师设计成欧洲古典式建筑。高三层，砖木结构，共有房54间，建筑面积2089平方米。这座坐落在海河东路与民主路交叉口的德式小洋楼直到1918年才竣工。所以，袁世凯并没有真正住过这幢豪华宅邸。小洋楼建成后，袁世凯的家人住了进来。

第一次尝到世态炎凉

1909年1月3日，袁世凯乘早车复回北京，其眷属乘午车亦回京。“闻其来天津，一则与杨士骧有密商事件，一则支取银行存款，汇往河南。至其眷属来津，实因惶恐所至。”（佐藤铁治郎《袁世凯》）

同一天，袁世凯终于见到了那道上谕：“军机大臣外务部尚书袁世凯，夙承先朝屡加擢用，朕御极后复予懋赏。正以其才可用，俾效驰驱，不意袁世凯现患足疾，步履维艰，难胜职任。袁世凯着即开缺，回籍养疴，以示体恤。钦此。”

后，杨士骧和自己家的所有人打招呼，切不可说袁住署内。哪知道他的仆人还是告诉了外人。袁回家后，袁世凯幕僚张一麐已经逃避。袁家仆人见张逃，亦皆惶惶。后有问张何故逃避。张谓：袁宅内藏有快枪数百支，如果被缉出，其祸还了得？我等每月只得若干金，都是我们以心血与文字换来，无什么交情可言，怎么能与他共祸？问其知袁宅中藏此利器干什么用？张曰：我怎么知道他的心思！

三天后的清晨，风萧萧，京城寒，袁世凯即携眷属回籍。

送行者寥寥无几，只有杨度和学部侍郎严修等数人送至车站而已。袁说：“二君厚爱我，良感，顾流言方兴，或且被祸，盍去休。”严说：“聚久别速，岂忍无言！”杨答：“别当有说，祸不足惧。”

这一次真的把我们的袁大将军吓着了，一夜间将军老了。回到河南后，暂居河南汲县马市街。后来成为袁之亲信的王锡彤，第一次去拜访他，看到“袁公方五十一岁，须发尽白，俨然六七十岁人”。

自此摄政王完胜，袁世凯尽败。

摄政王为什么对袁世凯下手这么狠？深层的原因还是权力之争。有人认为1906年9月，袁世凯奉命进京参与中央官制改革的讨论是引火线。那次讨论，袁世凯授意孙宝琦、杨士琦等人提出取消军机处，设立责任内阁。将来的责任内阁主要对议会负责，这样可以保证行政中立。这显然削弱了朝廷对行政的控制，当然也削弱了满洲贵族统治集团对政府的控制，因而也就激起了满洲贵族统治集团的普遍反对。朝廷少壮派认为，袁世凯等人的建议用心险恶，他与孙中山的区别只在于，孙是用武力用暴动的方式从外部攻击大清王朝，而袁世凯等人则是用改革的名义，用和平的手段从内部瓦解大清王朝的政治统治。于是少壮派反对废除军机处、设立责任内阁，提出设立陆军部，统辖全国军队，将各地督抚的军权统统收归中央。最后，奉行“有兵在，不怕”的清廷少壮派把事情往不可收拾上做绝了。这是后话。

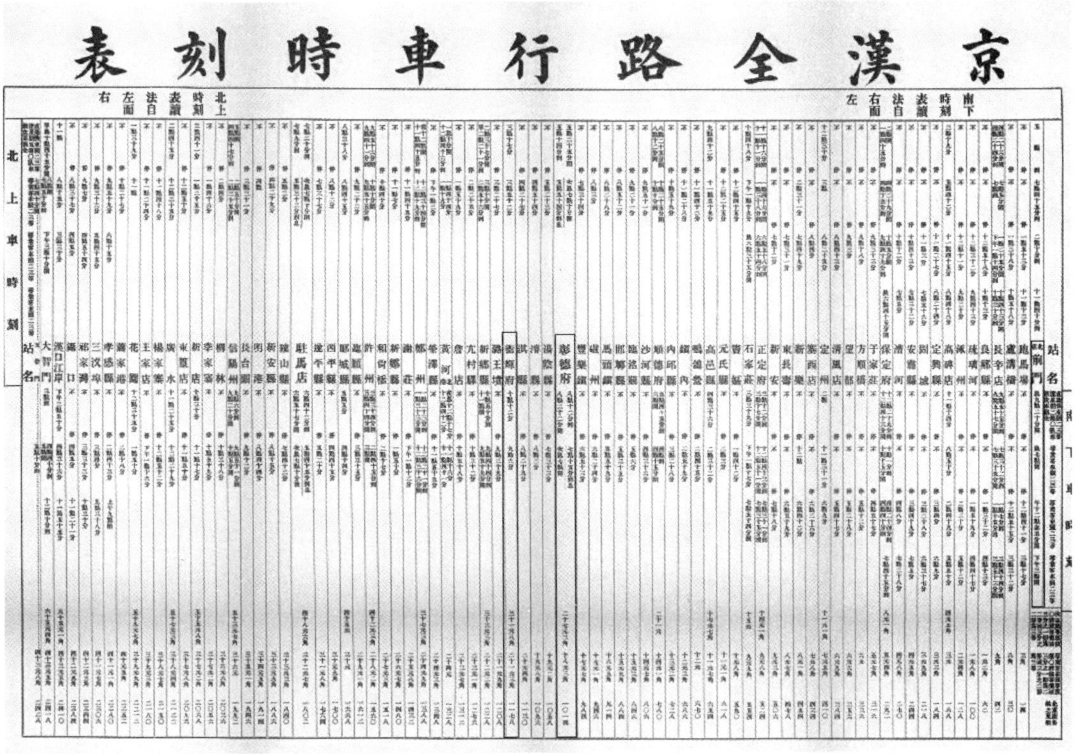
京漢全路行車時刻表

宣统元年（1909 年）的京汉铁路列车时刻表。列车时刻表显示，当年京汉线的列车，普客一般每日由京汉对开一次；快车每星期往返京汉一次，票价一般按一、二、三等车核收。袁世凯如果上午 9 时多从正阳门西站坐快车，在河南省卫辉府有班快车显示晚上 10 时 12 分到达。快车一等票价是 31 元 8 角。慢车二等是 21 元 33 角。我想袁世凯再落魄也不至于去坐 1178 铜板的慢车三等票。当时的火车票不便宜啊。袁世凯拖家带口一大帮人，开销不菲啊！

卫辉袁宅。袁世凯在未罢政前因葬母与项城同族发生龉龃，不愿再回乡，加之卫辉民情淳朴，文气浓厚，交通方便，遂在卫辉购置此院，始称袁宅。袁于 1908 年 10 月 21 日星夜兼程来到卫辉（即汲县）。袁世凯寓居卫辉时，潜心研究经史，与县里名士李敏修、王锡彤等相从甚密。1909 年秋，彰德洹上村袁府筑就，袁世凯携眷移去。

慈禧太后对袁世凯也不放心

为什么摄政王上台一个月就将袁世凯开缺回籍？也有另外一个皇家版本。

说到回籍养疴这事，溥仪告诉我们一个故事。在说这件事前，先必须说一个庆亲王奕劻和慈禧的故事。

宣统溥仪是载沣的长子。一次他在翻阅父亲载沣的日记时无意间看到了一段文字：

“十九日，上朝。致庆邸急函一件……”接着又看到了这句：“二十日……庆王到京。”

这段时间正是慈禧生命走到尽头的前夕。这里有什么不能言状的地方，欲言而止？

庆亲王奕劻是和李鸿章庚子年办外交出名的。他与 11 国代表经过艰辛的谈判，保住了慈禧的脑袋和位子，让慈禧感谢不尽。

这以后庆亲王的四格格经常到老佛爷面前走动，这鬼丫头精着呢。溥仪说：“如果西太后无意中露出了她喜欢什么样的坎肩，或者嵌镶着什么饰品的鞋子，那么不出三天，那个正合心意的坎肩、鞋子之类的玩意儿就会出现在西太后的面前。”

从此奕劻一再加官晋爵，以一个远支宗室最低爵位的辅国将军，逐步晋到亲王，官职做到总理各国事务衙门。

溥仪接着说：“当时人们议论起王公们的政治本钱时，说某王公有德国后台，某王公有日本后台……都只不过各有一国后台而已，一说到庆王，都认为他的后台谁也不能比，计有八国之多。因此西太后从那以后非常看重他。”

庆亲王和袁世凯可以说是两块牌子一套人马。据徐世昌透露：“庆王府里无论是生了孩子，死了人，或是过个生日等等，全由直隶总督衙门代为开销。”

对于袁世凯，溥仪在《我的前半生》中写道：“戊戌政变后，西太后对袁世凯一方面是十分重视的，几年工夫把他由直隶按察使提到直隶总督，外务部尚书，恩遇之隆，汉族大臣中过去只有曾、胡、左、李才数得上。另一方面，西太后对这个统率着北洋新军并且善于投机的汉族大臣，并不放心。当她听说袁世凯向贪财如命的庆王那里大量地送银子时，就警惕起来了。”

可是慈禧也不是万能的，当她想开缺庆亲王时，消息辗转传到了外国记者的耳朵里，北京还没有别人知道，伦敦报纸上就登出来了。英国驻北京的公使据此去找外务部，讯问有无此事。西太后不但不敢承认，而且派铁良和鹿钟麟追查。此事便见光死了。

溥仪说：“但对于袁世凯，她没有再犹豫。光绪三十三年，内调袁为外务部尚书，参加军机。明是重用，实际是解除了他的兵权。袁世凯心里有数，不等招呼，即主动交出了北洋。”

1961年在纪念辛亥革命50周年时，当年的敌人亲热地搂在一起照相。中为末代皇帝溥仪，右为打响武昌起义第一枪的熊秉坤，左为1924年任京都警备司令，奉冯玉祥之命，将溥仪驱逐出紫禁城的鹿钟麟，三位过气儿的军政人物作政治姿态合影。

20世纪20年代后的照片，溥仪颇有绅士风度地为婉容点烟。大家注意，曾经的宣统皇帝溥仪此时已断发为民国人了。第一个在紫禁城内剪掉辫子的恰恰是溥仪。1920年的一天，因为他的"洋帝师"庄士敦告诉他，西方人嘲笑中国人的辫子是"猪尾巴"，溥仪"立刻毫不犹豫地把它剪了，跟谁也没商量"。

袁世凯自我“杯酒释兵权”

当时在袁身边做谋士的唐在礼透露了袁世凯的感受：“前后几年的政争暗流，到1906年显出了波澜，清廷排斥汉官的情况就日趋严重了。袁到此时，觉出情况照此发展下去，对他十分不利，然而要反抗又没有确保胜利的实力。他于是决定在彰德秋操之后，主动向清廷奏请交出第一、三、五、六四镇，建议改归兵部大臣直辖。”

七十有二的老太后正在筹划着下一个步骤的时候，她自己病倒了。

这时慈禧又忽然探到一个惊人的消息：袁世凯准备废掉光绪，拥戴奕劻的儿子载振为皇帝。溥仪夹叙夹议地说：“不管奕劻如何会办外交和会奉承，不管袁世凯过去对她立过多大的功，也不管他们这次动手的目标正是被她痛恨的光绪，这个以袁世凯为主角的阴谋，使慈禧马上意识到了一种可怕的厄运——既是爱新觉罗皇朝的厄运，也是她个人的厄运。因此她断然地做出了一项决定。为了实现这个决定，她先把奕劻调开，让他去东陵查看工程，然后把北洋军段祺瑞的第六镇全部调出北京，开往深水，把陆军部尚书铁良统辖的第一镇调进来接防。等到奕劻回来，这里一切大事已定：慈禧宣布了立我为嗣，封我父亲为摄政王。但是为了继续笼络住这位有八国朋友的庆王，给了他亲王世袭罔替的恩荣。”

接着是光绪帝的死。一天后慈禧死。

老天注定了这个未完成的故事必定要由烂好人的摄政王载沣来完成。

从载沣那只说半句的“庆王回京”里可以看出，他完全知道这件事情的性质。如果属实，袁世凯便做了件“自绝于人民”的坏事。让我们重现案件现场调查举证的经过：

慈禧临死前，一定最不放心这件事儿，要继承者好好查查。载沣查了，没有证据。再查，还是没有。这时，大嘴巴康有为在国外大声疾呼：是袁世凯杀了我们英明的皇上。

那些吃月银的旗人，又奔走于冷落多时的茶楼，三人成虎地描述了袁世凯谋杀光绪的所有细节。

正好这时清廷批准袁世凯的建议，任命唐绍仪为特使出使美国，以“满洲银行贷款”引诱美国政府同意与中国结盟。但美国明确表示默认日俄等国在满洲的特殊地位和特殊利益。袁世凯的中美合作彻底破产，唐绍仪赴美使命以彻底失败而结束。这也是袁世凯外交政策的失败。正当朝廷少壮派密谋袁之时，袁在北洋系的追随者在保定府发动了一场小小的兵变，以威胁摄政王和少壮派。载沣想：不管这事儿有和无，有一点是确凿无疑的，袁世凯眼下是唯一一个有能力也有实力做大逆不道之事的人。如今天下是我们父子的天下，我要为小儿扫雷。

图为1908年2月汉口伦敦会医学院第一批四名毕业生的合影。这是一所由基督教伦敦会传教士杨格非于1866年在中国汉口创办的教会医院。正当古老帝国的最高领导人慈禧太后和光绪帝于1908年11月相继去世，中国高层正在酝酿一场权力地震之时，这块古老大地上也在悄悄发生着一些剧烈的变化——1908年，京师女子师范学堂创立；1908年3月20日，从黄埔滩至静安寺的上海有轨电车正式载客营运；1908年，法国人马尔奎斯在青岛创立中国草织物出口公司；1908年，中国会审员关炯之与德国副总领事同堂会审刑事案件。这些变化载沣看不到，但袁世凯知道。

载沣一党也是吃相难看

据载沣的亲弟载涛回忆，正好这时肃亲王善耆和镇国公载泽向载沣秘密进言："此时若不速作处理，则内外军政方面，皆是袁的党羽。从前袁所畏惧的是慈禧太后，太后一死，在袁心目中，已无人可以钳制他了。异日势力养成，消除更为不易，且恐祸在不测。"

没有政治斗争实际经验的26岁的摄政王，当机立断下了搬掉袁世凯这座大山的决心。结果摄政王没有完全答应少壮派的要求，而是于1909年1月2日将袁世凯开缺回籍养病了事。

以上很多情节来自于比较权威的溥仪。和历史上其他一些说法一样，其实都没说到点子上。想想，一个持续了47年的体系，轰然倒了，一定会带来一系列的大地震和大动荡。康熙伟大不？当政60多年，让后人等待时间太长，一朝机会来了，就是子女的尔虞我诈。

为什么？政权要不断地与时俱进，做些微调，矛盾才能在变革中化解。慈禧太后一人霸着局面，一当就是47年。慑于慈禧之威，皇族亲贵中纵有门户派系也不敢张扬。

47年！亲身经历一下才会知道有多漫长，多可怕！

多少欲望还未实现就"自然规律"地消失了；多少错误，被慢慢地化为仇恨；多少误会，被慢慢地酿成了下一场战争的导火线……

公子哥儿一辈子的溥仪，20世纪60年代通过学习，进步不小，他学着新社会的词儿说："杀袁世凯和保袁世凯的问题，早已不是什么维新与守旧、帝党与后党之争，也不是满汉显贵之争了，而是这一伙亲贵显要和那一伙亲贵显要间的夺权之争。"

倒袁世凯，载沣没做错，问题恰恰出在后来。将袁世凯扳倒，他一下子进了自家三个兄弟。他拿捏不好，且吃相难看！

载沣监国摄政后，皇族亲贵内部的权力争斗日益激烈，逐渐达到了白热化的程度——"洵贝勒总持海军，兼办陵工，与毓朗合为一党；涛贝勒统军谘府，侵夺陆军部权，收用良弼为一党；肃亲王善耆好结纳勾通报馆，据民政部，领天下警政一党；溥伦阴结议员为一党；隆裕以母后之尊，宠任太监张德为一党；载泽是隆裕的姻亲，握财政全权，创设监理财政官盐务处为一党；监国福晋雅有才能，颇通贿赂，联络母族为一党。"（胡思敬《国闻备乘》）

这帮少壮清贵，大概是干得顺手了，于是将手伸向了地方。从不扎眼的路权开始下手，没想到惹了大祸，乃至一发不可收拾。

因为少壮清贵们的败笔，才有了离休老干部袁世凯的东山再起。

1911 年年初，清政府大臣校阅新军陆军时合影。左起陆军大臣荫昌、载振、海军大臣载洵、禁卫军统领载涛；右起海军副大臣谭学衡、贵胄陆军学堂总理载润。

载涛（中）、溥仪（左）、溥杰（右）三位老叔侄在一起。载涛是光绪帝的同父异母弟，二等镇国将军，不入八分辅国公。1908 年加郡王衔任总司稽察。清廷新设禁卫军，任专司训练禁卫军大臣。1909 年 6 月管理军谘处事务。1929 年迫于生计将贝勒府卖给当时的辅仁大学。1970 年 9 月 2 日在北京逝世，终年 83 岁，骨灰安放在北京八宝山革命公墓。

《纽约时报》看袁世凯

《纽约时报》1908年6月14日

记者　托马斯·F·米拉德

北京，4月20日讯

在西方人的眼里，长期以来代表大清国形象的，只是从四万万芸芸众生中站出来而非常突出和确定的几个人而已。正是这些人扮演着重要的角色，或许能够开辟出一条道路，以迎来一个新中国的诞生。

袁世凯是这些人物中非常突出的一位，他也确实在这些趋向进步的高层官员中被推认为第一。虽然他步入政界已经超过三十年，但在过去的十年里，他才成为这个国家的要员，并且在过去的三四年里提升了自己的国际声望。

左图为《纽约时报》记者托马斯·F·米拉德画像，右图为《纽约时报》上的袁世凯画像。《纽约时报》对袁世凯的报道集中在1900年至1920年之间。总体上对袁是肯定的，甚至把他提高到民族中最杰出分子看待。在京的各类洋人，均认为袁世凯是朝廷中的稳健改革派，干了不少实事，却认为康有为是华而不实的激进改革派。袁世凯的做派和为人也比较对洋人的胃口。

改革的事业：李鸿章遗留下的使命

1901 年李鸿章去世之前，我曾和他有过短暂的谈话，他的头脑非常清醒并且仍然关注着国家的未来。在生命弥留之际，他把一些年轻人召到床前（其中就有袁世凯），并把改革大清国的使命交到了他们的手中。

人们发现，在大清国凡是有职位的人当中，对袁世凯的评价是多种多样的。我就听说过他被称为政治家、改革家、煽动家等等，还有一些稍微不同的其他称号，而每种称号后都会跟着一大堆详细的描述。人们正在逐步接受这样一种看法，即袁世凯是大清国当代最重要的人物！

袁当然不是大清国改革运动之父，但他能让改革继续进行下去。他富有才干，野心勃勃。在李鸿章死后留下的政治真空中，他看到了自己将成为大清国政治舞台第一角色的机遇。他也从清日战争和“义和拳”叛乱中正确地汲取了教训。他认识到，大清国将不可避免地发生巨变。

袁世凯想访美

我非常非常愿意与袁讨论，因为这让我有机会了解在东方危机的问题上袁自己的观点。但正当我准备记录时，袁却把话题转到了美国总统的竞选上。他说虽然他是西奥多·罗斯福总统的崇拜者，但同样也相当推崇塔夫脱先生（美国第 27 任总统）。去年秋天，塔夫脱先生在上海发表了对大清国很友好的讲话，这给清国上下都留下了极深刻的印象。

谈到美国时，袁说道：“我一直期待着访问美国。在所有未访问过的国家里，最吸引我的就是美国。这也许是因为，在我周围，有很多年轻人都是在美国接受教育的。但是我觉得，尽管我们两国政府在形态上有明显的差异，但实际上，美国比任何一个西方国家更接近我们的体制。我已经注意到，受美国教育的大清国人民，比受欧洲教育的更能容易地将他们所学到的知识运用于我们国内的管理。并且据我所知，贵国政府的基本规则也与我国政府极为相似。”

何处最需要初步的改革

“我们内部的管理体制必须从根本上加以改革，”袁说道，“但这却是一件说起来容易做起来非常难的事情。因为它牵涉到要彻底改变甚至推翻现行体制的某些方面。而这个体制已经存在了许多个世纪，诸多因素盘根错节地紧紧交织在一起。就民意支持的状况而论，我感到可以肯定的是，如果给我们时间再加上机遇，我们无论如何都能够实现改革的大部分目标。”

“最需要改革的是什么呢？”我问道。

“我们的财政制度、货币流通体系以及法律结构。只有做好了这些事，大清国才能恢复完整的主权。而且，也只有等它彻底恢复了主权，才能真正理顺国家正常的经济和政治生活。这三项改革中的任何一项都与其他两项有着密不可分的依赖关系。”

袁用下面的话结束了我们之间的交谈。他说这是他首次正式接受外国记者的采访，并且他希望利用这个机会表达他对美国总统及美国人民的诚挚问候。当然，袁在某些话题上是有所保留的，这是很自然的事，并且在这种环境下无疑也是非常恰当的。毫无疑问，袁对自己目前在大清国政治舞台上所面临的危险非常清醒，他不但十分明了这些危险的源头所在，而且也知道这些危险在他前进的道路上可能会发生怎样的作用。

看来在洹上村的采访中，这位洋博士记者捞到了不少信息。

实话告知，袁世凯在国际上的形象是不错的，这首先是因为在轰动中外的1900年庚子事变中，他在山东巡抚任上没有跟着前任胡来。

山东当时是义和团的重灾区，就是因为他，义和团在山东的势力被挤压到了西边的直隶省范围。他也在山东保护了不少的洋人。后来义和团被镇压下去后，袁世凯又积极地帮助清廷恢复秩序，这间接地保护了洋人在华的经济利益。又由于秉承李鸿章的路线，他基本属于改革开放一派，洋人和他打交道也比别人容易。这些都是洋人看好他的一面。说是慈禧太后看袁世凯比较顺眼，其实以洋人在朝廷说话的分量，洋人的话慈禧也得听。

第四章

洹上村不仅仅是个村

中国曾经有这么一个私家院：它的面积比大观园还大，围墙高度和故宫有的一拼。为它，中国铁路特在此设一小站；当年，半个中国的权贵都要来此“朝拜”。

曾经的洹上村

中国曾经有这么一个私家院——它的面积比大观园还大，围墙高度和故宫有的一拼。为它，中国铁路特在此设一小站；当年，半个中国的权贵都要来此“朝拜”。

可是它仅仅在这个世上存在了半个世纪，便销声匿迹，无影无踪了。如今只留下一块冷冰冰的石条，静静地躲在二里外的墙角旮旯里。

“洹上村”这三字多么诱人啊！一个“洹”字就有近4000年的分量，洹水，那是产生《诗经・国风》的“在水一方”啊！2009年，我装着满脑子的“意境”去了洹上村，却一下子凉了半截！中华儿女多奇志，敢叫洹上换“新”天。仅仅90年，特别是伴随着近些年城市化的发展，这里已经成了典型的城乡接合部。只见简易房套简易房，筒子楼接筒子楼。公路上弥漫着柴油味，野猫草狗在苗圃稀疏的大树间叫春。

袁世凯呢？

洹上村呢？

从地图上你是找不到“洹上村”三个字的，只是在洹上村南面有人造了块叫“洹园”的绿地。据《安阳通史》记载：“洹上村位于安阳旧城之北，洹河北岸，袁林在其东北二里许。”如今这里也就是安阳的一处不起眼的地方。2014年前后，当年去安阳热情接待我们的安阳一民营集团办公室主任孙清海先生，兴致勃勃地打电话跟我说：“安阳要发展旅游业，你当年绘制的《洹上村复原图》可以寄来，作为提交给当地‘两会’的提案用。”我还兴奋了一下，认为“洹上村”的复原仅仅从旅游角度看，是天时、地利、人和都具备了。从天时以及人和来说，毕竟袁世凯在当年诸多政治、军事方面迈出了近代以来中国改革开放的第一步，袁世凯称帝引发的专制与国情的议论，至今不休，一句话，袁世凯不是一位过时的人物，颇值得玩味。地利也是明摆在那里，安阳离北京那么近，如今高铁一个多小时就能到，离江浙也不远。但是寄出去后，便杳无音信。这也好，文化来不得急功近利，“洹上村”本来是大手笔的“私家花园”，与其搞成不伦不类的旅游速成品还不如不搞。

下野后的袁世凯住在安阳市的洹上村，如今的洹上村已经面目全非，这块石刻硕果仅存，据说是在乱石堆里找到的，是当地博物馆的镇馆之宝。

一位署名费尔南（Fernand）的外国人镜头下 1908 年的“彰德府洹河”。笔者认为这段就是流经洹上村地段的洹河景色。这个季节洹河水不多，一年后，袁世凯就在这里建造了其隐居之所洹上村。

可惜了洹上村

河南彰德府城北的洹上村是由袁世凯于1909年花银数十万两，历时两年陆陆续续建成的。可是只风光了三年，便走向了死亡！

经查，洹上村死亡倒计时是这样的：

1927年，冯玉祥出陕入豫，占领豫北。这位“基督将军”使出惯用手法，和他的老上级袁世凯做最后的切割。他将洹上村内之器具、书画、古玩等拿到开封府去兜售，名人书画扇面一元一个，并在洹上村旧宅开办了“彰德高级中学”。

1938年，日本人在洹上村村北修建了一块军用机场，据说弹药库就设在村北的鸡舍鹿苑上。这回日本人总算报了朝鲜的一箭之仇！

1947年至1949年，解放军二野的山炮对盘踞在洹上村一带的国民党40军进行了猛烈的炮击。

安阳解放后，人们发现洹上村已是破败不堪，少数房屋毁于战火，九个四合院的门窗几乎全部被人拆走。

最后的一击是1954年。那一年建设安阳工人文化宫，据说它的墙体内有洹上村“寨墙砖半数”。与此同时，洹上村“养寿园”内的珊瑚奇石全部用于安阳市区“三角湖公园”的建设。据说当时随便一个小小的“股级”干部就可以批个条子，来洹上村就地取材。至此，洹上村彻底消失了，留下的空地迅速地为“人多力量大”所产生的庞大人口解决了容身之地。

来自洹上村的王碧岑于2003年撰文：“得知采访记者说袁世凯故居‘无迹可寻’时，对我触动很大。……冯玉祥将军抄袁家时，先缴了卫队营的枪械，而后将其家中所有东西，甚至连珍贵的盆花都运到了开封。有文物价值的精品送河南省博物馆展览。之后我去参观时，还看到墙上悬挂着袁世凯当总统时穿戴的西式戎装衣冠。其余物品都拿到市场变卖了。1933年暑假前，我依依不舍地告别了母校洹上村。四年后，我在青岛市国立山东大学毕业，应母校之聘又回到洹上村教书，欣喜之情可想而知，但洹上村的情况却完全出乎我的预料。仅仅四年光景，住宅院就暴露出意外的忧患。花园因不归学校管理，已有些颓败荒芜了。那年夏季雨水特别多，增加了房屋的承受力。（抗日战争）日军的飞机接着就对安阳城进行狂轰滥炸。……第二天，校长便召集全校教职员宣布学校解散。他痛哭流涕地说：‘十年心血毁于一旦！’我很难过地想，学校一撤，所有校产立刻就会被人哄抢一空，房屋、花园很快也会成为一片废墟。”

安阳市工人文化宫封顶留念。1954 年，从洹上村拆来的免费“清”砖“清”瓦和木料盖了这个文化宫。据说盖好后，还有数万块洹上村的砖放在工地上任其自生自灭。2009 年，我听说文化宫拆了，要翻新盖楼，专程从北京赶去，结果，连块像样的砖都没见着。晚了！

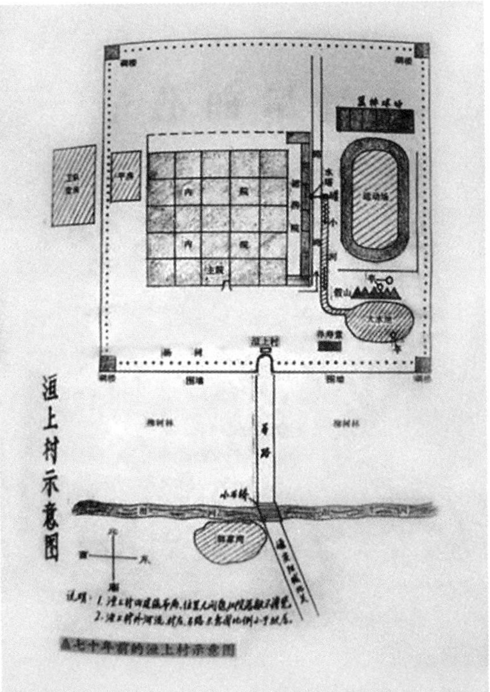

袁氏家族后代整理的洹上村示意图手稿。如今这里已经面目全非，根本找不到百年前的影子。从图上看，还有运动场，这个在文字记录里似乎没留下痕迹。

洹上村消失算什么？

其实洹上村的消失算个什么？偌大个中国，找不出中国人不敢拆的。圆明园大不，悠久不？当年英法联军一下子消化不了，是谁将这近2000亩的一个皇家园子，用蚂蚁搬家的方式拆成了今天这个“帝国主义侵略罪证”？

不信请看1860年英法联军火烧圆明园后，长春园谐奇趣废墟的图片。

围绕着圆明园，150年来出现了一个完美的食物链：英法联军选择最贵重的东西抢劫；帝王、军阀和政客如摄政王载沣之流拆一些大水法、海晏堂、谐奇趣等大型西洋楼构件，运到自个儿家中“装点此关山”；燕赵土匪掠夺剩余的精华；京郊大地上的小民则捡拾委弃于道旁的零碎；守园太监也趁火打劫，监守自盗；什么也抢不着的人发扬中国人特有的吃苦耐劳精神，他们操起扫帚和簸箕，在园中道路上飞沙扬尘，尝试筛捞散落、埋没于尘土中的细碎宝物；接着连尊贵的燕京大学（1952年改名为北京大学）也加入了这顿免费的午餐，弄来一对华表来充“悠悠中华”。

掐指算来，林林总总，前后共有七八拨人吃圆明园。

洹上村算什么？用“郭老”郭沫若的话说：年代太短，没什么考古价值。再加上干这事儿的人有种“打土豪，分田地”的快感，十个洹上村也拆了。

我们也别心疼，其实自打袁世凯进了北京中南海后，袁的一大家子都拿了“进京指标”。如同阿庆嫂所说，人一走茶就凉。何况这村子本来就此一家，旷野孤院的，夜来周围鬼火时隐时现，甚是阴森。所以那会儿就连留下收租的管家徐静人，也吓得偷偷搬到彰德府闹市中的裴家巷21号院“袁氏小宅”去住了。

然而人算不如天算，三十年河东三十年河西，转眼到了21世纪，如今旅游火了，人家八竿子打不着的关系都辟为“名人故居”“旅游胜地”。南昌一夜间用400号水泥再现了“落霞与孤鹜齐飞，秋水共长天一色”的滕王阁，哪一朝也沾不上边的上海在淀山湖造了个大观园……

“激情燃烧岁月”的洹上村呢？

于是有人急了，不管袁世凯是何方的神仙，他都得为咱当地的GDP做贡献。这才有人呼吁：“再造”一个新洹上村！我在上面已经说过，为旅游建造的“古迹”都是经不起细看的假古董。

长春园谐奇趣远景（1875 年拍摄），当年轮廓还在。

现在拍摄的圆明园长春园谐奇趣遗址。一片废墟，比古罗马斗兽场还要残破。

袁世凯为何对洹上村一见钟情

古风吹皱的一泓洹水，从巍巍太行山脉的某处松林间出发，一路奔腾到安阳（古彰德府）。入平原后，洹水放慢了脚步，轻轻地流过“关关雎鸠”的“在河之洲”，它婉转曲折地在3000年帝都（殷墟）的安阳北城外画出了一连串弯弯。

在一个叫郭家湾的地方，洹水向南500步，然后向东500步，接着又向北500步，最后缓缓东流，走回自己的老路，一路奔向卫河。

这一弯，弯出一个冠冕状的郭家湾来。这一顶弯弯的冠冕啊，被一位匆匆的过客，一位老军人无意间看到了，发现了……

古来何人戴冠冕？

冥冥之中，军人袁世凯似乎心领神会，有了某种归属感。这一年是1906年！袁世凯正以大清帝国阅兵大臣之尊在“彰德府秋操”上大显身手。

袁世凯选择这个地方真是颇费脑筋。当我走在洹上村遗址时，用脚丈量周围大地，便发现了一个秘密。洹上村的选址几乎将袁世凯心中那些个上下古今读得烂熟的故事全都串在了一起。看！洹上村坐落在享誉华夏的洹水之北，与洹水最近处只有百步之遥。向西看，洹上村离远古都城——殷墟也只有千步之遥。朝东走，离两宫与光绪帝庚子年间“北狩”回銮之道只有300步远。就在这次护驾中，袁世凯亲率武卫军一部鞍前马后，日夜奔波，给慈禧太后留下了深刻印象，成就了接下来八年的飞黄腾达。

“彰德秋操”后的第三年，袁世凯又回来了，跛着脚，带着一颗破碎的心回到了彰德府。这一次他不走了，他要生生死死在这片土地上了。

从此，周围的老乡看到了一位身材肥硕、脖子短短、两眼炯炯有神的“一品大员”坐着四人大轿在工地上溜达（“当时我听当地老百姓讲，修建袁宅时很多人见过袁世凯坐着四人肩扛的太师椅在建筑工地视察。”——王碧岑：《我记忆中的安阳洹上村》）。长子袁克定负责设计监工，二子袁克文负责亭台楼阁的诗文字画，管家袁乃宽负责建造、营运。全家人忙得不亦乐乎。五个月后，一个大致正方形，集花园、住宅群、兵营以及小型农场、人工湖为一体的综合性园林院落，便粗具规模。

袁世凯大笔一挥，命名为“洹上村”。

洹上村就只袁家一户，别无他人。周围十里八乡的泥腿子叫不顺洹上村这个文绉绉的名字，大嗓门一拉，一口一个“袁宅”“袁寨”。

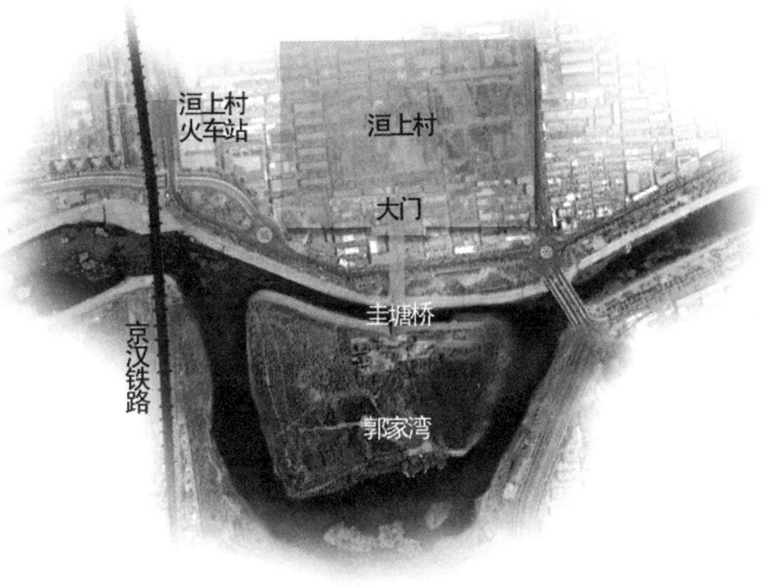

洹水边郭家湾和洹上村方位想象图。这是根据现在的卫星地图绘制的洹上村方位俯瞰图。瞧，洹水这一弯不就是一个倒置的官帽吗？

洹水岸边的殷墟。此照拍摄于民国初年，想当年袁世凯来到郭家湾的洹水边，看到的应该就是这样的景色。因为这里距离洹上村只有二里地不到。洹水九道弯，弯弯都是景。看到这样的景色，袁世凯能不心旷神怡、一见钟情吗？

重回洹上村

袁世凯的洹上村到底啥样，到目前为止，我们还没有真正领略呢。此刻让我们把时间拨回到难忘的 1909 年 3 月，让我们跟随袁世凯一行从河南卫辉（原为汲县）的暂住处走进彰德府的洹上村瞧个仔细。

1909 年 3 月，一列装得满满的京汉铁路局专车从河南卫辉开出，经过一个小时的北行，专车缓缓地停在了古城彰德府（今安阳）北郊、洹河铁路桥之北的一个洹上村专属小站上。袁世凯带着住在卫辉的部分家人浩浩荡荡地下了车，住进了离小站 500 步远的洹上村。接着，被打散了近半年的其他家人又从天津梁宝生（一个很有钱的商人）的家里和北京锡拉胡同等处陆陆续续地搬到这里。从 1909 年 3 月断断续续搬到这一年的 5 月，前后搬了两个月！

春夏之际的圭塘桥边，洹河春水涨满了两岸。从洹水上的圭塘桥一路延伸到洹上村大门前的是一条由成排大树组成的百步林荫大道。

走在这条道上，闻着泥土散发出的香味，听着婆娑暗动、沙沙作响的树叶声，袁世凯有了些许归隐之乐。抬头眺望，远处洹上村的高大围墙屹然耸立，仔细再看，高高的墙头竟遮蔽不住墙内高耸入云的参天杨树，让人有一种海市蜃楼的错觉。这时我们的总督大人一定窃喜自己的高明，于造园之前先差人带着银子去各地买树求花，让院子中所有的植物都早早地接上地气。这就是袁家的家庭教师杨景震所说的：“迁入时已树荫蔽天，不可极望。”

接上了地气也就接上了命门。袁世凯信。

突然轿头高唱：“到啦，大门到啦！”

五十出头、被强迫“离休”的“老夫”袁世凯从轿子里走出，举头环顾，只见正南的围墙中间开了一个拱券式大门。门上方镶有一块横条石，上刻“洹上村”三个大字，这是老袁自己新学的小篆体手书，写时自觉功力欠缺，当时吩咐石匠不要刻名。

走进大门，袁世凯命家人：“关门！”下人一拥而上，可是两扇千斤重的山木大红门在六个大汉吆喝声中就是纹丝不动。管家袁乃宽轻轻地说了句：“这里的门真像一个城堡的门。”

说者无心，听者有意，闻此言，袁世凯捋了捋日耳曼军人式的牛角须，朗声一笑。这笑声是多么的珍贵啊！宫保大人已经五个月没这么笑过啦。

老袁要的就是这样的城堡：厚重的大门，高耸的石头城墙，离铁路线不过一里距离。危险时厚重的木制大门没有重型移动器具的撞击根本难破，翻墙的匪徒很难越过一丈高的“天险”，就是用火药炸也很难撼动真正的石头，如果还不济事，快捷的铁路会搬来救兵。老袁能不心满意足吗？

春夏之际的圭塘桥（孙清海摄）

洹上村大门前的百步林荫大道

挥之不去的噩梦

袁世凯的三女儿袁叔祯（后改名为袁静雪）回忆刚进村时看到的一切："首先在住宅外面修了高大的院墙，院墙周围还修筑了几个炮楼。当时的地方当局，还派两营马队（马一营、马二营）驻在那里护卫着，看起来仿佛是一个寨子似的。"

是的，这就是袁世凯心向往之的"小城堡"，一个防御性极强的"寨子"。

看到这个被沉重的大门和高高的围墙围得严严实实的"小城堡"，管家袁乃宽和袁世凯彼时肯定心有灵犀——这就是老家项城"袁寨"的彰德府版啊！

项城"袁寨"，那可是一个针插不进、水泼不进的真正的城堡！

安全，安全，再安全。稳妥，稳妥，再稳妥！这是袁世凯一生的座右铭。其世交徐世昌说："项城为人，表面大开大阖，其实际先求千稳百当，方肯做去。"（见张国淦《洪宪遗闻》）是啊，一个从淮河流域闹"捻子"的地方走出来的人，从小闻到的就是"袁寨"城墙下的血腥味。想当年，"捻子"来去一阵风，马队走过扬起遮天的尘灰。5 岁的袁世凯发现，每月总有那么几回，子夜一过，于昏暗油灯下，担惊受怕地听着寨外成百上千的"捻子"骑着马呼啸而过。哆嗦了一晚上，第二天便会传来多少多少里地外的某寨某"围子"，由于寨墙不坚，全寨老小多少多少口被"捻贼"杀得一个不留。这时候，西北方向飘来一股带咸味的血气，老母牛氏一定会战战兢兢地念叨：感谢你爹你叔，咱们的寨子没事儿，否则……

否则怎样？袁世凯呼啦啦地吃着羊肉豆面条，没敢往下想。

自此，"血腥味""寨子""城墙""闹捻子"，这些关键词便融入了 5 岁"袁老四"（袁世凯排行老四）的血液里，终生不去！

这是一个被吓大的总督大人。童年的血色火光伴随了他一辈子，别指望他在做山东巡抚时善待义和团。他恨他们，他没这个阶级觉悟！用我们教科书里的话，袁世凯三代人的手上都沾满了农民起义者的鲜血。

瞧！如今在远离"捻子"安徽淮北雉河集（今安徽涡阳）大本营千里之外的河南彰德府，他还坚持克隆了这么个曾经让他免于血光之灾的"小城堡"。

"小城堡"有多坚固？20 世纪 30 年代在这里读书教书的郑州大学老教授王碧岑老人当了回有心人，他观察的数据是：洹上村坐北朝南，基地呈方形，面积据说是 300 亩。四周筑有上薄下厚的砖砌围墙。墙高约 7 米，墙基厚约 1.5 米，很像城墙，但无城堞。墙内四角贴墙建有上下两层的碉楼。

袁世凯出生地，河南项城“袁寨”。据说袁世凯就出生在这间楼房的底层。袁克敏回忆说：“西边前院的北屋比较古老，据老人讲，袁世凯就出生在这座腰屋东间。”（王鸣铎摄）

左图　项城袁寨遗址（项城博物馆供图）。袁寨先后建房 248 间，袁氏家族后人袁克敏回忆说："童年的记忆，袁寨是座呈正方形的青砖小寨，外观上看，可称小巧玲珑。寨四边长约 300 米，寨外有两道护寨河环绕，我们叫它'里外海河'。海河宽 10 多米，河水长年清澈满漕，河内种有莲藕、蒲草、芦苇等水生植物，水中鱼虾可见，经常有人垂钓或捕捞。寨内有条通往东西寨门的道路，路北即是袁寨的三座大院，分东、中、西三个砖木结构的门楼。记忆中袁寨袁府已经衰落、萧索，仅是一个空架子在支撑着。但船破还有三千钉啊。"

项城袁寨复原鸟瞰图（底图由项城博物馆提供，笔者根据当事人的回忆绘制）。为避捻军袭击，项城袁寨被修筑成一个坚实的寨堡。寨堡一丈高，由厚二尺余的寨墙拱卫，寨东、西各有寨门，寨的四角各有一座炮楼，炮楼高两层。寨墙上每隔丈余有一垛口，用于观察外边的情况或架设武器，平时每座炮楼及东西寨门均有卫兵值班，30 多名卫兵轮流站岗放哨，日夜不断。夜晚，寨墙外侧每间隔两丈远有一盏油灯，由专人负责傍晚点上，黎明收起。每当兵荒马乱之时，方圆十里八村的百姓都"跑反"来到袁寨，以求安宁。

亲历者眼中的洹上村

“小城堡”里有多少间房子？1915年后在天津为袁家常年看病的医生徐正伦说：“河南彰德洹上村有地300顷和大宅院一处，包括花园共200间。”

“小城堡”有多大？20世纪50年代后常年工作在洹上村附近的张有明老人的数字很具体：“此宅，东西长约320米，南北宽约260米，四周有7米高、0.77米宽的砖砌寨墙，四角均有两层楼高的炮楼。”

另有一说来自袁世凯的轿夫班头冯培德：“安阳的袁公馆是一排三个宅院，袁住中间宅院，太太们住在他的周围，院后是花园，种有各种奇花异草，供袁观赏。”

走进“寨子”，你会发现，这“小城堡”何止一个离地三丈高的外墙。为了万无一失，洹上村被打了双保险。

走在院内的林荫大道上，你会发现院内百步远处的路西，有第二层围墙。和项城“袁寨”一样，袁世凯也在洹上村的大围墙中套建了一圈小围墙。小围墙内才是百十号家人女眷的生活起居核心区域——住宅院。

有两层围墙的护卫，有城墙外的碉楼瞭望，再伴随夜来更夫清脆的打更报平安声，“回籍养疴”的袁世凯这才有了点儿安全感。

请记住，终其一生，袁世凯的所作所为都可以从这个“缺乏安全感”里找到逻辑！笔者将于后面各章慢慢道来。

住宅院玄机重重。

住宅院的主门通常叫“二门”。“二门悬匾额一方，书‘袁宫保第’四字。”（杨景震语）

这个住宅院是一个全封闭式的建筑群，有“三行九宫院”（见袁克文《洹上私乘》）。“二门内修九个院，袁居中院，其余各院为各姨太太和儿女居住。”（杨景震语）

院内由主院、内院和裙房院组成。四面房屋不分高低大小，都是五开间。各间都是黑色落地门扇。如果哪位梁上君子或者漏网刺客闯入这里，不被气氛森严的黑色吓倒，也会自己在“迷宫”里转得晕头转向。如果此君技高一筹，等待他的还有呢！

内院由一系列的四合院组成。与其他地方的四合院不同，院中纵横排列的所有房屋，后墙都开了个门。前后墙门一关，盗贼进得来出不去，被拦在一个个与外界隔绝的院子里，等待他的一定是束手就擒。

一旦警报解除，各院的女眷打开前后墙门又能彼此互通了。

外表中式，内屋西式

洹上村里围绕着核心住宅院的是四周一圈的裙房，“系听差等住室；尚有中药房，聘中医数人；二门内东院是家校；西房是西药房，亦聘西医数人在此”。（杨景震语）

平时叫得应，战时做缓冲。袁世凯高！实在是高！袁世凯将一辈子的那些军事上的攻防谋略全用到这里了，这也算是学有所用吧。

外中内西，老袁也时尚！

四合院内的廊柱被刷成明快的朱色，这是袁世凯最崇尚的颜色。六年后的“洪宪”登基典礼，他选择的就是这朱红。

走进室内，你会看到完全另外一幅景色，但见室内的色调明快如天，天花板是乳白色的，一条电线拖将下来，挂着一个现代化的灯泡；地上铺满了当时日本正时兴的木质地板。《纽约时报》转述去过洹上村住宅院的布洛克博士的话说：“这间房外形设计具有典型的中国特色，而房内陈设却又具有欧式风味。整个房子灯火通明。”

推开门窗，外面整个一个小世界！走进天井里，你会发现四角有下水道和约二米高的自来水龙头。杨景震说：“初移迁时，各室晚上均用煤油灯，不久在南院建一电灯房，自行磨电，从此全宅电灯辉煌。又在花园内建一高约两丈压水亭输水各处，从此各院均用自来水。园中修有水井数眼以供灌池及浇花。每日晚间袁偕全家逛花园吃晚餐，每次必请正太太到场。”

电灯、木地板、落地窗、自来水和花园里的野餐，在在显示了主人的“新派”。这里的一切都符合袁世凯的美学，体现袁世凯的风格——凡事都要在悠悠中华的根基上加以实用又时尚的洋点缀。后人说袁世凯像个活泥鳅，“耍反革命的两手”。其实，他倒一直是这么个人，新旧都玩，不是一个泥古不化的人，也不是“假洋鬼子”。用不用就看“中不中”。

当时的社会风气也是以西为美。三千年之大变局的骤然风云，搅乱了以不变应万变的国人方寸。大量的西人生活新玩意儿充斥着生活的方方面面。李鸿章时代争论不休的中西优劣，到了袁世凯进驻洹上村时已经分出了好坏。就连北京城里最顽固的“国学大师”“清流领袖”，也偷偷地用上三五件人性化设计的西式物件——大冬天的窗户换下了窗户纸，装上了玻璃，晚上的昏昏油灯，不是被洋油灯换下就是用上了电灯，毕竟谁亮谁不亮有量化的指标，来不得虚无缥缈。租界上的马车，由于有了避震弹簧的缓冲，坐起来毕竟舒服，立刻就被引进到所有的车轱辘上，时尚的上流社会已经把眼睛盯在了刚刚出现的自动车上。无疑，洹上村也在与时俱进。

袁诗有曹操的浑厚

人说洹上村有诗经古风的韵味，皇家楼宇的气派，苏杭园林的细腻，稻香村的情趣，北国花园的宏阔。这话不假。

闲来无事，这位曾经权倾一时、半个大清国拴在裤腰带上的“汉臣”拄着拐杖，在洹上村这里转转，那里走走。

闷得慌，袁世凯上得硼楼，登临送目。只见太行山若隐若现，远在天边近在咫尺。俯瞰墙内，大院中乌黑的瓦片错落有致地排列眼底，白色的山石在一片绿色中偶露峥嵘。这一切的一切让晦气了百多天的袁世凯好一个心旷神怡。这一刻他有了一种累了歇会儿的感觉，有了“不如回家种红薯”的感慨，有了做一回闲云野鹤的意境。

老军头袁世凯戎马一生，和兵马粮草打了半辈子交道，从来没有展示过自己李白的一面。这一刻，他文心大动，不禁聊发少年狂。当年他在项城老家，曾经当过“丽泽山房”“勿欺山房”两个诗社的社长。

袁世凯的诗就是袁世凯的诗，没有半点明清文人的掉书袋和脂粉气，倒有三分汉唐遗风。请看这首《落花》：

落花窗外舞，疑是雪飞时。
刚欲呼童扫，风来去不知。

最后一句“风来去不知”，真是空灵赛王维，拙朴过曹操。

一年，两年，三年，没几年，袁世凯这类“圭塘”佳句被二子袁克文收了一厚本，后来刻成《圭塘倡和诗》，到处送人。

袁世凯其实十分怀念这段日子，后来贵为大总统，还以笔名“洹上渔翁”编了本《洹上村养寿园图》。

后人还真得感谢这本《洹上村养寿园图》，因了它，我们才能看到16张洹上村养寿园的珍贵照片。本书养寿园的景点照片均出于此。

袁世凯晚上睡在洹上村住宅院，白天大部分活动却多在林荫大道东面的“养寿园”中度过。走进林荫大道东门，抬头就见上悬匾额一方，书“养寿园”。此时你已进入洹上村最精彩的一处！

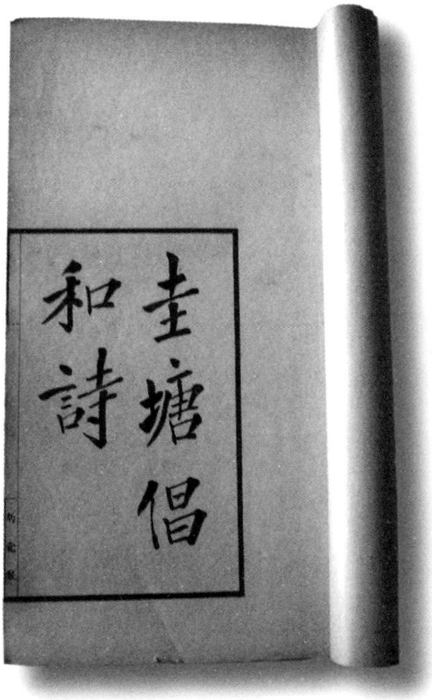

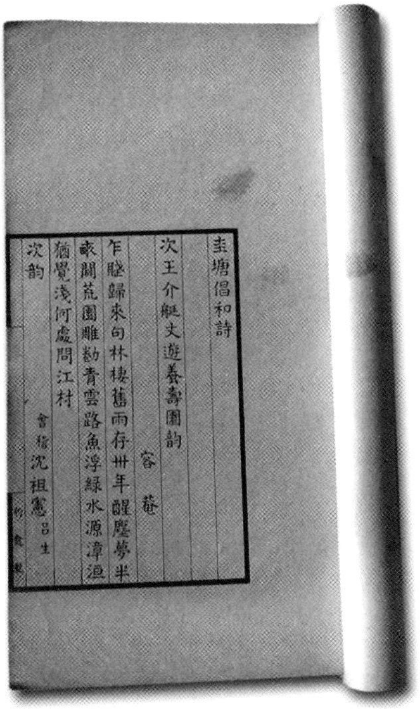

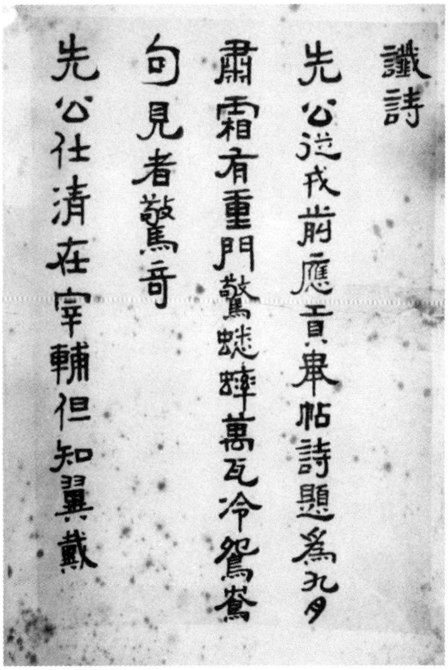

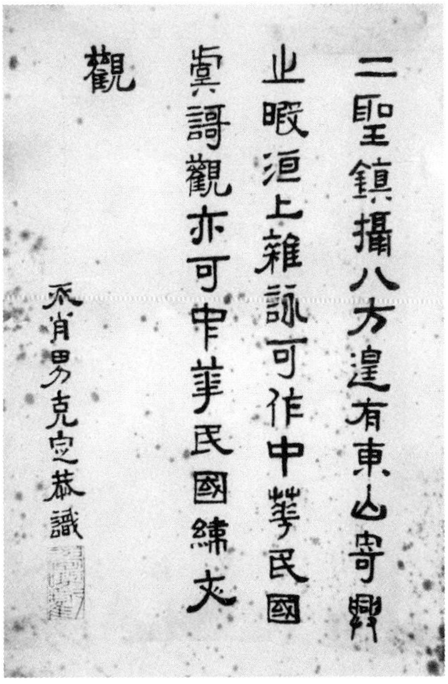

老年袁克定在家抄录的父亲袁世凯的诗词真迹。落款：“不孝男克定”。

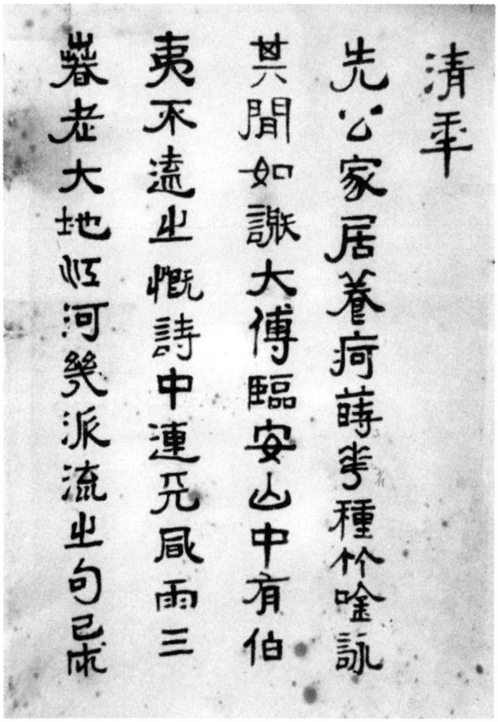
清平
先公家居養痾蒔花種竹唫詠
其間如謝太傅臨安山中有伯
夷不遠之概詩中連用風雨三
春老大地江河幾派流之句已萌

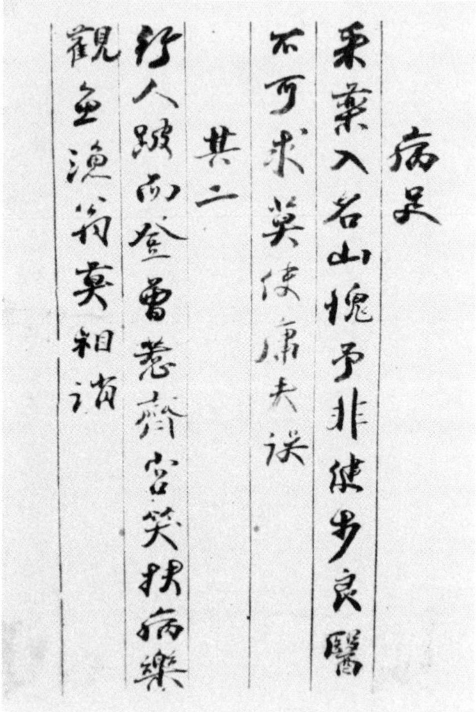
病足
采藥入名山愧予非健步良醫
不可求莫使庸夫誤
其二
行人蹤而登曾惹齊宮笑扶病樂
觀魚漁翁莫相訝

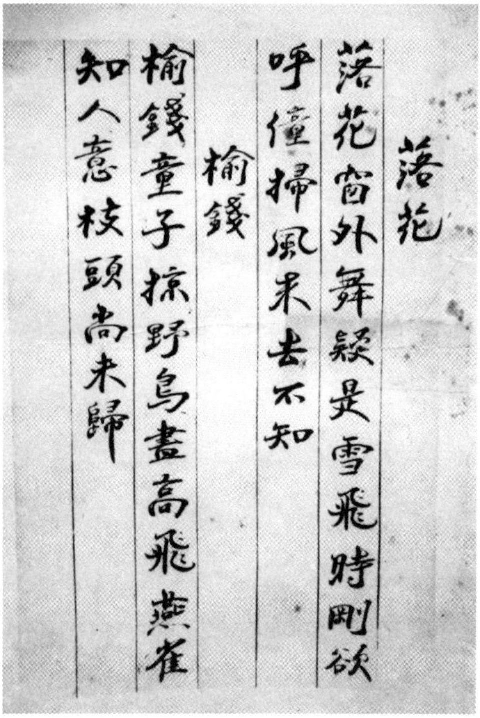
落花
落花窗外舞疑是雪飛時剛欲
呼僮掃風來去不知
榆錢
榆錢童子掠野鳥盡高飛燕雀
知人意枝頭尚未歸

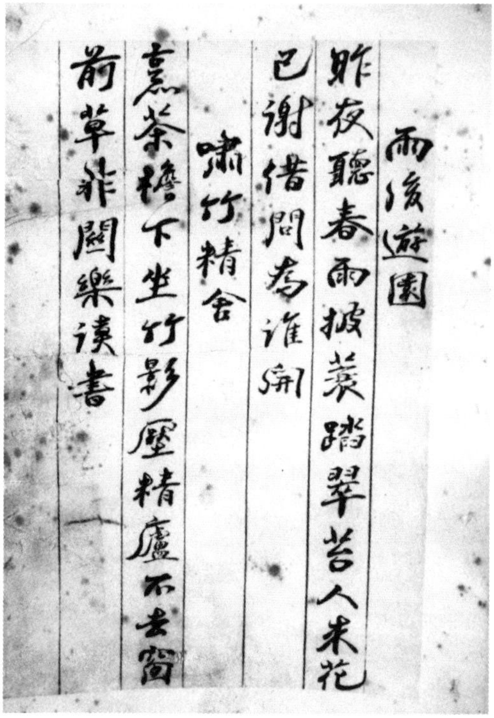
雨後遊園
昨夜聽春雨披蓑踏翠苔人來花
已謝借問為誰開
嘯竹精舍
烹茶檐下坐竹影壓精廬不去窗
前草非關樂讀書

袁世凯诗作，袁克定抄录。

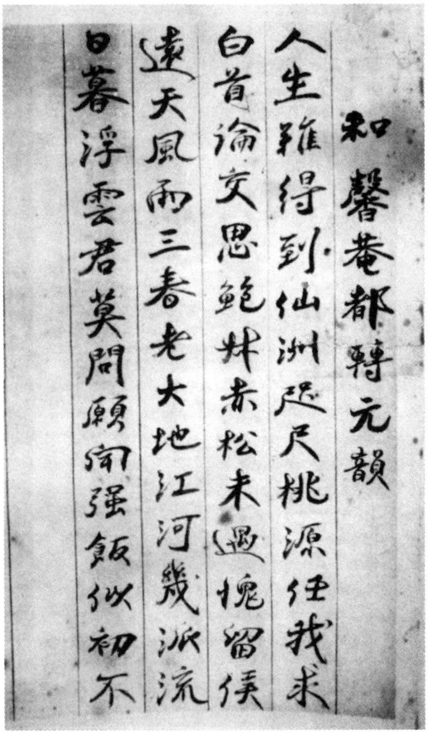

和馨庵都轉元韻
人生難得到仙洲咫尺桃源任我求
白首論交思鮑叔赤松未遇愧留侯
遠天風雨三春老大地江河幾派流
日暮浮雲君莫問願聞強飯似初不

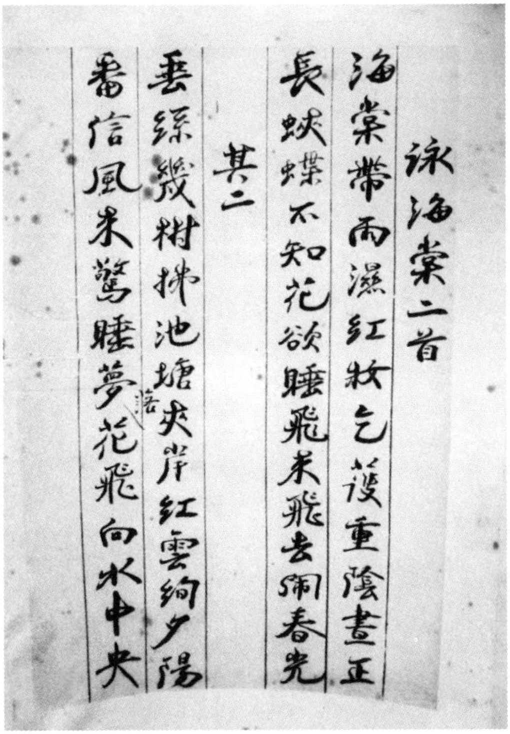

詠海棠二首
海棠帶雨濕紅妝乞護重陰晝正長
蛺蝶不知花欲睡飛來飛去鬧春光
其二
垂絲幾樹拂池塘夾岸紅雲絢夕陽
番信風來驚睡夢落花飛向水中央

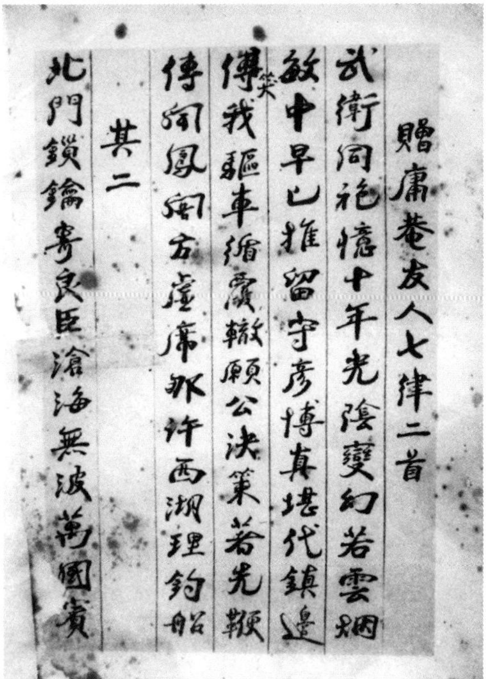

贈庸菴友人七律二首
武衛同袍憶十年光陰變幻若雲烟
敘中早已推留守彥博真堪代鎮邊
笑我驅車循覆轍願公決策著先鞭
其二
傳聞鳳闕方虛席那許西湖理釣船
北門鎖鑰寄良臣滄海無波萬國賓

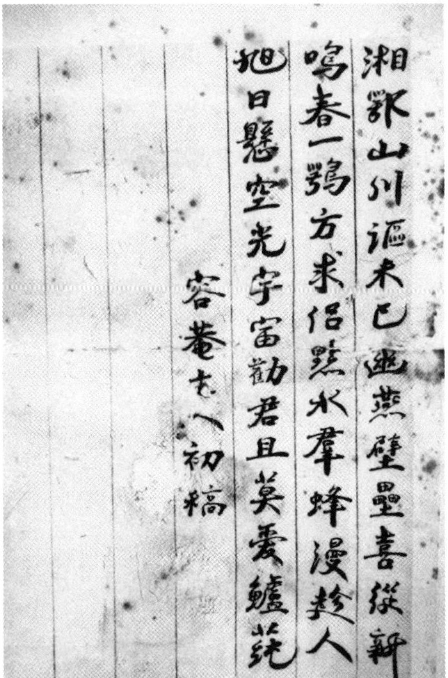

湘鄂山川遍未已幽燕壁壘喜從新
鳴春一鶚方求侶點水群蜂漫趁人
旭日懸空光宇宙勸君且莫憂鱸蒓
容菴七八初稿

袁世凯诗作，袁克定抄录。

养寿园俨然一个大观园

养寿园，俨然一个大观园！一个小“中南海”！

是的，“养寿园”的确有点北海、中海、南海的“三海”感觉。园北是洹上村的制高点——以太湖石堆砌的假山（似北海的白塔山）。“起伏的山上建有一个四角攒尖亭，可登临观赏园景。”（王碧岑语）袁世凯引洹水进园，清澈的河水被水泵抽到北山高处，于山上的人工瀑布飞流直下入一小河，河水叮咚，最后缓缓流进园南一个大大的人工湖——汇流池（似南海）。湖上也有一个小小的“瀛台”——洗心亭。

汇流池面积达十余亩，池中种荷植菱，“设小船以供游荡，建一木桥以供过池”。汇流池水通过平桥与鉴影池相接。鉴影池是汇流池的一个子池。

关于这个池子还要牵出一个收藏界赫赫有名的郭世五来，这人本为古董小商人，由某盐商推荐给袁世凯总督衙门。其人小聪明，善趋承伺意。养寿园汇流池落成后，袁世凯要宴客，一看池子里没有荷花，叹息说：可惜！郭听了立刻从北京丰台买了莲花数百盆，摆满池中。到宴客那天荷花盛开，袁很欣赏，称他能办事。

袁世凯筹备帝制时，任总统府庶务司丞的郭世五建议袁世凯效仿明清历代皇帝的做法，设御窑烧制瓷器供称帝后宫廷使用。袁世凯任命郭为陶务署监督，赴江西烧造“洪宪”瓷。郭烧制的高级名贵瓷器都打上“居仁堂制”印，成为今天收藏界的极品。此是后话。

围绕着这些水面，养寿园布下了八大景观，大小二十七处建筑。它们是养寿堂、谦益堂、五柳草堂、乐静楼、红叶馆、纳凉厅、澄澹榭、蔡心阁、啸竹精舍、杏花村、临洹台、洗心亭、垂钓亭、盖影亭、滴翠亭、枕泉亭、接叶亭、待春亭、瑶波亭、泻练亭、天秀峰、碧峰洞、椎风洞、散珠崖等，加上汇流池、鉴影池和卧波桥。

汇流池是袁世凯最得意的杰作。五大三粗的袁宫保，在这里展示了他“杨柳岸晓风残月”的一面。袁静雪说：“池内还修有一座水（洗）心亭，必须坐船才能到达亭上。每年夏季或月圆的时候，我父亲常和全家人划船过去，在那里吃饭赏月。他有的时候独自和我的生母三姨太太荡舟赏月。我母亲会弹七弦琴。这个时候，他对着皎洁的月光，听着悠扬的琴音，是十分高兴的。有的时候他俩一起下围棋，偶然一语不合，也会闹起气来。有一次我母亲竟气得把棋盘、棋子都扔到水里了。”

袁静雪接着说：“池里种植了一些荷、菱之类，养殖了很多鱼。我父亲喜欢吃的熏鱼，是二姨太太的拿手菜，她就常常养蟹，每个人都用高粱米和芝麻来喂养自己的螃蟹。等到秋深蟹肥的时候，大家都兴高采烈地自己捕来自己吃。”

袁世凯自号“洹上渔翁”编写的《洹上村养寿园图》

养寿园门。这门上的“养寿”二字为袁世凯五十大寿时西太后所赐手书。西太后格外开恩特诏照亲王例赐寿（清例大臣年至六十，始得有赐寿之典）。而“洗心亭”“五柳草堂”“乐静楼”等楼台亭榭的楹联匾额，均是袁克文亲笔书写，字体俊美。园内百花绽放，蜂蝶飞舞，芬芳四溢，如入仙境。

养寿堂。养寿堂位于养寿园的中央，是养寿园中最具代表性的建筑，周围有宽广的走廊，轩敞为全园之冠。养寿堂楹联为吴江费树蔚集龚自珍诗句：“君恩彀向渔樵说，身世无如屠钓宽。”由袁世凯属下绍县人沈祖宪所书。

养寿堂前。养寿堂前立有两块奇石，一状美人，一如伏虎，均得之于太行山中。养寿堂既是袁世凯的书房，又是袁世凯的客厅，袁世凯在彰德隐居时的主要政治活动，都在这里。

养寿堂后的景色

养寿园垂钓亭

1926年上海大东书局初版、袁克文所著《洹上私乘》，书里记录了不少养寿园的景点。这些景点拍摄时间和角度都与以往留下的老照片不同，颇有研究价值。里面还附圭塘倡和诗、围炉倡和诗等内容。

1926 年上海大东书局初版《洹上私乘》中的洗心亭照片，养寿园里的景点名称大多是由袁克文这个“曹植”苦思冥想出来的，这是他的强项。

袁世凯编写的《洹上村养寿园图》中的洗心亭照片。与上图对比，可见养寿园初建时的盛景。

袁世凯的经济头脑

袁世凯是颇有经济头脑的，他的动手和实干能力超过他老师李鸿章。而且他专干皇族贵胄和朝廷清流不屑一顾的那些“雕虫小技”。

中国军队的后勤供应历来是短板。打仗说是打枪炮，其实打的是后勤。千百年来汉家子弟收拾不了大漠上的胡人，根本的原因是吃稻米的汉军没有绵延千里的后勤支持，反之蒙古铁骑的粮草供应不似汉军那样拖拖拉拉。食肉的蒙古骑兵，粮食后勤跟不上了，就杀掉老弱病残的马匹充当军粮。后勤是正在创建中国新式军队的袁世凯绕不过去的一个命题。所以，在“彰德府秋操”时，为使受阅部队官兵吃上方便可口的食品，袁世凯想出了一种行军“方便饭”——大米淘净，以水浸泡 50 分钟，干湿相宜后再用蒸笼蒸熟后阴干。需要时用水泡 20 分钟后即可食用。

这个人对经营管理的兴趣不逊于军事。袁在做直隶总督时就说过：“官可以不做，实业不可不办。”现在他退下来了，可以理直气壮地宣布：“罢官归田，无他留恋，唯实业救国，抱此宗旨久矣。”

当时经商被叫作“实业救国”。在洹上村，袁世凯“救国”的名册下有京师自来水公司、豆腐公司、银矿、钱庄、当铺，他还集股办洛潼铁路，入股彰德广益纱厂等。

他倡导的水厂——京师自来水公司最有故事。水厂建成后，北京人不敢喝，怕“洋胰子水”里被洋人下毒。达官贵族仍喝玉泉山水。售水初期，全市只安装了 480 个水龙头。后来水厂在报上发消息，决定从 1910 年 2 月 1 日起，向全市居民赠水一周，“不取分文，随便取水”。自来水很快被京师百姓接受了。1910 年，北京城平均每天供水量 1613 立方米。但是好景不长。时间一久，国人的老毛病又犯了，居民中偷水的人越来越多，以致公司连遭亏损，股票到期也无力付息。最后袁世凯的美意成了一桩失败的买卖。

入股彰德广益纱厂是袁世凯搬入洹上村的一个很重要的原因。彰德广益纱厂东面大约有 800 亩的地可供发展——住，可以建一片大宅子；行，贯通南北的大通道——平汉铁路就在门口；农，有肥沃的土地供耕作，而且可以引洹水灌溉之；工，西面就是彰德广益纱厂。所以袁世凯闻讯大喜，立马将其买下，当月中旬就开工建设洹上村。

从中可以看到，袁世凯投资很有一套，是一步一算计——开始买下儿女亲家、天津大盐商何炳莹的一座 200 多亩别墅，然后再二期三期地追加投资，最后将 800 亩的空地都收入名下，一部分投股纱厂，一部分用来出租。最后袁世凯在洹上村方圆百里内买了不少土地，“据估计他的土地约占全县（安阳）土地面积的 60%”。

五柳草堂。五柳草堂居园西北，因堂前有五棵柳树而得名，取陶渊明弃官隐居之意。

红叶馆

袁世凯自得其乐

袁世凯在极不情愿的情况下被载沣一帮少壮派清贵刷了下来，这对一路顺风的他是多大的打击啊！多年来他一直苦心广结的人脉，这回看还是出现了结构性的缺陷。轰轰烈烈的事业戛然而止，这往后的日子怎么过？凭良心说这日子没法儿过了。纵观古今中外，菲律宾的马科斯总统被撵下台后不久客死他乡，伊朗的巴列维郁闷后得了癌症而死……但是没法过，这日子也得过啊。

袁世凯退隐的三年，基本上剥了他三层皮。他的生活也有三种过法，这可以从五姨太的话里琢磨出："回到河南彰德，大家都认为待不长，纳闷老爷为什么在洹河边上一气盖九个院落，又盖了压水亭和磨电房。园内洋槐垂柳，树荫蔽天，不可极望。老爷到哪都不忘对子女的教育，请了三名教师，教授英文、汉文和理化功课。第一年老爷还有些神魂颠倒，有时跪在慈禧太后像前，捶胸痛哭。第二年便时时自得其乐，穿蓑衣于湖边垂钓，一副闲云野鹤的样子，还请天津照相馆来洹河拍照。第三年来者大增，大多是老部下。老爷的干儿子段芝贵经常来往，带来京津土产和一架电影机，放映一些洋人跳舞、体育比赛、京剧片子让老爷开心。一次老爷让我找出一件银丝猴皮袄，送给来访的陆军大臣荫昌。尤其武昌兵变以后，老爷一天比一天兴奋。"

这些话都是袁世凯死了很多年后才说的，没有什么功利性的因素，而且是五姨太和自己的大儿子克桓以及克桓的同学闲聊时的话，应该是可信的。读了后才知道，原来袁世凯也不是神，并没有早就算好了会来场辛亥革命，也不是早有预谋地就把家安在离京较近的洹上村。那些后人所谓的传记，大多是为了证明某些先入之见，或迎合当时的某种政治需要。

用常识看历史，你会发现，其实袁世凯当时并没后人说的那么聪明。出于本能，他首先想的就是保命。所以，在河南卫辉和彰德的第一年，他惶惶不可终日，整天担心的是生命危险。情绪低落得一个人都不想见，一封像样的信也没回过。自己一个人老在那里解脱不了，想，想不通，想不通就流泪。流了泪，还是想不通，越想越委屈，人到伤心处就对着老主子慈禧太后的画像号啕大哭。这和"文革"时的老干部很相似，自己明明是热爱主席的，红卫兵却说你反对毛主席，要砸烂你的狗头，那个心绞痛啊，一点不比老袁此刻逊色。

这些恰恰证明他当时并没有反骨，还是热爱"大清国"的，最多有点清君侧的想法。同时也可看到老袁政治上很不成熟，感到委屈，感到恨，感到为他人受过（为谁？为庆亲王奕劻）。于是那一时，那一刻，袁世凯真有不如回家种红薯的颓废，所以他赌气也要在"洹河边上一气盖九个院落"，借此宣告：老子不跟你们玩了，我归隐了！

乐静楼。乐静楼在养寿园北面，此楼大概是洹上村除碉楼外最高的木建筑。该楼有何用？当年时常在楼下走过的杨景震说："园北面建小楼一座，内供慈禧太后像和御赐玩物。有时袁犯肝气即向太后像痛哭。"

养寿园碧峰洞。碧峰洞即碧峰嶂，垒石砌成，是养寿园的一大景观。碧峰洞绵亘鉴影池南，"若画屏焉"。碧峰洞有四个洞口，分别通向四面：北曰碧峰，通向鉴影池北；西曰屏移，进入竹林；东曰镜转，可达澄澹榭；南曰青霭，临谦益堂。四个洞口的题名，皆刊于诸石之上。

不能坐吃山空

此时的袁世凯已经从“中央领导人”摇身一变成了大地主。

袁世凯就是个大地主，这是真的。新中国成立后的第一个麦收季节，洹上村隔江相对的郭家湾，驻上了邺县一个区人民政府派来的工作队，袁世凯家正式被划为大地主。这里还有一个小段子：袁家收租子的事一直归管家徐静人（字东海）管。

1949 年安阳解放，徐认不清革命形势的发展，竟然在人民当家做主后，还继续为袁家收租效劳。麦收前，“徐大人”还到郭家湾等村查看小麦长势，并对佃户刘恒山等说：“你们打了场，早点给我送（租）粮食，不要让我再来催要！”

驻村工作队郭家湾村的刘尧、田臭只等七八个民兵，到裴家巷去找“徐大人”，让他到郭家湾当众算清农业税和剥削账。“徐大人”跳后墙逃跑，摔伤了腿脚，不能动弹，眼睁睁地看着袁世凯 40 多年的收租被画上了句号。

以上这些算是袁世凯开源生钱的一手。于小处，他还采取节流省钱的一手，力求做到农副产品自给自足。

袁静雪回忆道：“我父亲早就在彰德置买了不少田地，因此粮食是不成问题的。那时候，园里又饲养了家畜、家禽、活鱼，因此副食也就供应无缺。园子里产的瓜果等，还可以卖到市上换回钱来。他甚至在南方请来了一些蚕娘和纺纱娘（这些人也都住在宅子外面的‘裙房’里），让她们养蚕和缫丝。缫出来的丝，就送到他在彰德所办的纺纱厂里织成绸缎出售。他时常带着家里人去看她们喂蚕、缫丝。同时，也让各房自己喂蚕，自己缫丝，所得的丝价就归各房自己支配。家里还用了一个姓葛的采买，每天总要进城采办一次，每隔两三个月，还要专程到天津、上海购买那些彰德买不到的吃、穿、用的东西。葛在去天津、上海之前，总是逐一向各房问明需要买些什么。这时，各房就开列清单，交他办理。”

三姑娘的这段话无意间道出了袁世凯不回项城老家，来彰德府的原因之一：妻妾儿女要去北京、天津、上海等地买东西方便。想想也是，其实退下来的老袁，没了红头文件要批，每天面对的就是这 20 多个女同志的胡搅蛮缠。

综合袁静雪的话，我们可以看出，袁世凯的如意算盘是这样的——赚来的大钱用来应付 300 多口人的大开销，日常的小开支由鸡屁股和菜园子解决，实在不行，拿一些富余的自产物到自由市场去交换。瞧，“发展是硬道理”和“循环经济”这些眼下时髦的词，老袁 100 多年前就在身体力行了。

临洹台。临洹台在园的最南端，由山石堆积而成，“若岭若立”。攀登而上，洹水在其下，彰德城郭尽收眼底。其北则临汇流池。

谦益堂。谦益堂在园的南面，面汇流池，倚碧峰嶂，明窗四照，远碧一泓，南园之胜，一枕收之。“谦益”二字是西太后于1902年年初御书赐予袁世凯，袁世凯取之命之于堂。该堂楹联为：“圣明酬答期儿童，风月婆娑让老夫。”此为袁世凯亲拟。袁世凯还为谦益堂写了题记：“光绪辛丑季冬，皇太后御书‘谦益’二字赐臣某。圣意深远，所以勖臣至矣。园居成，以名堂，俾出入瞻仰，用自循省云。”

“归隐”也是演戏

一旦没了权，集八大臣于一身的袁世凯就是“草民”一个。其实1909年，袁世凯连“草民”都不如，自己的命自己都说了不算，整天价人一见风就打哆嗦。

就算没生命之忧，昔日朝堂上下呼风唤雨，何等威风，突然什么事儿都没了，搁谁谁都一时半会儿适应不了，比更年期还难熬。所以五姨太说：“第一年老爷还有些神魂颠倒。”这是真实的。

第二年，从各方反馈来的消息是——袁老尽管放心，至少您老生命无恙。听了这话，袁世凯一下子轻松了一半。再说此时，老袁在洹上村又结交了一批当地的新朋友，如何兰芬、王锡彤、李时灿等。加之退隐后的家庭生活平添许多天伦之乐，兄弟相谐，父子共读，诸多以前不得不有所割舍的乐趣慢慢地都释放出来了。

最后是人在乡间，对慢节奏闲情逸致的田园生活也渐渐适应了。这时的他和最要好的三兄袁世廉相聚了，哥俩一杯浊酒喜相逢，天马行空地说着地道的中原雅音，亲切极了。去他的谨小慎微，这些年官场上不能说、不想说、不敢说的话，这会儿都和自己的三哥掏了心窝子。

对袁世凯来说除了权和钱，这些年哪有这么淋漓痛快过。所以这时候的袁世凯在五姨太的眼里“一副闲云野鹤的样子”，而且是一只亢奋的野鹤。人这种动物大概还没进化完，一高兴就想炫耀。此时的袁世凯特别想炫给大家看看，所以他高薪请来了天津的大牌摄影师，一口气拍了“渔、樵、耕、读”四组照片。这四组照片是老袁的呐喊，是他的宣言，是他的“二月逆流”。

高兴之余，袁世凯还作了《自题渔舟写真二首》两首诗。

其一：

身世萧然百不愁，烟蓑雨笠一渔舟。钓丝终日牵红蓼，好友同盟只白鸥。
投饵我非关得失，吞钩鱼却有恩仇。回头多少中原事，老夫掀髯一笑休。

其二：

百年心事总悠悠，壮志当时苦未酬。野老胸中负兵甲，钓翁眼底小王侯。
思量天下无磐石，叹息神州变缺瓯。散发天涯从此去，烟蓑雨笠一渔舟。

那些天，袁世凯“即穿蓝洋布裤褂，照渔、樵、耕、读四种相片。渔即袁在小船上持篙撑船状，他三哥披蓑衣守鱼篓；樵耕即持农器工作式；读即读书式。登天津某报，人见之均羡慕其逍遥自在”。（杨景震语）

《蓑笠垂钓图》之一。这张著名的《蓑笠垂钓图》是在汇流池里拍的。王碧岑老人回忆道："袁世凯那幅传说有政治寓意的舟中蓑笠垂钓相，一看便知是在洹上村花园水池中拍摄的。当地老百姓也知道袁宅有个大鱼池。"

《东方杂志》第八卷第四号封面，1911 年（宣统三年）5 月 25 日发行。

《东方杂志》该期目录中有“插图：养痾中的袁尚书（四幅）”字样。很多书都提到《蓑笠垂钓图》在杂志上刊登，一直苦于没看到，现在有了实证。这里发表的是袁世凯和他三哥袁世廉一起的那张，发表时间为 1911 年 5 月 5 日。

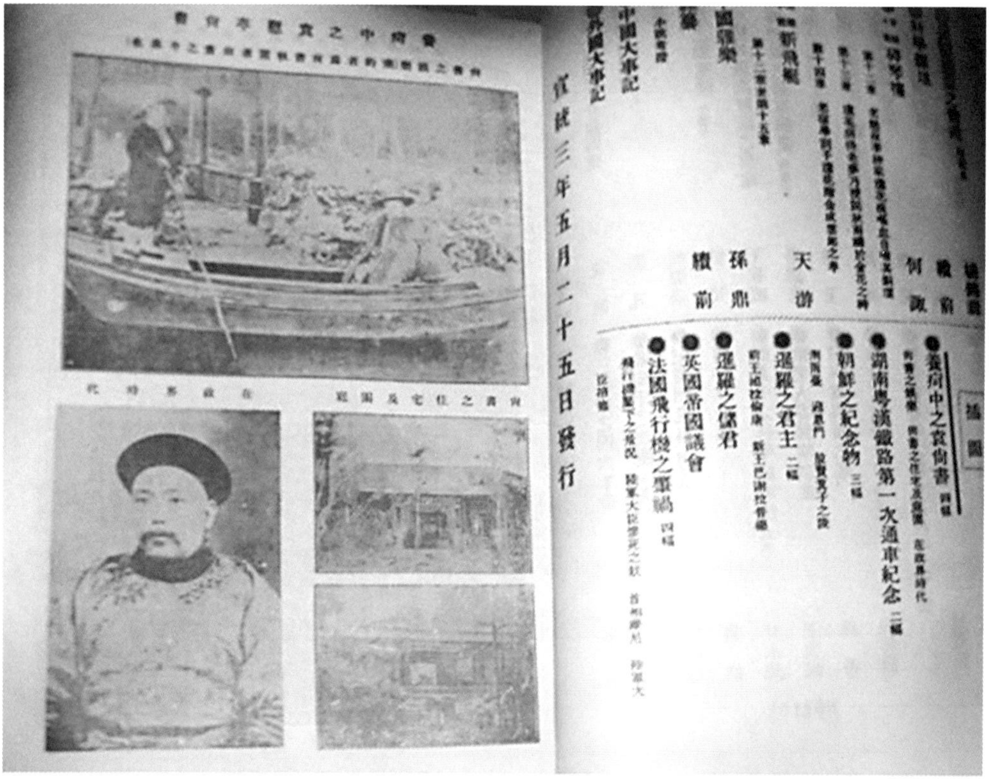

1911 年，《东方杂志》刊登的袁世凯和三兄袁世廉垂钓照片。左立者为袁世凯。

袁世凯与三哥袁世廉的垂钓图就是在图中的垂钓池拍摄的。这张照片来自于 1926 年上海大东书局初版《洹上私乘》。

“渔翁”的公关费

其实洹上村用不了几个钱，袁世凯很大的一部分钱被他拿来做维系“北洋体系”的政治投资。请看袁家的家教杨景震亲眼目睹的一幕：“某月日清政府派陆军大臣荫昌到彰德督师行营，住车站旅馆，荫于晚上到洹上村见袁。……当荫见袁时，放声大哭，说：‘四哥，数年不见，您的腿竟如此不能行动！’以后二人谈吃谈穿，袁叫人拿来银丝猴皮袄一件，令荫看视；荫云生平未曾见过，袁即将此皮袄当面赠送彼。”

想想，荫昌何等人，正白旗贵族，奥地利军校毕业，在德国入军队做实习生时与德皇威廉二世（时为太子）同队，清末新军施行新官制后唯一的一位陆军正都统（相当于陆军上将），最重要的是他还任陆军大臣。这么个满世界跑的清贵，什么没见过？可是“荫云生平未曾见过”！掂量一下吧，这绝不是一件一般的皮袄！

关键时候袁世凯舍命陪君子，将平时省吃俭用攒下的这件“旷世绝代”的银丝猴皮袄，潇洒地一送了之。五秒钟内老袁便送走了九房姨太太和十五个女儿一年的梳妆费。

接待严修是袁世凯的另一种“舍得”。1910 年 2 月，严修顺道经过彰德府，袁世凯闻之，先是“派厨丁送来烹饪，小碟四、大盘八、大碗四，肴馔可口，淇鲫尤美”。饭后，袁“遣四车来接”严修一行到洹上村，“宫保出见，谈甚畅”。

袁世凯亲自引导严修等人遍游养寿园内乐静楼、红叶馆、杏花村、五柳草堂等风景，“每至一处，辄坐憩茶话”。晚上袁世凯与袁克定亲自陪饭，饭后又与严修“畅谈不休”，11 时后方始“散归”。

第二天，严修去郑州，不仅袁克定早来送行，“候开车乃去”，袁本人则“派差官以柬来送，并送车票”。严修告之自己已经购票，差官受袁之命，执意定要严修等人退票，由袁方购买，“争让许久”，最后严修“不得已受之”。严修感叹：“项城之情意周至，不唯可感，亦可法也。”

查洹上村那三年的进进出出记录，朝廷一品大员，北洋顶尖人物，立宪派领袖，是个能上报纸头条的都来过这里。

有心人统计至少在 60 位以上。其中有唐绍仪、端方、严修、周馥、袁树勋、何彦升、王士珍、倪嗣冲、言敦源、段芝贵等，这些人来，袁世凯都有“送”的记录。用袁世凯对冯国璋的话说：“咱们内部首先要团结！”

这团结是要代价的。这“公关费”一年要多少？

严修（1860—1929），著名教育家。1883 年中进士，做过清朝翰林院编修，学部侍郎，掌管全国的教育。协助直隶总督袁世凯，积极倡导新式教育。1919 年创建南开大学。

严修与袁世凯一直关系亲密，并一度成为袁氏的家庭教师。1909 年袁被迫以“足疾”开缺，他是唯一上疏保袁，后又到火车站为袁下野送行的人士之一。民国元年（1912 年），袁当上了总统，多次邀他“入阁”，他都婉拒，并不断规劝袁认清形势，顺从民意。袁世凯对严修也始终毕恭毕敬，极尽“西席”礼遇，虽不为用，亦不以为忤。洪宪失败袁亡，严修亲自去吊丧，他与袁世凯可谓“君子之交”。

荫昌（1859—1934），满族。早年毕业于同文馆，被派赴奥地利学习陆军，与瓦德西将军及时为太子的威廉二世相交甚笃。后辛丑条约谈判时，李鸿章特意带上了荫昌，他也以瓦德西旧识的身份奔走斡旋，和约即成，荫昌得优赏。回国后，任至武备学堂总办，后擢升至陆军大臣。

满汉通婚开禁之后，袁世凯七女袁复祯嫁给了陆军部尚书荫昌之子荫铁阁。摄政王载沣上台后要杀袁世凯，荫昌曾经多次为袁求情，后才将袁放逐回籍，所以袁一直视荫昌为“恩上”，另眼看待。

武昌起义后，清廷急派荫昌率北洋军南下镇压。荫昌特意经彰德洹上村面见袁世凯，请教制敌之策。

1922 年末代皇帝溥仪结婚时，荫昌以总统府侍从武官长的身份代表中华民国，以对外国君主礼节向溥仪表示祝贺。鞠躬后突然下跪磕头，说刚才代表民国，现在却是“奴才自己给皇上行礼”。1934 年病逝，时年 75 岁。

洹上村到底住了多少人

除袁世凯外，这个大院里到底住了多少人？

洹上村家教杨景震曾经做过一个统计：“正太太一人，姨太太八人，男孩子十五人，女孩子九人。凡孩子生下来即雇奶母保育，男孩六七岁即有男听差看管，各屋内均有丫头一二人。袁本人有上差四五人，院内有干净女仆二人侍候，外边各办公人有二十余人，各办公人各有听差一人。厨房五六人，理发匠一人，管理电灯房二人，修理花及浇花四五人，尚有轿夫十余人，熬参茸汤者一人，管事听差者四五人。只此可计之人数即与部院大衙相类，其余附役小男孩则不知其数矣。”

呜呼！粗算下来近200人！袁静雪也说“有几百人”。但是一位叫布洛克的法国博士去过洹上村，他在《纽约时报》1911年11月12日的报道中说有300人！两者之间的人数相差近一倍！

我想这可能是洹上村的两营马队被法国人算进了总数。杨景震没算是有道理的，一是这些军人都住在洹上村外一墙之隔的西营房，属于寨墙外的人；二是他们系由官方派来参加这里的警卫工作，薪水不是老袁发的。

以前人说洹上村就这一家人，算不上个村，现在知道了吧，这一家人就等于上世纪五六十年代的一个生产大队！

对于这个300人居住的“村子”，法国博士布洛克算是第一个向全世界做详细报道的人，而且是刊登在美国第一大报《纽约时报》上。我们抄录如下：

袁世凯的彰德府花园

1911年11月12日：巴黎，10月28日电

布洛克博士近日在前总督袁世凯家里拜访了他，并将此次拜访的所见所闻向笔者做了绘声绘色的描述。他说：“我在6月的一个清晨，坐上京汉铁路的火车离开北京，到达彰德站时已是夜幕降临时分。袁世凯一辆精巧的中式马车由一头精壮漂亮的骡子拉着，载着我从车站来到前总督袁世凯阁下的府上。我呈上随身带的一封介绍信，是前总督的长子袁云台（袁克定，字云台——作者注）写给他父亲的。于是我马上受到了袁府的家庭医生和前总督的小儿子的接待。他们把我引至一间客房，这间房外形设计具有典型的中国特色，而房内陈设却又具有欧式风味。整个房子灯火通明。

第二天早上，前总督表达要见我的意思。他身穿白色丝质衣服，尽管留着白胡须，但看来他的身体仍十分健康，53岁的年纪在他身上只依稀可见。他落落大方地告诉我，他愿意接待我是给予了我很大的恩惠，因为，自1908年以来，他就一直过着一种隐居生活。

澄澹榭。澄澹榭面北，枕鉴影池，倚东垣下，西接叠嶂，左为碧峰洞，中悬一巨镜，恰将天秀峰景色纳于其中，“若幻境焉”。澄澹榭额书有“澄澹”二字，联曰：“芳沼拂席，垂檐带空”，为袁世凯的次子袁克文所书。澄澹榭周围植有花竹，其侧有高石泻泉，潺湲弗绝。

泻练泉

渔翁袁世凯

夜来人静，当管家徐静人将账本一笔笔念给他听的时候，袁世凯心里不能不算计。但第二天，他会一如既往、满面春风地接着送，一直到把他自己送进中南海。

1911 年辛亥革命突起。大概被经济逼急了，袁世凯出山的时候，第一次在冠冕堂皇的大条件下开了个小条件——要求摄政王载沣落实老干部政策，补助他这些年受迫害的经济损失。载沣给了他 60 万两银子。唉，老袁缺钱到了这个份儿上，连老干部的高风亮节都不要了！

可是，经济效益上去了，洹上村却被弄得有点儿不伦不类——养寿园北面养着鸡鸭鹅等家禽，你可以说他袁世凯是王羲之观鹅，其实人家袁老想的是“清蒸鸭子”（袁基本上顿顿少不了鸭子）；园子西北辟有菜园、瓜园、果木园、桑园，你可以说他是仿效陶渊明“采菊东篱”，可袁宫保分明想的是自己动手，丰衣足食。

浪漫的法国布洛克博士来到养寿园，看到园子里美丽的小鹿在自由地嬉闹，以为园主人有巴伐利亚贵族遗风，他哪里知道我们的总督大人为的是那带血的骨质状鹿茸。

袁世凯喜欢吃鱼，最爱开封黑岗口的黄河鲤鱼，主要用来做一道熘鱼焙面。想当年，“卫辉县令每日令人捞取，贮泉水于大木桶中，由火车运京”。

开封是黄河鲤鱼的主要产区，以开封郊区段黄河所产为正宗。此段黄河西自回回寨，东到柳园口，长十余公里。黄河出邙山后，进入豫东平原，流速减慢，河面变宽，阳光照射充足，是黄河鲤鱼天然的生息繁殖场所，所以此段黄河鲤鱼优于其他段所产的黄河鲤鱼。光绪皇帝和慈禧太后，避八国联军之难时曾在开封品尝过“糖醋熘鱼”，慈禧膳后，写了赞美黄河鲤鱼的对联：熘鱼出何处，中原古汴州。

袁世凯本来就喜食这鱼，听说太后喜欢，更是爱之如命。原来在北京，因为路远，不能常食之，现在退隐了，住在洹上村，虽离开封不远，要吃到活鱼也不容易。于是他只能退而求其次，在家里的池塘里养鱼、钓鱼，解决口腹之欲。袁世凯越吃越精，知道要想吃起来好吃，打捞上来后还要在清水里放养两三天，待其吐尽泥土味，方能烹食。于是我们便有了这张“袁尚书《蓑笠垂钓图》”。

养寿园卧波桥照片。这张照片来自于1926年上海大东书局初版《洹上私乘》。

袁怕再吃教育亏

1909年到1911年，这三年对彰德府这个头号大地主来说，是个风调雨顺的年头。袁家虽拥有周边良田万亩，可是有老天爷帮忙，有管家徐静人具体操办，刚当上大地主的袁世凯没有什么大的农事烦心。这时候，苦闷袁世凯一辈子的“学历”情节便涌上心头。

袁世凯小时候“不肯好好念书，经常外出玩耍，喜欢打拳、骑马、下棋、赌博。他十二三岁的时候，就喜欢骑着马四处游玩”。（袁静雪语）别看他小时候不喜读书，耽误了八股一类的“圣贤书”，却因“少文”“干实事”阴错阳差地成就了另一番事业。可是在他的心底，这“读书”二字始终是块心病——给人写个条幅一口一个惭愧，惭愧！惭愧什么，字不行！你看到袁世凯正正经经写过一手好行草吗？今天小篆，明天隶书，后天又带点儿魏碑，他老变换字体，为什么，心虚，书法功力不够。不过他给两宫的奏折，慈禧太后还是挺欣赏的。可是这些奏折，实际上是他让一个叫阮忠枢的小伙子全权代笔的。这个阮忠枢跟了他一辈子，写了无数个报告奏折。据说晚年时兴民国新文体，阮忠枢才自叹弗如，渐渐地淡出袁的写作班子。可是袁记着小阮的功劳，他对外说：袁就是阮，阮就是袁。肚子里墨水不多，终归是个遗憾。那些个清贵、八旗子弟和所谓的清流总爱私底下拿他这个“少文”开涮。袁世凯毕竟没有经过科举一途，心有点虚。三女儿回忆说，后来“害人的科举制度，也就由此而被废除。我父亲以后经常谈论这件事，他认为这是他这一生中最为得意的事情。他说，他是从小就痛恨这种科举制度的”。恨什么？恨这个制度曾经羞辱了他。

长子袁克定早年和湖南巡抚吴大澂的女儿吴本娴定亲，袁世凯曾经特别关照克定“须十分下工夫读书，方可见其岳翁，不至遗笑”。笑什么？怕人家博学鸿儒笑他们家不学无术。这方面老袁特别敏感。在洹上村的日子里，袁读书，练字，写诗，一样不比京城里的那些翰林们少。这还不够，吃够少文的苦头，他下决心要在儿女们的教育上弥补自己的不足。杨景震那时候正年轻，卫辉退隐时袁世凯请他来教“理化科学”，后一直跟着老东家到中南海。民国四年（1915年）袁世凯还利用手上的公器授给杨景震一个少大夫，是年7月又给了杨一个四等嘉禾章。袁世凯对有文化的人是敬重的。见面后，袁世凯“云彼有腿痛病，不能远送。每月初发薪，每年有寒暑假，每假一个月，届假期辞行前即将路费40元及礼物送来。有一次送白燕窝两匣，暑药数种”。杨景震和其他三位教师开始教袁的六个儿子。洹上村的家校就设在住宅院的二门东院。每天袁世凯一起床，就能听到东面传来的琅琅读书声。“白天袁一人逛花园，右手持手杖，左手扶听差，经过家校往往赴校看学生上课，观其意旨，颇尊师重教。”

袁世凯和部分儿女合影（1904 年左右）

THE YOUNGEST SONS OF THE IMPERIAL PRESIDENT OF CHINA

袁世凯小儿子们。左起为十二子克度、十三子克相、十七子克有、十一子克安、十五子克和、十四子克捷。

教育孩子，袁世凯没少下功夫

袁世凯拿出小站练兵的绝招，亲自手书了《训家塾诸生条规》11条，比如他不让孩子们看文学作品，因为“其小说诸书，易乱心曲”，如“烟酒等类，亦切忌入口，以重卫生”；又如“不准出二门”。袁又定了学校自省室简章。其中规定入了室，吃饭大小便老师必须全程监督；禁闭期间，禁闭者必须在室内不断咏读格言和家规，出来要写检查。洋洋洒洒数百字，老军头袁世凯没有一处建议动手打孩子的。

每到年终大考，所有的考卷都要给袁世凯亲自过目，考后按名次发给孩子们奖品。

重教育确实是袁世凯一贯提倡的，就是在他公务缠身的时候，家书中也会不厌其烦地对10岁的袁克文严格要求：“近闻你行事喜效名士，此非具有真才实学者……安得将所读之经史子集，尽记头脑，以充腹笥，唯有勤动笔多思一法。于读书时，将典故分门别类，摘录于日记簿，积久汇成大观。”他还给克文的学习支着儿：“早起：黎明即起，醒后勿贪恋衾裯；习字：早餐后习字五百，行楷各半；读经：刚日读经，一书未完，勿易他书；读史：柔日读史，日以十页为限，见有典故及佳句，随手分类摘出，以资引用；作文：以五十为作文期，以史论时务间命题，兼作诗词；静坐：每日须静坐一小时，于薄暮时行之，兼养目力；慎言：言多必败，慎言，即所以免祸；运动：早起临睡，须行柔软体操；省身：每日临睡时须自省，一日作事可有过失，有则勿惮改，无则加勉；写日记：逐日记载毋间断，将每日自早至夜，所见所闻所作之事，一一记出。”

洹上村的读书条件没有天津好，袁世凯就送四子克端、五子克权“进天津南开学校读书，说明愿意捐3000元给该校，并要求准许他的两个儿子携带‘戈什哈’（满语，即马弁）两名随护，校长张伯苓怕其在校中惹事，拒绝了。袁世凯就转送他们进入新学书院，也是以捐给该书院3000元为条件。因此新学书院特建一座‘袁宫保堂’表示纪念”。（家庭医生徐正伦语）

更有甚者，后来他的孩子还结伴儿去国外留学。这件事情《纽约时报》有报道：

袁世凯的儿子们将在这里学习

明德：12月20日

中国第二任大总统袁世凯的四个儿子今天抵达这里，并成为明德学院的学生。他们的年龄从12岁到17岁，他们会在这个国家待上八年以完成他们的学业。

袁的大儿子袁克定就是一个“通英、法、日三国语文，汉文书读的亦不少，书法写碑很有功夫”的人（杨景震语）。杨景震对其子女也均有观察：“次子克文颇有才学，书法学问见重国内，花园内多所题词。三子克良犹在家校受课……克良以下多无文管。”

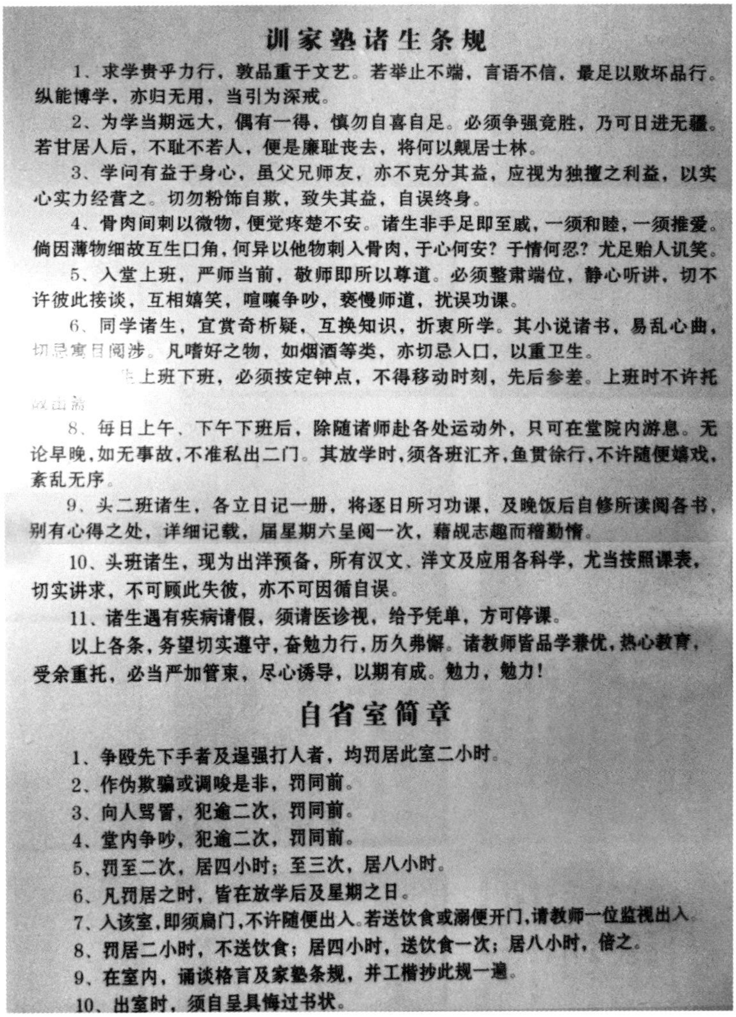

训家塾诸生条规

1、求学贵乎力行，敦品重于文艺。若举止不端，言语不信，最足以败坏品行。纵能博学，亦归无用，当引为深戒。

2、为学当期远大，偶有一得，慎勿自喜自足。必须争强竞胜，乃可日进无疆。若甘居人后，不耻不若人，便是廉耻丧去，将何以觏居士林。

3、学问有益于身心，虽父兄师友，亦不克分其益，应视为独擅之利益，以实心实力经营之。切勿粉饰自欺，致失其益，自误终身。

4、骨肉间刺以微物，便觉疼楚不安。诸生非手足即至戚，一须和睦，一须推爱。倘因薄物细故互生口角，何异以他物刺入骨肉，于心何安？于情何忍？尤足贻人讥笑。

5、入堂上班，严师当前，敬师即所以尊道。必须整肃端位，静心听讲，切不许彼此接谈，互相嬉笑，喧嚷争吵，亵慢师道，扰误功课。

6、同学诸生，宜赏奇析疑，互换知识，折衷所学。其小说诸书，易乱心曲，切忌寓目阅涉。凡嗜好之物，如烟酒等类，亦切忌入口，以重卫生。

……上班下班，必须按定钟点，不得移动时刻，先后参差。上班时不许托故出游。

8、每日上午、下午下班后，除随诸师赴各处运动外，只可在堂院内游息。无论早晚，如无事故，不准私出二门。其放学时，须各班汇齐，鱼贯徐行，不许随便嬉戏，紊乱无序。

9、头二班诸生，各立日记一册，将逐日所习功课，及晚饭后自修所读阅各书，别有心得之处，详细记载，届星期六呈阅一次，藉觇志趣而稽勤惰。

10、头班诸生，现为出洋预备，所有汉文、洋文及应用各科学，尤当按照课表，切实讲求，不可顾此失彼，亦不可因循自误。

11、诸生遇有疾病请假，须请医诊视，给予凭单，方可停课。

以上各条，务望切实遵守，奋勉力行，历久弗懈。诸教师皆品学兼优，热心教育，受余重托，必当严加管束，尽心诱导，以期有成。勉力，勉力！

自省室简章

1、争殴先下手者及逞强打人者，均罚居此室二小时。
2、作伪欺骗或调唆是非，罚同前。
3、向人骂詈，犯逾二次，罚同前。
4、堂内争吵，犯逾二次，罚同前。
5、罚至二次，居四小时；至三次，居八小时。
6、凡罚居之时，皆在放学后及星期之日。
7、入该室，即须扃门，不许随便出入。若送饮食或溺便开门，请教师一位监视出入。
8、罚居二小时，不送饮食；居四小时，送饮食一次；居八小时，倍之。
9、在室内，诵读格言及家塾条规，并工楷抄此规一遍。
10、出室时，须自呈具悔过书状。

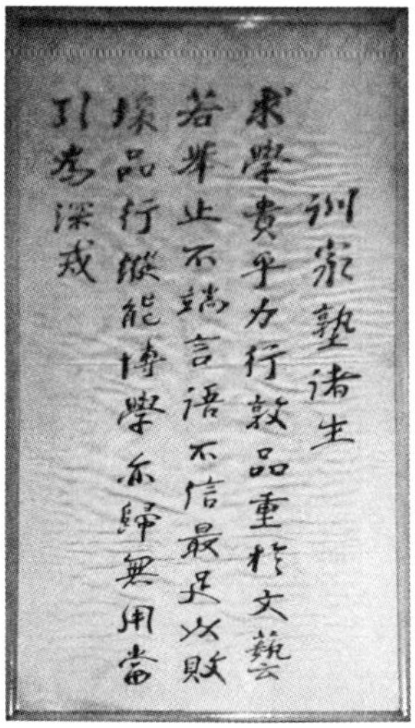

袁世凯在洹上村订立的《训家塾诸生条规》。看得出，袁世凯拿出小站练兵的干劲来训练他的众多孩子。条规也有不少直接来自于练兵时的旧条。

“太太学堂”

杨景震教的是男馆，但是袁静雪另有说法：“当时只有女馆，所请的老师也是女的。设女馆的用意只是让他的几个姨太太读些书，我们大一些的姐妹们跟着认识些字罢了。后来，他在军机大臣任上住在北京锡拉胡同的时候，和以后被罢职住在彰德时，也都只设女馆。……直到我家搬入了中南海，才分别成立了两个专馆。”

袁世凯的儿女教育花样不少，有些直接移植小站练兵的“成功经验”，比如提倡有奖有罚，以奖励为主。“每次考试的第一名是有奖励的。……在考试的前夕，我父亲总要问问我俩，这次果考了第一名，要些什么东西。假如我真的名列第一并在考前说是要一架新式铜床的话，那么，名次一定，新式铜床便也抬到我屋里来了。”（袁静雪语）

不但是儿女，袁世凯还把姨太太们也赶上了学堂。他在家里平时直呼姨太太“老二”“老三”“老四”，在“太太学堂”里让老师们给她们起了新学名，“五姨太太叫作志学，六姨太太叫作勉学，八姨太太叫作潜学，九姨太太叫作勤学”。可是名字换了，姨太太性质没变，“某姨太太忽然站起来说‘杨先生，我请一会儿假’，接着她便走出了教室，向自己的丫头问‘总统吃的饺子预备好了没有’，或是再吩咐一些别的问话，然后再回到教室继续听讲”。（袁静雪语）

这些都是花絮，无关紧要，最重要的是袁世凯在教育上的投入是相当大的。我看了袁静雪以下的这段话有点儿吃惊：“女馆的女老师们，也住在专馆里，也专有一个厨房供应她们的伙食，专用了一些女佣人来伺候她们。她们的月薪，大约是每人 100 元。”不说其他的福利，光这 100 元，袁世凯出的价已经可以请来鲁迅先生了！难怪袁静雪说：“这样一些物质待遇，在当时说来，算是很优厚的了。”相当优厚，从购买力说大约等于现在一万多！

老袁一般对孩子是“五讲四美”的，但是也有猴急的时候，这时候，他便露了军人本色。“对儿子们，有时甚至用皮鞭或木棍抽打。在彰德，有一次四哥偷偷地跑到养寿园里的水池内捞鱼，正在捞得高兴的时候，猛然听得岸上‘哦’的一声，似乎是我父亲的声音，他赶忙跑了上来，却是五哥在假装着捉弄他。第二天他又去捞鱼，同样地又听见‘哦’的声音，他认为一定是五哥搞的鬼，便喊了一声：‘好你个老小子！’不料，这次却真是我父亲带着一些人来散步了。当时我父亲就叫丫头把四哥从水边拉了上来，不容分说，用棍子打了一顿。因为三哥克良不爱读书，又娶了唱戏的孙宜卿做姨奶奶，所以我父亲最不喜欢他，挺大的人，有时也要挨打。”（袁静雪语）

这是袁世凯 1914 年中华民国大总统任上的自题。贵为大总统，他对自己的评价是：“不文不武，忽朝忽野，今已老大，壮志何如。”这里有自谦，也有自责和自卑。

清末，一些清朝贵族在家中开办学堂，以家族子女为学堂生员主体，一般规模不大。在私塾里，男童习字，而女童则手持针线学做女红，仍属“男女有别”的传统家庭教育方式。据了解，晚清时期，私学（私塾）仍然占据着重要和主流的教育地盘。

一个不低调的“离休干部”

从位极权重的朝廷正一品到洹上村池塘边的一介垂钓老翁，似乎告诉人们袁世凯如今很低调，很心满意足，没有一点儿逐鹿中原的野心。但是袁世凯不是那样的人，此人内心深处是一个不安分的种。两只咄咄逼人的乌黑大眼睛日夜都在观察、思考，求改变。

唉，江山易改，本性难移。您老当时怎么被人打回老家的？不就是得势不饶人，1906 年到 1908 年那阵，您老飞扬跋扈，挤对人家不说，还以立宪派领袖自居想成立责任内阁。什么责任内阁？在载沣等人看来就是狼子野心，“篡国夺权”。结果被人联合起来给做了。

做人还是应该低调点儿！

可袁世凯偏不低调，逢过年或过生日，他还请来北京京剧界名角如谭鑫培、王瑶卿、王晦芳、杨小朵等来唱堂会，好不热闹。

这种悠闲又嬉闹的生活深深地感染了袁世凯，以致后来到中南海居仁堂里他仍保持着：“每日公余到晚间，袁率全家人口逛花园，进晚餐，与在洹上村时情形相同。”（徐正伦语）

到了第三年，那帮清贵少壮派组成的清廷，慢慢地显出能力低下的毛病。所以，慢慢地留在位子上的袁党老部下开始想老领导了，思念以前的“革命路线”了。开始一两个人偶然路过，参见参见，拜访拜访，后来大家成群结队地找上门来。老战友、老部下聚会是个什么样子，大家可想而知。

这中间当然有一个摄政王载沣默许的前提。载沣家的兄弟仨并不恨袁世凯本人，载涛还和袁世凯一同视察过新军训练，你想袁世凯会不利用这个机会，极力讨好载涛？他们恨的是重兵在握的袁世凯，飞扬跋扈的宪政派领袖袁世凯。现在袁世凯老实了，军权也没了，老乡一个。奉命前去护卫实则监视的袁得亮被袁世凯的糖衣炮弹拉下了水，不但没有将实情报告中央，还替袁说好话，甚至还把北京的肃亲王派密探到河南的消息泄露给“同宗”的袁世凯。

警报解除了。这时候那些清贵似乎自己也在做反省，有点儿于心不忍，是不是当时对人家老袁太狠了。历史往往是相通的，读不明白就拿自己亲身经历过的历史来想象。这叫用常识看历史。要知道我们和百年前的人在生物基因上几乎没有任何两样。将心比心，人心都是肉长的。

这么一想首先就解决了最近史学界争论的洹上村电报房到底有没有的问题。

归隐了还搞什么“电报房”？

以前都说袁世凯退而不休，私设电报房，眼观六路，耳听八方，联络部下，待机谋反。广州的骆宝善先生以严谨的推理说：“No。”其理由：一是私设电报房，在那会儿不容易也不容许。二是袁克文说当时设一二人，只是去彰德商业电报房取电报纸的。可是，最近有人从1911年一些回忆录里证明确有私设电报房的事。

事物是处在不断变化过程中的。而袁世凯的洹上村那三年是一年一个样，三年大变样。

第一年，袁世凯没有设电报房的必要，因为他自己还没缓过气来，顾不上这些锦上添花的事儿。偶然有事，应该是采取袁克文在其《辛丙秘苑》中记述的，养寿园并无电报房，只有管理文电的“司电报者”。这个时候设电报房，大大地犯忌，正好坐实了载沣他们的怀疑。袁世凯连这点政治觉悟都没有，就不配享用“窃国大盗”四个金光灿灿的大字。

所以第一年，1909年，袁府对外联络的电报应该是通过彰德的电报局“透明”收发的。

第三年，1911年就难说了。

1911年的那个冬天，全中国期盼的眼光都聚焦在河南彰德府的洹上村。何止中国，应该说是全世界的人都对这个不足300亩的庄园投入了关注的目光。经过辛亥革命半个月的折腾，袁世凯的名字被所有的人搬到桌面上来议论了。革命党人、清廷、洋人、北京大街上的旗人，各色人等都在暗地里提到一个已被剥夺了所有权力的退隐老人的名字。各种对中国问题的解决方案里，似乎都给这位洹上村逍遥自在的垂钓老翁留出了一个位置。可偏偏这时候老袁来劲了，他在那里扭扭捏捏，犹抱琵琶半遮面，不给组织上一个准信儿。战场形势一日三变，这时的政府决策层、新闻界、列强，都有洹上村信息饥饿症。这时候就是袁不设电报房，估计摄政王载沣也要给他设一个（载沣连自己的位子都肯腾出来让袁世凯上，还有什么不能答应的）。这首先为的是政府方面方便，而且可以冠冕堂皇地对外说，为的是军事上咨询有过丰富斗争经验的袁将军，以便他“发挥老干部的余热”。

再说那会儿科技也是一日千里。查1911年，民间的电报业务在大清国已经很普及了，以至于该年4月上海电政局不得不移至都城北京，成立一个覆盖全国的“电政总局”。所以1911年为老袁装个电报，可能就跟20世纪80年代普通家庭装个电话的难易程度差不多。再不行，于那样的形势下，袁世凯的部下也敢自作主张，从军队里调一台电报收发机给老领导用。如果上面问下来就说：对敌斗争的需要。

亲历者看到的“电报房”

陆军部秘书科长恽宝惠宣统三年（1911年）八月二十四日随同陆军大臣荫昌南下征讨武昌兵变时，在洹上村看到这样的情景：“路过院中，见某室挂有电报处牌子，机声嗒嗒，聆之甚晰。”至于后面那句：“其时袁尚系罢斥在籍之人，而仍有此种不应有之设备，盖各方面电报消息，此三年中固无一日之隔阂也。”以上似乎属于这位秘书科长的推断，说明不了什么。再看军法处处长丁士源记载的宪兵报告：“袁家有电报房。天津制台衙门电报生厉姓者，司电报之事。丁询曰：电线是否接通铁路京汉局电线。宪兵曰：然。丁即令秘书官恽宝惠注意。因京汉路有二线：一为直达北京；一为各站联络之普通线。故行营电报挂线时，必须两线均挂。致北京电，须用直线。恽曰：知之矣。”这更加说明，这个时候军部和有关单位已经和袁世凯成功地开辟了第二条便捷的沟通渠道。

所以说，此一时，彼一时。时代在变，载沣在变，老袁也在变。只能说老袁命好，终于让他借辛亥革命之机，等到了一个政治上最有利的地位。

后人对这段历史往往事后诸葛亮，说他是人在曹营心在汉，在彰德府洹上村上的是“临时户口”。其实，他是做了“扎根”洹上村一辈子的打算的，为此他把下辈子的钱怎么挣都设计好了。可以这么说，袁项城决定不回老家项城，在彰德府安家，一大半是因为经济原因。大概是老袁从前只顾政治上往上爬，忘了兼顾捞钱的事儿了。没想到，突发事件来得这么急，老袁一大家子退隐后的生活费还没有准备充足。所以经济问题是目前矛盾的主要方面。

他曾说过，考虑彰德洹上村“爱其朗敞宏静，前临洹水，右拥（太）行山，土脉华滋，宜耕宜稼，遂购居焉”。前面一句“爱其朗敞宏静”，是袁世凯的“假名士”做派。后面那句“土脉华滋，宜耕宜稼”，才是来洹上村的原因。我实地去过洹上村旧地，可以想象，100年前，那是个前不着村后不着店的“旷野”之地。袁世凯做事情不爱硬来，他见到这里没住家，便认为会少了许多拆迁的麻烦。清代的钉子户一定不比咱们今天素质差。更有甚者，此时背运的袁宫保稍微出点事儿，北京的旗人在茶馆里是可以说上三天三夜的。所以非常时期，袁世凯就做了非常决断。你可以说他是不得已为之，也可以说他是老谋深算。

1911年10月11日，天上掉馅饼，辛亥革命爆发了。据说传到洹上村已经是第三天了。这天正是袁世凯52岁寿辰。宴席上的宾客都相顾失色，袁却捻着日耳曼军人的牛角胡子，神情释然。

袁知道，他袁世凯的新时代到来了！

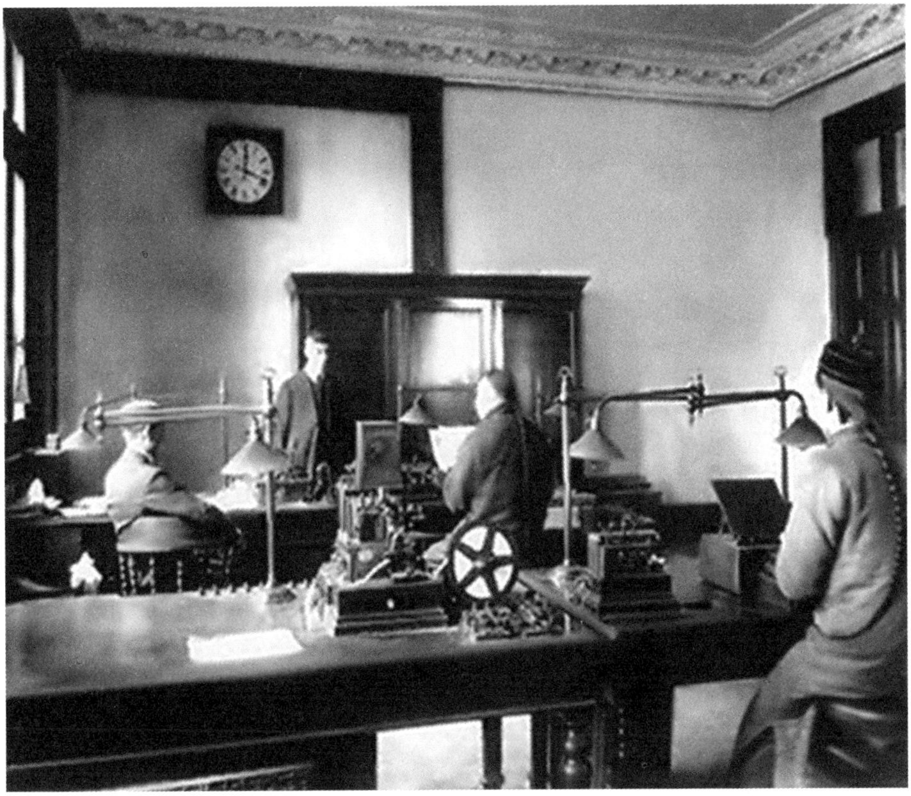

清代的电报局，摄于 1906 年。

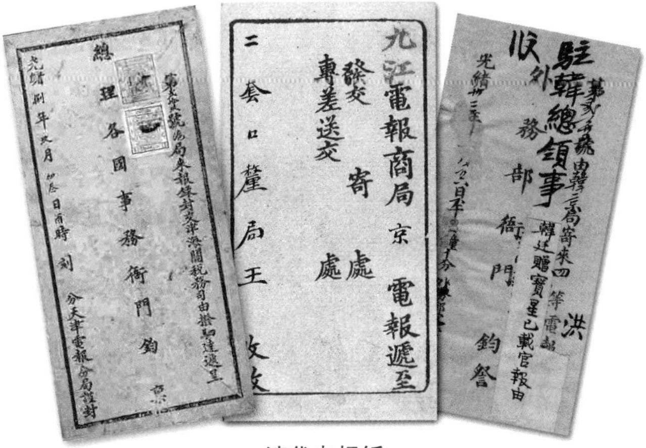

清代电报纸

袁世凯居住安阳洹上村时，离其不远的京汉铁路彰德府站。估计袁世凯很多时候都要在这个站上上下下。

1910 年春，火车在彰德府这个小站停靠。

彰德府火车站驻防的清军士兵

火车驶出彰德府车站

法国博士说了洹上村不少细节

布洛克博士在其刊载于《纽约时报》的报道中描绘道：

生活在一种纯粹的宁静平和中，极少接见外人，除非是法国殖民军队的外科医生杰拉尔德·麦斯尼来访。他对麦斯尼医生非常尊敬。我们至今还记得很清楚，医生在哈尔滨的逝世让他非常难过。

正是三年前，离开公众生活的显赫与忧虑的袁世凯总督大人（与他亲密的人一直这样称呼他）隐退到了距北京达500公里之远的庄园，在这里与他的家人，他的妻妾和他的孩子们，以及他忠实的仆人们，安静地生活在一起。在这座庄园，大约有300人生活在他身边。

他的花园赏心悦目，非常美丽，是一个典型的中国式人工花园。（据说）在短短的几个星期内，人们在这个园子里栽满大树、开花的植物和灌木，还建了漂亮的木质凉亭，亭子顶的造型和谐自然，彩色的瓦片有的题着大字，有的饰了金叶，在一片翠色中闪闪发光。他们挖掘出一个大型的人工湖，湖中种荷植菱，丹碧成锦，花叶繁密。阳光在碧绿的荷叶上跳跃，在粉色的荷花中嬉戏。然后他们又把美丽的牡鹿连同它们的伴侣一块儿带到这个庄园。在这片欣欣向荣的绿意中，牡鹿们时常为争夺领导者的地位而争斗。

小小的新弯河水长流（“新弯”是Sin-Wan的音译——作者注），水流轻快，河水清澈见底，流经庄园附近，然后到达花园，把袁府与小山分割开来。而事实上，这个小村都是建立在这座山上的。古城彰德府，自明朝初年就开始了它的历史。这是一个特困地区，小巷又窄又脏，深深的护城河与高高的城墙将小城围起来，城墙四面各开一个巨大城门。在小城的四角是四座极高的监视塔，从这塔上向远方眺望，人们可以看到广阔的平原。在这风景单调的平原上，铁路蜿蜒穿行。而平原的西边，则有崇山峻岭阻挡了它的延展。

在这个庄园度过的这平静的三年，对袁世凯这个实干家来说意义非凡。如果他没有选择在属于自己的正确时机再次进入这个风云变幻的世界，如果他没有选择隐退，静静等待这一刻的来临，他早就离开了这片庄园。而现在，这一刻到来了，这一刻，朝廷和摄政者都高声呼唤着他的大名，呼唤着他具有智慧的力量，呼唤着他的忠诚，呼唤他来拯救一个王朝，保护一个孩子，维护一个朝代至高无上的权力。

《纽约时报》上的文章是迄今为止笔者能找到的最早报道洹上村实际情况的国外公开出版物。从中可看出这么几点细节：

一、“养寿园”里采用自然放养的方式大量养鹿，这些鹿可能就是坊间所传的“章士钊目

Yuan Shi-Kai's Garden at Chang-to-Foo.

Special Correspondence THE NEW YORK TIMES.

PARIS, Oct. 28.—Dr. Broquet contributes to L'Illustration a charming description of a visit he recently paid to Yuan Shi-Kai at the ex-Viceroy's home. He says:

"Leaving Peking on a June morning, by the Peking-Hankow Railway, I arrived at nightfall at the Chang-to-Foo Station. A tiny Chinese cart drawn by a pretty mule carried me from the station to the yamen of his Excellency the ex-Viceroy Yuan Shi-Kai.

"I brought with me the letter of introduction which his eldest son, his Excellency Yuan Yuan-Tai, had given me for his father, and I was at once received by the Physician Extraordinary and the younger son of the ex-Viceroy, who conducted me to an apartment designed in Chinese style, furnished in European style, and lighted by electricity.

"On the following morning the ex-Viceroy expressed a desire to see me. He was dressed in white silk, and, in spite of his white moustache and beard, he seemed to me to be in perfect health, bearing lightly his fifty-three years.

"Very graciously he allowed me to understand that by receiving me he had accorded me a high favor, for, since 1908, he had lived isolated and amid the most profound tranquillity. He had, however, always made an exception in the case of Dr. Gerald Mesny, the surgeon of the French colonial army, whom he held in high esteem, and whose heroic death at Harbin, still present in our memory, had deeply affected him.

"It is three years ago that, leaving the honors and the cares of public life, the Viceroy Yuan Shi-Kai (for his intimates have never ceased to call him thus) withdrew about 500 kilometers from Peking to his estate in his native district, and there settled down with his family, his wives, his children, and his faithful servants. About 300 persons surround him in this great yamen.

"The garden is delightful; it is the type of an artificial garden in the Chinese style. In a few weeks they had brought to it great trees, flowering plants and shrubs, and built pleasant pavilions of wood with harmonious roofs of colored tiles, inscribing some with large figures and garnishing others with gold-leaf, which shines bright amid the verdure. They excavated a large pool, where the rays of the sun played on the great green leaves of the lotus and on their blossoms of rose-color; and then they brought hither beautiful stags with their hinds, and these fought for mastery amid the growing green things.

"The little river of Sin-Wan, with its swift and clear current, passes near the estate and the garden, separating them from the hill on which is built the town. The ancient city of Chang-to-Foo, which goes back to the first years of the Ming dynasty, is a poverty-stricken capital, with narrow, dirty lanes, surrounded by a deep moat and a high wall, which is pierced by four great gates. At its corners are four tall watchtowers, from which one can discern the great monotonous plain through which the railway runs and the mountains which limit it on the west.

"The three tranquil years which Yuan Shi-Kai has just passed on this estate must have weighed heavily on this man of action. Long since he could have left his abode had he not wished to choose his own time to enter again the scene and if he had not preferred to await in his retreat the moment which has now come, when the Court and the Regent appeal to his popular name, to his wise energy, and to his loyalty in order to preserve a throne and a child and maintain the supremacy of the dynasty."

布洛克博士刊载于《纽约时报》关于洹上村的报道

睹过袁将鹿茸当零食”中的鹿。二、整个洹上村居住者“大约有 300 人”。三、间接证明了袁克定是袁世凯的“驻京办主任”，对外联络的工作大多由袁克定完成。

从彰德府西城门俯瞰城内街道。1909 年 5 月美国地质学家张伯林拍摄，正好是袁世凯搬入洹上村的那个月。

第五章

“窥视”老袁家

与百年来那些远距离的猜测和想当然的“真实故事”不同，一些近距离和袁家有接触的人给我们画下了一些近似白描的人物图，包括最为后人津津乐道的袁与一妻九妾的故事。

近距离看袁家人生活起居

现在我们将眼光从洹上村的景色上暂且移开，看看袁家人生活起居里的一些鲜为人知的事儿。

与百年来那些远距离的猜测和想当然的“真实故事”不同，一些近距离和袁家有接触的人给我们画下了一些近似白描的人物图。

杨景震说：“袁家属人等衣服俭朴，衣以洋布为主，只袁本人衣多绸缎，冬天不穿皮袄，以貂绒作棉袄。至于他的饮食，除鱼、鸡肉外，每餐使姨太太做盘菜几个，以供口腹。办公诸人有菜数桌，亦是鱼、鸡肉丰盛异常。老师与众学生共餐，孩子多，每月有孩子生日，哪屋孩子生日哪屋送校中饺子若干；每餐的主食是米饭和馒头，每桌上吃下用一年无二样。”

关于袁的一妻九妾故事，最为后人津津乐道。

记得十多年前，我在纽约上课时，正赶上课上放映张艺谋的《大红灯笼高高挂》（根据苏童的小说《妻妾成群》改编），一位平时话最多的老外男生，聚精会神地看着。一看便知，此时的他，显然让“妻妾成群”的故事给迷住了。看毕，他睁开红红的眼睛，深有感触地对我说：“中国男人真幸福！”

其实那会儿，只要是个官，或者说有点儿钱的都是三妻四妾。最近看到一个报道说：1912年12月，当时的北京政府还颁布了《暂行新刑律补充条例》，条例第十二条明确地承认了妾的存在。大理院也在解释妾的身份时说：“凡以永续同居，为家族一员之意思，与其家长发生夫妇类同之关系者，均可成立。法律不限何种方式。”

于是纳妾愈加自由。男子只要有钱，可随意纳妾，不受任何限制，以致很多人以蓄妾来炫耀财富。时人胡朴安记载说：“广东多妻制盛行，社会上咸以妻妾之多寡视其人财产之丰啬，故往往有纳妾以为虚撑门面者。闻某富豪家有胡椒树百零八株，每年收入极丰，而竟娶百零八妾。每妾各收一株之利益，以为饮食服饰之费。至于三妻四妾者，在在皆有，盖如此方足以维持其中等人家之体面也。”

——那会儿的“三妻四妾”也是“成功人士”的标志。

袁世凯也不能免俗。当他的二儿媳妇、袁克文的正妻刘梅真为克文讨小老婆的事儿大哭大闹时，公公袁世凯发话了：男人有本事才三妻四妾的，女人不可以妒忌。

“新派”的袁世凯在废太监、废宫女、禁鸦片等问题上态度积极，唯独纳妾他“不求进步”。与其道听途说“一妻九妾”的故事，我们还不如直接听听袁家上下是怎么说的。

着民装的袁世凯。袁世凯过日子并不挑剔，拍照的时候才有下人给他换身新衣服。平时吃完饭，就拿袖子当抹嘴的布。这就是一个典型工作狂的真实写照。平时吃饭的速度很快，所谓狼吞虎咽，胃还没反应过来，已经装满了，等胃饱的信息传到大脑，已经超载了。外加人过中年，新陈代谢功能下降，所以袁世凯比较胖。

原配于氏，认钱不认夫

袁世凯的原配于氏，是河南沈丘人于鳌的女儿，娘家在当地号称是挂过“双千顷牌”的土豪。袁世凯 17 岁时在老家河南把于氏娶进门。于氏粗识文字，略通礼法，但过门后跟袁世凯的关系却很一般，不亲不热，也不离不弃。

袁世凯的轿夫班头冯培德 20 世纪 60 年代学着当时干部的口吻说：“大太太姓于，是陈州人，作风正派。”

这话得到家庭教师杨景震的证实：“正太太性极忠厚。”是啊，该有的她都有了——袁世凯将她当个“牌位”供着，她享受着元配正妻和“娘”的崇高地位，所以她也没什么好争好抢的（在袁家，“娘”只能于氏专用，“亲妈”为大姨太专用）。

所以她心如止水，“隔个三五天，他俩见面相敬如宾，我父亲一定先问一句：‘太太，你好！’她也一定回答一句：‘大人（妻妾们一直称呼我父亲为大人，直到洪宪帝制时期也未更改），你好！’接着，再随意谈上几句生活上的闲话，就结束了这照例的一次会见。”（袁静雪语）

平淡无味，形同路人，这是女儿看到的表面文章。听听袁世凯自己的说法吧。他在给自己二姐的信里多次提到，这个于氏“性情甚劣”“时常生事”。

于氏曾去过朝鲜，袁世凯说她“糊涂，来此数月，弟徒添一桩闲事，殊无谓”。抗日援朝期间的袁世凯，当时最多是个处级干部，囊中羞涩。可是回到河南老家的于氏常常让二姐在信中向他索要钱物。袁世凯光火了：“此间自去年用度太大，至不能了。继母（袁克定小名继光，袁叫于氏为继母）本有钱，何必专向穷人打扰，可告以俟有钱时清算账债，一分亦不能少他（她）的，毋为念。此时实不可了，不可又来挤弟，亦须体亮（谅）其夫。天下岂有其夫富贵，其妻反贫贱者乎？弟非情外之人，可毋多心。”无理取闹，无知又爱财，这就是袁给发妻画的像。

于氏眼看拉不回老公的心，便来个眼不见为净。后来她很长一段时期都情愿留守在洹上村。这就害了她的亲生儿子袁克定，为了陪老妈，一次在洹上村逗留期间，克定不慎从马上摔下，跌成了个瘸子。

这个乡间女人真正的风光是在她死后，就在袁世凯死后四五年，正太太于氏也在洹上村过世了。这回她享受了和袁世凯同穴的待遇，再也不怕老公挤对她了（袁葬东室，她葬西室）。出殡时，据当时从北京特地赶来为她办丧事的萧景泉老人说，丧事“用的还是‘皇杠’，64 个杠夫”。这可比得上袁世凯葬礼的高规格了。

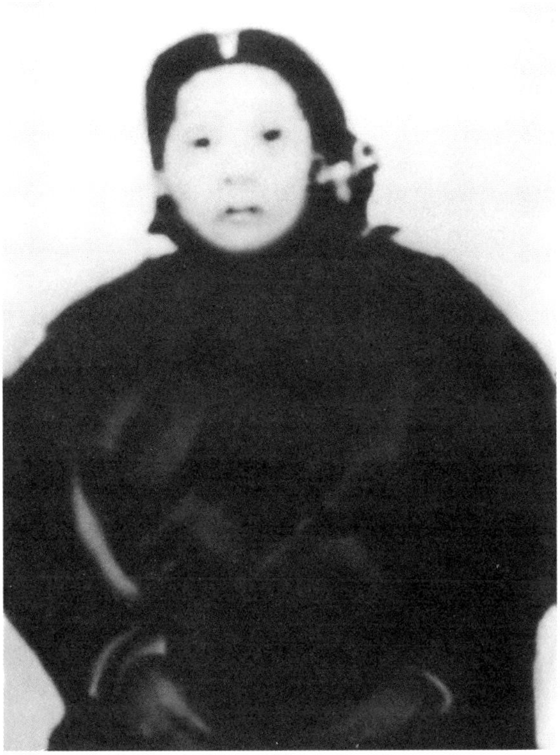

正夫人于氏中年像。原来照片质量太差，只能两张对照着看。

袁克文在《洹上私乘》以“先嫡母传”介绍她：“先嫡母于氏，河南沈丘县人也，长于先公（世凯）者一岁。于归后，先公即远征。遂留家侍养时先祖母牛太夫人、先本生母刘太夫人，俱健在也。先公使韩，迎养刘太夫人，先嫡母以侍牛太夫人未从。岁甲午牛太夫人薨，先公因日韩之战奉诏归国，练兵小站，嫡母始从焉。先嫡母性秉仁慈，行持俭约，事亲以孝闻，处下则谦谦无厉色，奉先公尤尽礼让，先公殂，痛哭无已，时旋以致疾，越三年薨于天津，享年六十有二。长兄克定先嫡母所出也。”

大姨太：爱上的还是买来的？

大姨太太的故事最多。

袁静雪说，袁世凯22岁前去上海，“结识了一个苏州籍的名妓沈氏，这就是他后来所娶的大姨太太。他们两个见面以后，情好日密”。

“沈氏劝他及早离开上海，另谋出路，并且资助他盘费，鼓励他早日成行。行前，沈氏备酒送行。席间对他说明，在他去以后，她立刻就自己出钱赎身，搬出妓院；希望他努力功名，不要相负。我父亲听了以后，也就指天誓日，洒泪而别。后来，他随吴长庆到了朝鲜，果然把她接了去，做他的姨太太。”

这段故事有明清小说的真传，故电视剧编剧大多采这个说法。其实关于她的说法比较多。她的过继儿子克文说：“她是江苏崇明人，农家女儿，靠姐姐度日，后来被拐卖到天津妓院。克文说她像烈女一样以饮毒明志，坚决不从。后来这件事情感动了老爸袁世凯，袁给她赎身，沈氏感动，自愿为妾。然后去朝鲜。”

妹妹和哥哥的话对不上，两人的故事主角似乎看上去风马牛不相及。一是因为其间可能说话的年代不同。妹妹的话是20世纪60年代说的，她想和窃国大盗划清界限，有点作践自己的父亲。哥哥的话是20世纪30年代前后说的，北洋的余晖还在，他要维护这块牌子。再说沈氏对他的宠爱是没说的，要铁，恨不能把锅给砸了。他感恩也会这么说。

沈氏一生无出，后来过继袁克文为儿，她享受着仅次于“娘”的“亲妈”称号。在当时的一些外交场合中，袁静雪说她同样是以“我父亲的‘太太’的身份出现”，前期兢兢业业地管教二、三、四、五这四位姨太太们。三姨太金氏在死前的头一天里，还对亲儿子克文说过遭受大姨太虐待的往事。可见大姨太也不是一个善类。袁世凯入中南海后，因其年岁已高，免“轮流值宿”，常住天津。

在这寥寥数笔的大姨太传说里，我们基本可以勾勒出她的脾性来。这个说着吴侬软语的江南女是个不甘人后的所谓“励志女”，应该是个大处不糊涂、小处不可爱之人。

袁克文在《洹上私乘》中介绍大姨太的文字：“家慈母氏沈，江苏崇明县人也。先世务农，家慈母幼失怙恃，依姊以居。游上海为匪所掠携至天津，欲鬻入妓家。家慈母微闻之誓以死拒，匪迫之乃饮鸩示志。匪大惊亟延医施治，且以甘言慰解，家慈母痛哭呼嚣。时先公使韩道出天津，闻家慈母之贞烈乃出金赎之。家慈母感先公之义，遂甘为妾媵以从先公，即相偕渡海至韩京。家慈母以饮毒伤腑，呕血几不起，后虽差瘳而病未全除也。且两割臂肉和药愈先祖刘太夫人及先公之沉疴。其诚孝虽能格天，而血又损亏，身益羸疾矣。清河南巡抚曾疏旌表。无出。先公命克文嗣焉。”

三姨太所生的二子袁克文，被过继给了大姨太沈氏。大姨太对克文百依百顺，十分宠爱他。图为袁克文与眉云夫人合影。

二姨太糊涂，被人宰

袁世凯的个人生活中还有“涉外婚姻”，他的二姨太、三姨太、四姨太都是朝鲜人。“二、三姨太太系朝鲜国送给的，性亦忠厚；四姨太太早逝。”（杨景震语）袁家医生徐正伦有这么一说：“二妾李氏，三妾金氏，四妾吴氏皆朝鲜人，系朝鲜闵妃所赠。原共四人，其中一人在袁回国时潜逃。”三姨太生的二子袁克文说：“二姨太姓白、四姨太姓季，三女皆贵，但金氏‘世有显贵’，而白、季二氏仅为‘望族’而已。”

二姨太吴氏（一说李氏，克文说姓白），朝鲜人，生儿女六个。一生故事不多，从有限的资料看，她人缘不错，因为她随和不爱较真儿。克文说她和正夫人于氏关系处得不错。袁家医生徐正伦对这位二姨太下笔颇多，可对其性格略见一斑：“袁的家庭财务，以前由二妾吴氏保管，因袁克文从吴氏手内托词要走一个10万元的银行存折，袁世凯认为吴氏软弱无能，就改交五妾掌管。袁世凯死后，吴氏在津居住，每月电灯公司来收电费的时候，门房向吴氏把钱要到手里，暗地吞没，对收费人说：‘欠一欠下次给。’下次还是如此。到第三次门房拿上三个月的欠费条一齐要，吴氏照样付给。此类事件很多。这么看，二姨太老来应该患了健忘症或者她是个烂好人。”

二姨太生长女伯祯（成年后嫁与清两江总督张人骏的儿子）、五子克权（娶清两江总督端方的女儿为妻）、七子克齐（娶民国总理孙宝琦的女儿为妻）、十子克坚（娶民国陕西督军陆建章的女儿为妻）、十二子克度（娶富商罗云章之女为妻）、六女箓祯（嫁民国总理孙宝琦的儿子）。

袁克文在《洹上私乘》中介绍二姨太的文字：“二庶母白氏，三韩人望族也，与先生母、先四庶母同来归焉。性秉婉淑，行允厚诚，事上以敬，御下以和，教子则慈威并施，律己则廉俭一贯，斯古之贤母也。五弟克权、七弟克齐咸承嘉训，学乃超异尤重行践，故居贵而无越焉。庶母与先嫡母最相恭爱，先嫡母理家事靡巨细必以咨。盖以家慈母多病，庶母独居长也。生子四，曰克权、曰克齐、曰克坚、曰克度；女二，曰伯祯、曰箓祯。

二姨太吴氏和六女儿箓祯

奉子娶三姨太

至于袁世凯的三姨太，传说老袁是奉子娶三姨太。

三姨太金氏，是克文和袁静雪的生母。这两人给其生母画了两张像。克文说她在袁世凯逝世当日，吞金殉夫，幸亏家人及时发现将她救下，但已损伤食道，落下了一个咯血的毛病，几个月后便去世了。

她为袁世凯生了五个儿女：次子克文、三子克良、三女叔祯、八女（早亡）、十女思祯。

三女儿袁静雪（袁叔祯）说到自己的亲生母亲三姨太金氏时，最不吝惜笔墨："精神苦闷的重压，使她成为一个性格古怪的人。一方面，似乎脾气很好，对家里所有的人都很和气，也从不和人争长论短；另一方面，在不高兴的时候，却会因为偶然的原因，一语不合闹起气来，甚至闹到了难以收拾的地步。"

"她皮肤很白，浓黑的头发长长地从头顶一直披拂到脚下，看起来是很美丽的。但是，她神情木然，似乎永远没有高兴的时候。她不但对待儿女没有什么亲热的表示，就是我父亲有时候到她屋里去，她也是板板地对坐在那里。有的时候，我父亲说到高兴去处，她虽然也陪着一笑，但笑过之后，立刻把笑容敛住，于是她的脸上就再也看不出丝毫笑意。她在过年、过节和她自己生日的时候，总要暗暗地哭一场。她嫁到我家以后，从没有回过娘家，娘家的人也从来没有来看过她。……在中南海的时候，她并不是每天都到居仁堂去的。但是，我父亲见到有什么好吃的，或是她所喜欢吃的东西，总是时常叫佣人请她同吃。"

袁静雪继续说："此外，我父亲对于她无论在礼貌辞色间，或是物质待遇上，都比其他姨太太要特殊一些。这或许是我父亲于心有愧，才借此来弥补他的罪过吧！"

上面所引的大姨太虐待三姨太的"家丑"，出处也是袁静雪。她的原话是这么说的："她在死前的头一天里，对我二哥说了两件事：一件是，在她过门以后不久，大姨太太借对她教导和管束的名义，对她进行虐待。有一次，大姨太太把她绑在桌子腿上毒打。由于她的左腿被打得过分厉害，受了内伤，以至于临死的时候还经常疼痛，并且还不能伸直。"

"另一件是，她的父母原来也认为她是嫁给我父亲做'正室'的，及至过门以后，才知道她不但是一个姨太太，并且还把她和两个陪嫁的姑娘排在一起，成了个三姨太太，自然已经十分痛心。"

"后来，她又要随着父亲离开朝鲜，更是加倍的伤感。特别是她的母亲看到自己的爱女千里迢迢地到一个陌生异地去，今后自然很少再有见面的机会，因此悲痛和思念的情感就交织在这个老人的心中。有一天，她母亲在精神恍惚的情况下，仿佛也就投井自杀了。她父亲既痛心于女儿的遭遇，又看到老妻因为女儿的缘故竟至自寻短见，当时悲痛得吐了很多血，三天后也就身死了。”

“她在说完第二个故事以后，又对我二哥说，她所以不愿意在这以前说起这件事，是为了免得暴露我父亲生前所做的错事，由这一点看来，她算得是用心亦良苦矣。”

三姨太的事本来有儿女亲自著文介绍，已经不需补充什么了，但是袁世凯自己有话要说。袁在写给二姐的信中告诉了我们三姨太的另外一个故事版本。1890年4月3日，袁世凯说他的一个朝鲜女婢怀上了他的第三胎。因为前两次流产，本以为不会有孕，谁知“近形迹已大露，据医生与老妈云，确是有娠”，可能还是个男胎，六七个月了。重男轻女的袁世凯接着感喟道：“十三年来，未立继丁，老亲时为盼，今果生男，可又慰慈怀，乞代察。”原来袁世凯娶金氏是奉子娶妾啊！从袁世凯的信里我们还知道，这位金氏女婢是几位女婢中的“小者”，而且她是有名有姓的，叫金云溪，袁世凯改其名为金月仙（名字被老袁改俗了）。金月仙果然在7月16日给袁世凯生下一个男孩，袁给孩子起名袁克文。

从袁世凯奉子成婚可以看到，袁世凯还真不是外面小报记者描写的那么“不道德”。他当时以大清上国的方面大员驻驿汉城，做下这等“生活小节”之事，完全可以拍拍屁股走人，或者来一个六亲不认，反正那会儿又没有什么DNA测试，只有天知地知你知我知。但是袁某人并没赖账，比某些政客的“道德品质”还高。

袁克文在《洹上私乘》中介绍三姨太的文字：“先生母传。先生母氏金，三韩人也。家为望族，世有贵显。先公使韩，韩王选贵族女四人以赠先公，先生母与焉。先生母幼承庭训，长习书礼，敬事先公，善持家政。事先祖母刘太夫人尤尽孝道，曾割臂和药以起危疾，故刘太夫人益爱重之，未尝以妾媵视先生母也。从先公三十余年无违言，先嫡母及家慈母之视先生母犹手足也。悯家慈母多病无子乃以克文为家慈母子，仁怀义行尤足称焉。先公殂悲恸独甚，累欲以身殉，咸以克文等护侍于侧未得间以遂志，因触发旧疾呕血斗余，未逾年，竟从先公于地下矣，时年四十又九薨于天津寓邸。生二子，克文、克良；三女，三妹、八妹、十妹。”

四姨太吞金自戕，为夫殉情

四姨太闵氏（克文说姓季），生前故事不多，闵氏死后有两种说法。克文说她在袁世凯任直隶总督时生琪祯得了病，又误服了“夷药”而死。还有一说，1916 年袁世凯去世，四姨太也吞金自戕，死后被葬在袁林正西约 500 米处。

据长期工作在洹上村的张有明老人说：1963 年 8 月，安阳连续八天暴雨，洹河多处决口，洪水就将道路冲了几条一米多深的壕沟，这才发现四姨太的墓棺。

原来，1938 年日本兵在袁坟之西修飞机场，要移坟。袁家后代趁夜深将棺抬到袁林照壁墙南埋葬，据说陪葬中有不少是黄金制品。现在四姨太闵氏仍在那里长眠。

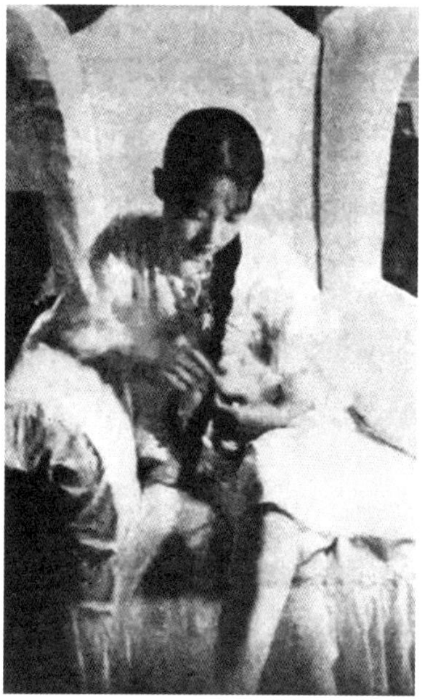

七女复祯，四姨太闵氏生。

左为二次女仲祯，四姨太闵氏生。右为仲祯的小姑。

袁克文在《洹上私乘》中介绍四姨太的文字：“先四庶母氏季，三韩人望族也，幼承闱训，长秉闺仪，颖慧修持，幽娴静婉，略习韩文，曾攻书史，于古贤孝女辄心仪之。既归先公尤敦妇道，从先公转徙频仍而侍承无间。事家慈母独恭，家慈母亦遇之独厚。处诸庶母间相与悦好，垂二十年无违言，先庶母之德让可以风矣。呜呼！天夺贤母乃不永年。当先公任直隶总督时，先庶母随侍节署，因诞七娣琪祯产后致疾，误投夷药竟遂不起，药暴伤腑惨呼一永夕而绝。痛哉先庶母！既卒，先公悲伤逾常，为辍政事者累日。庶母生子一，曰克端；女二，曰次祯、曰琪祯。”

四姨太生有一男三女。四子克端，三个女儿是仲祯（次祯）、敬祯、复祯（琪祯）。克端毕业于天津新华书院，字写得相当有水平，古硬质朴，自成风格。袁克端从小养成了吃喝挥霍的习性。袁搞洪宪帝制时，他还刻了“皇四子”之印，自比雍正。

袁世凯墓地前小桥上，一群老乡在话古今天下事。四姨太的棺木就在这桥附近发现的。

五姨太是个人精

关于五姨太杨氏，我们还是听听他儿子袁克桓口中的故事（克桓同学的后代转述），五姨太“是天津杨柳青人，家里除有土地，还有一货栈，山东、北京、天津都有分号，主要经营瓷器、帽筒、掸瓶、鱼缸、餐具什么的。”

袁世凯做山东巡抚时，杨氏随父经营济南分店。杨氏的纤纤玉手，雅致的“三寸金莲”，梦一般勾动了袁世凯的目光和心绪。

杨氏听过法国传教士乡村传教，记忆好，嘴巧心细，既能周旋，又颇果断，还精于账目，深得袁世凯欢心。袁将管家大权交给她，家中的日常生活，该吃什么该穿什么，都由杨氏一手经营。

可能是得势遭人妒忌，也可能是精明过了头，容易得罪人。只要不是五姨太这房的大多都不说她什么好话。袁家医生说：“五妾杨氏，天津宜兴埠人，系袁克定之妾马彩云为邀袁世凯的欢心买来献于袁的。”又说：“杨氏在袁的诸妾中，人最严厉，家内上下人等无不畏惧。

袁诸子分家时，据袁的老管事说：“五老太太（指杨氏）拿出来的好东西还不到二分之一。因此杨氏一股所得袁世凯的遗产最多。杨死后，她所生的四个儿子克桓、克轸、克玖、克安分居时，除房产、存款和珍贵物品外，仅最好的麻将牌一项，每人即分到72副。这是克齐之妻孙用熙对我说的。”

袁克文在《诸庶母传》里几乎对每个“庶母”好话说尽，唯独给“五庶母”的好话既吝啬又尖刻：“颖敏得先公欢。”

袁静雪开门见山就是：“她长得并不漂亮，但是我父亲对她却特别宠爱。……我父亲不仅让她照管自己生活上的一切，还让她管理整个家务，管理各房的女佣人和丫头，管理我们兄弟姐妹们，还管理六、八、九这三个姨太太。……由于我父亲很能听从她的意见，所以不论是谁，只要不服从她的约束，她就可以随时告诉我父亲，由我父亲出面解决。因此，全家上下都因为我父亲的缘故而对她抱有畏惧的心理，就是我娘于氏也不例外。”

瞧，五姨太让于氏这样的人都产生了不安全感。

在袁家内部暗中为“立太子”事较劲时，五姨太采取主动出击的姿态，司马昭之心连袁世凯都看出来了。“五姨太太想到自己既是我父亲身边最宠的人，自然也就希冀着那样的尊位降临到自己身上。因此，她就时时在我父亲身旁嘀嘀咕咕，要求立她的长子——老六为‘太子’。”

“这个情况，不但伺候我父亲的丫头流露过一言半语，就是我也听到五姨太太在我父亲面前称赞老六的种种好处。我父亲处在这内外夹攻的情况下，怎么能够使他不越加恼火呢！”（袁静雪语）

五姨太毕竟是聪明人，知道别人不待见她，袁世凯一死，就另立门户。

袁世凯做大总统时，五姨太杨氏在中南海所摄正面像。

五姨太自己说，“老爷去世后，我们离开中南海，遵老爷遗嘱，每个儿子15万元，一个姨娘一幢楼。我带着克桓、克轸、克玖、克安搬到天津地纬路大营门一溜两层德式洋楼第三幢。”

1916年6月6日晨，袁世凯死在居仁堂楼上。在全家忙于办理丧事时，五姨太趁乱让仆人将袁世凯房中的保险柜搬到自己居所，连墙上的大挂钟也不放过。袁的财产，按儿子们的人头瓜分，五姨太有四个儿子，自然不吃亏。此外她还独揽了袁世凯的大部分贵重器物。

五姨太生六儿女：六子克桓、八子克轸、九子克玖、十一子克安、五女季祯、十五女玲祯（早亡）。五姨太于1937年58岁时去世。她的墓地建在今北京植物园斜对面的香山路南侧。因为有钱，五姨太的墓地当年十分宏大，墓碑上刻着“袁母杨太夫人”的碑文。1966年“文革”期间“破四旧”，生产队派人挖掘了五姨太的坟墓。挖开的墓穴，曾作为养鱼池，三间门房，也曾作为生产队的仓库。

图为五姨太杨氏与儿孙们的全家福，摄于1925年天津袁家大院。左一为六儿媳陈徵，左二为六子袁克桓，左三为五女袁季祯，右一为八儿媳周瑞珠，右二为八子袁克轸，正中男孩为袁克桓的儿子袁家宸，旁边女孩为袁世凯的十五女袁玲祯。

1930年，五姨太杨氏与儿子克桓（右）、克轸（左）在天津大营门袁家大院合影。

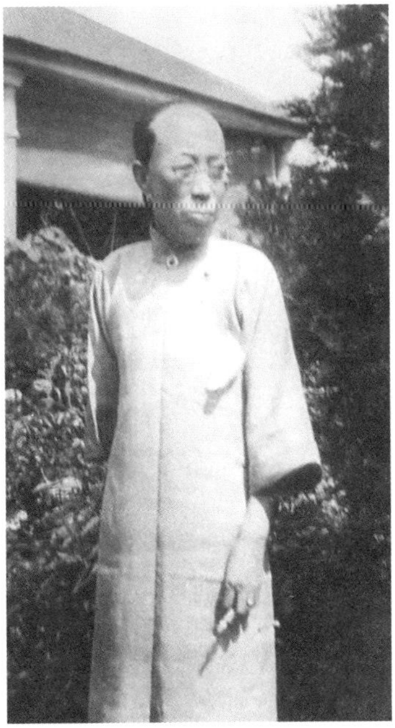

晚年五姨太

杨氏的四个儿子、女儿及儿媳合影，摄于20世纪20年代。后排左起：八子袁克轸、六子袁克桓、九子袁克玖和十一子袁克安；前排左起：陈徵（袁克桓的夫人）、五女袁季祯。

1918年的陈徵，此时已束发结髻，出嫁到袁家。

六子袁克桓（1898—1956），五姨太所生。袁去世时，克桓18岁。分家时，分得现款银圆8万元，黄金40两，股票（包括开滦煤矿、启新洋灰公司、江南水泥、耀华玻璃、盐业银行、华新纱厂、天津造胰公司等的股票）总面值7万余元，投向了实业。后娶监察御史陈启泰的女儿陈徵为妻。陈家颇殷富，嫁妆装了一火车。这对袁克桓的事业，无疑也起了很大的支撑作用。后克桓成北方闻名的实业家。人民政府曾经考虑他做天津市的副市长，58岁时过世。

1940年，袁克桓（后右）与夫人陈徵（后左）、女儿袁家英合影。

1941 年，袁家宸和王家瑢婚礼照。后排站着袁克桓（后排右三）、陈徵（后排右二）、袁克桓如夫人孙氏（后排右一）。王家瑢身旁为伴娘袁家英，前排左一为袁家菽，右一为袁家芯。

1941 年，袁家宸和王家瑢中式结婚照。

1944 年，袁家英、李国元结婚前一年与袁克桓、陈徵合影。

袁死十多年，六姨太怀了个男胎

六姨太太叶氏，本是南京钓鱼巷的妓女，流传甚广的故事是她原来是克文妓院里的相好，后阴差阳错嫁给了情人的老爸袁世凯。克文在报上写到“六庶母”时说她 17 岁嫁袁世凯，性格温柔，而且人聪明，在女馆里一年不到就会填词写东西了。行文走字间，看来克文还是很欣赏“六庶母”的。

袁家的医生徐正伦说：“民国元年春季，袁世凯眷属有一部分在天津居住，克文曾携妻刘梅真和六姨母叶氏在包厢听戏。由于叶氏改装为少女，引起克良的怀疑（克良自幼有精神病），后来到京向袁世凯夸大其词地揭发。这使袁世凯大为震怒，召克文至前叱令跪下，拿起棍子要打。那时克文的老保姆跪着趴在克文身上，刘梅真也抱着只有一周岁的幼子家嘏跪在一旁求情，袁世凯才喝令克文滚开。”

接着徐医生又告诉我们一个关于六姨太的小秘密：“1929 年春末，袁世凯死后十多年，他生前的宠妾叶氏，接我到小白楼住所诊病。叶氏满面愁容还带怒气。我诊查后，劝她据实说明病情。她说：今天才由姜爱兰医院出来，住院以前月经已经停止三个月，曾请梁宝鉴大夫医治，据说是长东西，须要住院动手术。梁宝鉴介绍住姜爱兰医院。到院后，梁又请来德籍女大夫一人，同姜爱兰会诊。动手术那天，三个大夫把叶氏的儿女叫到手术室内，取出一个成形的男胎。手术后的第三天，叶氏突然发高烧，经打针后仍不见愈，就主动出院，不再叫他们治了。我找到姜爱兰医院和梁宝鉴，问明上述经过属实，只手术费一项就 700 两银子。以后由我诊治两个多月，共去了 75 次，每次出诊费为 8 元 5 角。”

最近看到一个贺兰县政协的文史资料，发人深省。口述者曾任宁夏京星乡领导，名字叫高钧。高钧告诉我们：“六姨太姓叶名蓁，生于清光绪十八年（1892 年）……家境较好。瓜子脸型，浓眉大眼，高窕身材，三寸金莲，知书达理，美貌聪慧。”

袁死后，六姨太子女分得银圆 26.4 万元（相当于眼下人民币 4000 万元左右），黄金 20 条，房屋 100 间。叶认为这些钱一世都用不完，于是到处投资，连白粉的生意都做，结果都失败。又不会理财，还大手大脚地花，到抗战胜利时已将财产全部花光。新中国成立初期，全家靠在北京街头卖冰糖葫芦维持生活。

1955 年，北京因城市无业人员过多需要向外移民，当时说“天下黄河富宁夏”，去了就给分配住房，可以过好日子。叶一听宣传，脑子发热，报了名，戴了大红花，被敲锣打鼓地送去大西北做社会主义新移民。

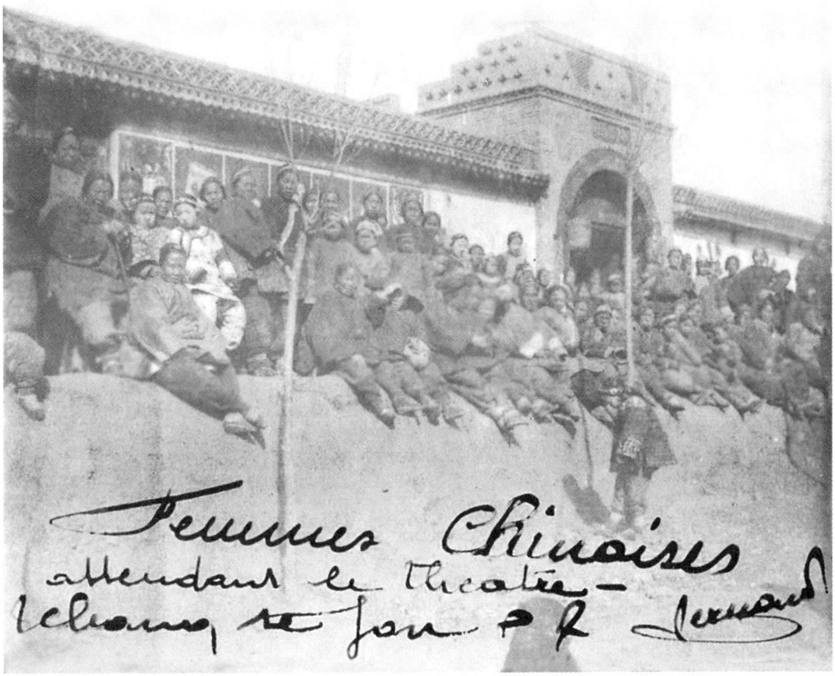

20世纪初彰德府众乡女看花会。六姨太没有留下照片，是不是可以在这些看花会的少数富家女性中见到她？毕竟这是彰德府一年一次女性可以公开玩耍的日子。而六姨太是个性情中人，做事情并不知道瞻前顾后。这样的机会是一定不会放过。

20世纪初彰德府城门和大街景象。估计六姨太看花会在这一带。这张照片拍摄时间几乎和袁世凯住彰德府同时期，比较能反映当时的风貌。

一张苇席掩埋六姨太

1955年5月24日，叶氏一家移民到了贺兰县京星乡三村。

移民蜜月期当口，当地政府给她家分了两间房，每月供应块煤180斤、煤油4两（16两秤，等于现在2.5两），每人每月供应口粮35斤（粗细粮按比例搭配）、香油2.5两，另外每人每月发给菜金1.44元。除此外，叶氏一家还有次女奇祯每月由天津寄来的二三十元现金，生活水平在京星乡所有北京移民中属上等。

叶蓁嫁给袁世凯，大门不出，二门不迈。到了京星后，她仍然保持了足不出户的习惯，不与外界接触，除非邻居来到家中才敷衍几句，一般不与外人闲谈，对其身世从不向外吐露。尽管这样，还是有好事者传言出去，常引得人们去看这个“皇帝娘娘”长得怎么样。当时她年过六旬，小脚，走路不稳，家务活都由儿子干，她只是为儿孙做一些针线活，缝补衣物和做鞋，闲暇时看一些书报。她最大的嗜好是吸纸烟，且烟瘾很大，每月吸烟在30筒以上。50支装耕牛牌纸烟，当时一筒0.12元。

两年后，叶氏一家人的安定日子被一场政治运动搅乱了。1957年反右时，因移民中，上至袁世凯的姨太太、儿子，下至日伪少将，国民党军、警、宪、特，还有资本家小业主等，文化程度高，讲怪话提意见的人多，故县上将这里作为运动的重点，分配了相当高比例的“地富反坏右”指标。运动以后，移民有被杀的，有被关押劳改的。仅被戴历史反革命分子、坏分子帽子的就有40余人。那时，叶家虽未戴什么帽子，但因家庭出身，被列入内部掌握的监管对象。1956年后，移民的供应标准逐月降低，至1958年秋供应完全被取消了，移民的生活越来越困苦。1958年实行人民公社“大锅饭”制度，大人小孩都要到公共食堂分组就餐，谁都不能例外。这对叶蓁来讲尤感不便。平时她连门都不愿出，这时要她每天三次到食堂去吃饭，她只好扶着墙，扭动着三寸金莲，一步三摇，走向食堂。年已67岁的叶蓁，那金枝玉叶的身躯经历着如此折磨，她也只好忍耐。也只有这个时候，京星乡的老少才能一睹“娘娘”的“芳容”。

儿子死后，叶蓁就病倒了。一天，队长徐勤发现叶蓁三天没到食堂吃饭。进门一看，她家的窗玻璃全被打碎了，炕也塌了一半，老太太就睡在尚好的半边。炕上铺着稻草，身上盖着露出烂棉花的破被，大小便就在那塌陷的炕里，屋里又冷又臭。徐勤看了很难过，以组织名义暂时改善了一下她的生活。1958年12月31日夜，叶蓁走完了她67年的人生旅程。叶的尸体用一张苇席卷上，埋在了她儿子袁巨勋的坟旁。

宁夏贺兰县的景色。贺兰县位于黄土高原西北内陆，黄河入境而过，98% 为黄河自流灌溉。六姨太去的是一个叫京星的地方。据介绍，京星农牧场是 1955 年响应国家号召“为了减轻城市经济困境，给人民政府分忧解愁”，由国家统一安排，从北京、浙江、河南等地迁来 2600 余名城市居民而集体安置创建的一个农牧场。

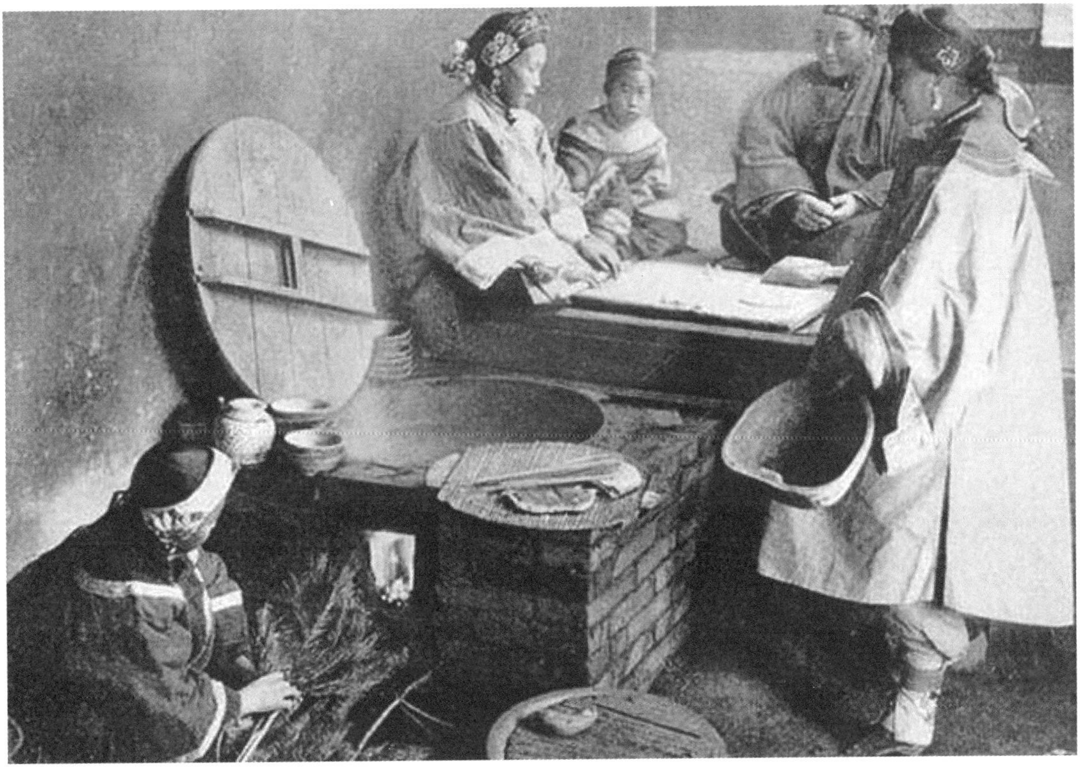

20 世纪 30 年代大西北农村富裕人家包饺子的情景。六姨太是个“皇娘娘”，四体不勤，五谷不分。这样的人在大西北的风沙环境中，生存是比较困难的。三年困难时期，一个三寸金莲的弱女子没有一个男人在后面支撑，活下去的概率不高。

晚来的六姨太财产进了国家的口袋

叶蓁死后一个月左右，县银行来人拿着中国银行北京分行的信找来。信的大意是说：经查你单位叶蓁在民国期间（约在袁世凯死后不久）存入中国银行北京分行6000圆银元（这数字在当时的上海可以买个小洋楼）。因她女儿袁奇祯要求继承，北京分行不同意，此款应由叶蓁本人领取，请查找本人。乡里实情相告，叶蓁刚刚去世，儿子也死了，只有两个孙子，生活非常困难，能否由孙子领取。来人说本人不在了，如何处理我们不好答复，只能由北京分行决定。那时乡里出具证明并提出此要求，但没有回音，不知这笔存款做何处理了。叶蓁死后半年左右，1959年夏初，由南京市人民政府发来的公函上说，经查原在南京某半条街的房屋，在1937年前是叶蓁私产，不知何时所置。日本占领南京后，房子被日军机关占用了。抗战胜利后，由国民党军队按敌伪遗产接收，没查出房子主人是谁，就用作军营。20世纪50年代南京政府落实私产政策，查证房屋的主人是叶蓁。经与北京联系得知叶蓁移居宁夏，便发函通知叶蓁接收。乡里提出与上次同样的要求，结果仍无回复。

看后，我一声叹息："唉！六姨太啊！我说你啥好！"倒放叶氏的一生镜头：少女的六姨太是个爱笑爱玩的阳光女孩，青年的六姨太是个不谙世故的情种！否则"家庭富裕"的她为何自上青楼？少妇的六姨太玩心不减，做了人妻还装扮少女和老相好偷着外出看戏就是一证。中年的六姨太是个感情丰富的寡妇，袁死十多年，爱火不熄，冲锋不止。我的感觉，这是一个情商颇高的江南奇女子，可是世间事往往有点儿吊诡，情场得意，商场就失意。她玩得疯了，便把投资也当儿戏，亿贯家财也让这个感情丰富的女子给败了。

她一生与三个大数字擦肩而过，到头来却一席芦苇裹身，丢弃在风沙雪地里，尸体最后大多是喂了西北野狼。（20世纪50年代西北野狼多，儿时就有闻。我的邻居一家那会儿因历史问题，"被下放"到甘肃，十多年后回来，老二没了，家人说老二当时出了火车站去空地撒泡尿，就被站外的野狼吃了。）

26.4万元！这在当时是一个天文数字。听我老母说1930年上海大世界旁的一座小楼叫价8000元，26万元可以买30座"一环"以内的小洋楼！现在时价一座最少1000万元，就是3亿啊！别说还有黄金20条，房屋100间，在南京还有半条街的不动产，光一万一平方米的拆迁费，你想想是多少！除此外银行里还有6000元的现金，1959年的6000元！那会儿上海普通人家一个人全部生活费每月10元，（现在要1500元到2000元），替叶老太太算算吧！加在一起，叶氏可以上2009年胡润排行榜前十的啊！可是这些钱都让她败了，忘了。反过来想，玩过，爱过，得过，败过，错过。人生得一过便算精彩，叶氏呢？

六姨太太生五子女：十四子克捷（袁巨勋）、十七子克有、九女福祯、十一女奇祯、十二女瑞祯。

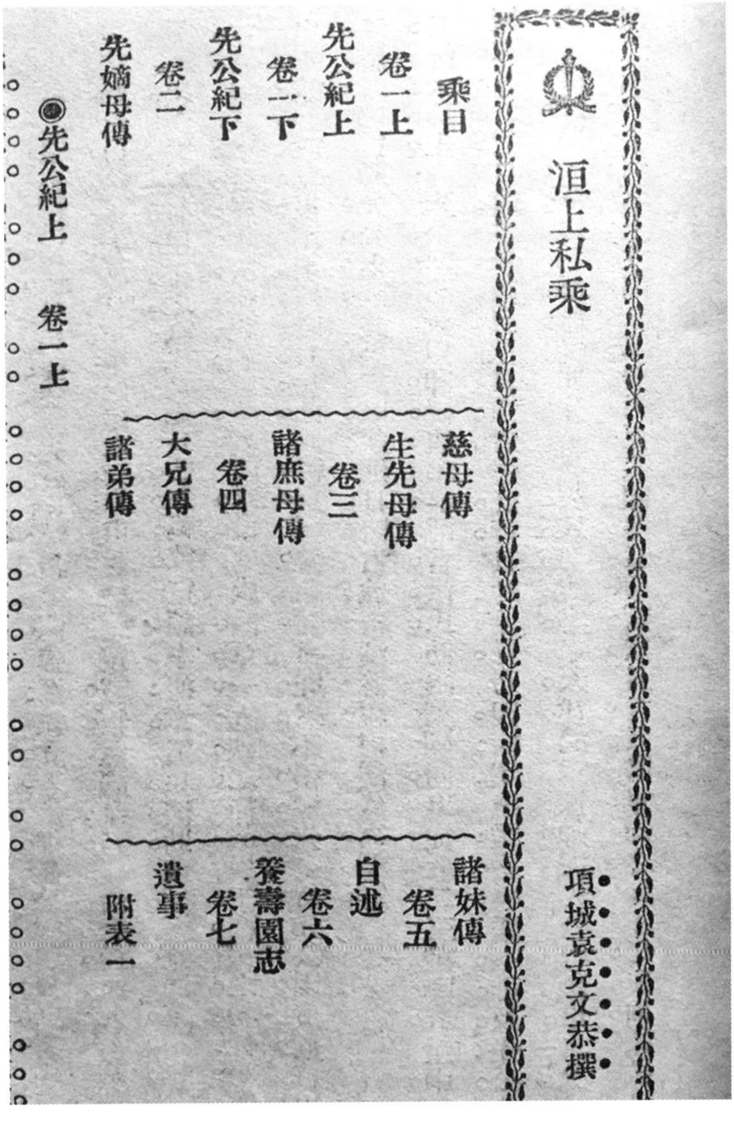
洹上私乘

項城袁克文恭撰

乘目

卷一上

先公紀上

卷一下

先公紀下

卷二

先嫡母傳

慈母傳

生先母傳

卷三

諸庶母傳

卷四

大兄傳

諸弟傳

諸妹傳

卷五

自述

卷六

養壽園志

卷七

遺事

附表一

◉先公紀上　卷一上

袁克文（袁寒云）编写的《洹上私乘》中有诸庶母传。

《洹上私乘》介绍到六姨太时是这样写的：“六庶母氏叶，字丽侪，江苏丹徒县人也。婉娈明靓，柔质丰仪，十七来归，先公极爱宠之。使克文就吕碧城咨讨采学校制，设家塾于天津，节署延周砥诸女士为教授，庶母与五庶母、七庶母咸从学焉。庶母独颖慧，未逾岁已试为文能作簪花格。生子二，曰克捷、曰克有；女三，曰玖祯、曰璇祯、曰玑祯。”

七姨太死后才转正，八姨太是赎来的

七姨太张氏，河南人，无出，因病早死。克文对“七庶母”的介绍是姓邵，字惕，山东人。遇灾走他乡，卖为官宦人家女婢，后转入袁家做大姨太的女婢。因工作认真，深得顶头上司大姨太的欢心，待她如己出。命自己的继儿克文教她识文断字。虽然她不是绝顶聪明，然学习刻苦，后也能看个信写点字什么的。袁世凯看了很欣赏，让她做了候补姨太太。后跟随袁退隐到卫辉，20 岁的她便早早过世。袁世凯认为她贤惠，给了她一个“享受”姨太太级的待遇，葬在安阳南城外。另一说来自徐正伦：“七妾姓氏不详。据袁家人说，袁退居河南洹上村时，七妾与花园工人谈话，为袁所见而逼令服毒自杀。”

八姨太郭氏。袁克文在《洹上私乘》“诸庶母传”中浓墨重彩地写了一段，话说“八庶母”浙江归安县人也。母亲为南浔某富室妾，后被人炒了鱿鱼，带着小女儿八姨太到天津入了风尘。八姨太长大也操此业，改名叫“宝仙”。但是八姨太不喜青楼之事，应酬客人心不情愿，后来她母亲死，八姨太伤心至极，也想“身殉”，被人救下。其先进事迹在天津精英阶层广为传颂……克文游天津，从相好的妓女蟾香处听到此事，回洹上村后和大姨太说及。巧了，正好大姨妈看袁世凯退下来后心情郁闷，立刻派人带着钱去“赎庶母归”。更加巧的是，天津那里，八姨太为葬母借了 2000 元巨款，还有个弟弟相依为命。八姨太放出话来：谁出万元，就嫁给他。有多位富商前来一试，“八庶母”不喜做商人妇，全“拒之”。听到离休干部袁世凯来聘，欣然说，这才是“妾终身所也”，“我哪能要这么多钱”。最后只拿下 2000 元还债，1000 元给弟弟，跟着差人来了洹上村。袁世凯一见，非常高兴，立为“偏室”，还让她弟弟上学校读书。八姨太感激袁世凯知遇之恩，行事温顺恭敬，一点儿也不像青楼里出来的人。这就是克文笔下“八庶母”的烈女故事。

她生三子女：十三子克相、十五子克和、十四女祜祯。

袁克文在《洹上私乘》中介绍七姨太的文字：“七庶母氏邵，字惕若，山东潍县人也。幼失怙，遇灾从母避走他方，母困于贫鬻。先庶母为宦家婢，宦家中落转鬻于予家侍家慈母，深得欢心，家慈母无出，抚之如己女。命克文教以书字，庶母虽非绝慧而攻苦异人，能作短札，善擘窠书。先公赏之列为姬侍，清光绪戊申（1908 年）先公罢官归，先庶母适卧疾仓惶相从以惊致剧，未几卒于汲县邸第，得年二十，无出。先公哀悼甚。且悯其贤以侧室礼葬之于安阳南郭。”

袁世凯君令息及令女

18. Mr. In-sei-kai's Sons and Daughter.

袁克定和弟妹们合影。七姨太无出，因为年纪轻，曾经和图片中的这些晚辈玩在一起。

八姨太郭氏老年像

1934年，十三子克相和十五子克和毕业于天津工商大学时合影。

袁克文在《洹上私乘》中介绍八姨太的文字："八庶母氏郭，浙江归安县人也。母为南浔某富室妾，生女二以故下堂，携幼女行即庶母也。其母既出复堕风尘鬻歌于天津，庶母从焉，比长亦为张帜字曰宝仙。庶母性纯孝而心非其母行，尤不乐溷青楼中居，常落落寡与人合。其母以疫死，庶母哭之恸昏绝者屡，欲以身殉，赖左右以葬亲责免乃辍死志。一时士夫群嘉其行，克文游津沽识伎蟾香，伎与庶母友善从闻始末。及归洹上为家慈母言之，时家慈母因先公罢官家居虑有抑郁亟遣使辇重金至天津赎庶母归。初庶母丁母丧室无宿储，典衣鬻饰以养殡殓，典鬻不足乃贷诸伎家负几二千金。且有弱弟赖为衣食，庶母极友爱，倡言有能致万金聘者嫁之。有数豪贾欲得庶母为室，庶母不乐为贾人妻，咸却拒之。及闻先公来聘欣然投袂起曰：此妾终身所也，安用多金为哉。属使偿伎家二千金，授弟千金，其母遗物悉以畀弟。毅然从使来洹上，先公一见悦之且重其义，立列为侧室，遣其弟入学校读书。庶母感先公厚遇益自恭顺，素持谨约，不类出青楼中，和惠静婉，家人皆称其贤。生子二，曰克相、曰克和；女一，曰珣祯。"

袁世凯十四女祜祯与曹锟长子曹士岳结婚照。二人于 1937 年秋成婚，结婚后，感情不睦，经常争吵，最后竟至曹士岳开枪打伤袁祜祯，后双方协议离婚。

九姨太睡在外面

九姨太刘氏。原是五姨太杨氏的丫头，成年后为袁“临幸”。

克文说，当她听到袁世凯死讯后也要身殉，因为有孕，被众人劝下。

九姨太的资料比较少见，2011年，在安阳九姨太故居的“袁氏小宅”修复时，有些文字介绍，因为是当地媒体介绍当地人，应该比较知根知底。从文章中我们知道，九姨太姓刘，直隶天津县人，从小是婢女，成年后出落得俊俏娇媚，如出水芙蓉，被袁相中，纳为第九房姨太太。

九姨太是袁世凯隐居安阳后娶的，当时袁50多岁，而九姨太则是不满20岁的妙龄少女。当年，袁世凯专为九姨太刘氏在城里九府胡同购置了一处三进院落的四合院，这就是现在的袁氏小宅。说起袁氏小宅，不能不提谢家大院。因袁氏小宅原本是谢家大院的一部分，人称“府中有府，院中有院”。当年，谢家是安阳城里的名门世家，家族人才辈出，宅第九门相照，占有大半条九府胡同。

九姨太刘氏为人精明，工于心计，善于经营理财，这是深得袁世凯宠爱、器重的主要原因。九姨太凭借袁世凯做后台，在安阳城里开设协泰厚钱庄和同泰源花行，这两桩生意基本上垄断了安阳一带的金融业和布匹棉花行业。同泰源初开张时资本只有300元，不到5年时间，就赚取利润150万元。现在的豫北棉纺织厂，在清末时叫广益纱厂，袁家是广益纱厂开办起家时的大股东之一，是当时河南省规模最大、用电最早的民族工业。广益纱厂所需棉花由刘氏的同泰源独家供应，刘氏的财产积蓄是袁世凯九房妻妾中最丰厚的。

袁世凯死时，刘氏因手中积蓄颇丰，未随家人外迁，独居于九府胡同的宅子里，每日深居简出，吃斋念佛，教习儿女读书。袁氏小宅偏院的那座二层小楼，俗称绣楼，相传就是刘氏女儿仪祯生活、读书的地方。后来，袁氏小宅人去屋空，昔日的深宅大院渐呈断垣残壁、荒草萋萋的景象。最后，三进院落只剩下一个四合院及一个偏院。1949年后，袁氏小宅被收归公有。

时光荏苒，岁月如歌，袁氏小宅的那些轶闻旧事已成为一段尘封的历史，这些百年旧闻，为袁氏小宅增添了浓厚的人文色彩。此房位于安阳最热闹的商业中心区域，我去时正在翻新整修。我纳闷了，问，为什么丈夫要给自己年轻老婆在远离自己的地方造个“绣楼”。看大门的老汉说：这房子，这事儿都有待专家给个说法。王碧岑说是为了找个干净素净的地方吃素念佛。

九姨太生一子一女，十六子克藩（早亡），十三女仪祯。

河南安阳（彰德府）内城的“袁氏小宅”，这里是袁世凯九姨太居住之地。

袁克文在《洹上私乘》中介绍九姨太的文字：“九庶母氏刘，直隶天津县人也。幼龄来归，性颇率直。及列侧室，行极谨饬。先公殂，欲以身殉，以遗腹有妊群劝止之。立毁容守礼，独依家慈母居洹上。训子严重，不以幼独而宽假也。生子一，曰克藩；女一，曰琿祯。”

袁世凯一死，二分之一家人吸起了鸦片

姨太太们都是人精，袁世凯在时大多中规中矩，作淑女乖女状。袁的轿夫班头冯培德说："全家有30多口，他们都严守封建礼教，家法很严，每当逢年过节或袁世凯生日都要隆重庆贺，全家人按辈分长幼顺序行礼。袁的妻妾子女生日，也分不同规格庆贺一番。每当此举，都给男女仆人一些赏赐。袁世凯的夫妻生活为定时轮流使妾，妾到袁房时都要带去自己的老妈子、佣人，以便侍候一切。"袁世凯病危时，除袁克定外，曾单给每个儿子15万元。怀孕中不知男女，就另留出60万元交克定保管，如生男就照前例付给，生女则留作公费，以备日后补助各房。

等到袁世凯一死，大家作鸟兽散。我们听到的故事又是一个版本，徐正伦说："袁世凯的姨太太及子女，吸鸦片烟的人占二分之一。厨房灶火日夜不熄。下午3点钟以后哪位起来，就哪时开饭，陆续不断，这项费用厨房管事另外开账，不在规定的伙食费之内。下午4点钟以后，西餐馆的茶役推车带着各式各样的点心、小吃和荤素菜肴到袁公馆。每日三餐，虽然照例准时开饭，这些人却大多不吃，男女仆人尽可食用。太太、少爷、小姐们饭后，有吸鸦片烟的，有打麻将的。晚上9点左右，就又分别去妓院、戏院、舞场等处玩乐，夜里12点钟还经常在法租界的北安利、显记、紫竹林等南方饭店吃夜宵，至两三点钟才纷纷回家睡觉。每天出门回家，衣服、鞋袜、帽子都是男女仆人给穿给脱给摘戴，他们只是抬抬胳膊，伸伸腿脚，向来不自己动手。少爷、小姐的化妆品，每人各有一个五屉柜装着，里边摆满了各式各样的香水，香水的瓶子有伞式的、人形的、兽形的、虫形的和飞禽形的，千奇百怪，以法国的居多。"

徐正伦还说了五子袁克权的故事。"克权娶端方三女陶雍为妻，嫁奁丰厚，婚后一对夫妇都吸鸦片。他长期患着心脏病。他的岳母跟着女儿住在袁家，鸦片烟瘾更大，终年不出屋。她带到女儿家的财产有很多名贵古玩，我看到过一件宫装披肩，上边满镶着珠钻。她手上戴的一个翡翠戒指，后来卖了5万元。还有一个长2尺、宽1.5尺、高约3尺的小铜桌，绿锈斑斓，上有篆字。端方的妻子曾对我说：'这是一件古物，是大人（指端方）自陕西长安买来，生前最喜爱的。'民国13年，袁家把它出售给外国人，得价12万元。"

袁家个个一杆枪，把自己早早地抽到阴曹地府去了。至于那些下人更加触目惊心："代他（袁克定）经办财务的仆从，对他多方欺骗，他也无从察觉，就他家购买日用物品而言，号房、管事人等暗中都有30%的回扣。我给他家看病，二节结算诊费，付款的时候，门房也要30%的回扣。"（徐正伦语）

袁世凯家宴（袁小真绘）。正所谓天下没有不散的宴席。等袁世凯一过世，袁克定在徐世昌等人的监督下，把财产一分，整个袁家就等于散伙了。据说，袁世凯死后，袁家家眷移居到天津大营门袁家大院，这里是一个很大的建筑群，里面有德式居住楼房、戏楼和档案馆。每一位姨太太和她们的子女都分得一栋楼，大家各立门户，各奔前程。

袁世凯家庭

- **元配于氏**
  - 长子克定（娶湖南巡抚吴大澂之女）
- **大姨太太沈氏**
  - 次子克文（过继）
- **二姨太太吴氏**（朝鲜人）
  - 长女伯祯（嫁清两江总督张人骏之子张允亮）
  - 五子克权（娶清两江总督端方之女陶雍）
  - 七子克齐（娶民国总理孙宝琦之女）
  - 十子克坚（娶民国陕西督军陆建章之女）
  - 十二子克度（娶天津富商罗云章之女）
  - 六女箓祯（嫁民国总理孙宝琦之子）
- **三姨太太金氏**（朝鲜人）
  - 次子克文（娶天津候补道刘尚文之女刘梅真）
  - 三子克良（娶邮传部尚书张百熙之女）
  - 三女叔祯（嫁直隶总督杨士骧之侄杨毓珣）
  - 八女（早亡）
  - 十女思祯（嫁伪北京宪兵司令邹文凯）
- **四姨太太闵氏**（朝鲜人）
  - 四子克端（娶天津盐商何仲璟之女何慎基）
  - 次女仲祯（嫁两江总督端方之侄）
  - 四女（早亡）
  - 七女复祯（嫁陆军大臣荫昌之子）

袁世凯子女的配偶，大多出自豪门、名门。三女袁静雪说，父亲往往一两句闲话间就决定了儿女的终身大事，有时很明显是从政治利益出发，像决定袁克权娶端方之女的同时，将二女儿许配端方的儿子，尽管女儿很不称心。袁还险些把袁静雪许给逊帝溥仪。

谱 系 图

- **五姨太太杨氏**
  - 六子克桓（娶江苏巡抚陈启泰之女）
  - 八子克轸（娶直隶总督周馥之女周瑞珠）
  - 九子克玖（娶黎元洪之女黎绍芳）
  - 十一子克安（娶天津大盐商李士铭之女李宝慧）
  - 五女季祯（嫁吏部尚书陆宝忠之子，后病逝）
  - 十五女（早亡）
- **六姨太太叶氏**
  - 十四子克捷（娶山东祝家之女）
  - 十七子克有（娶京剧演员于云鹏之女）
  - 九女福祯
  - 十一女奇祯（嫁天津王家）
  - 十二女瑞祯
- **七姨太太张氏**
- **八姨太太郭氏**
  - 十三子克相（娶大学士那桐之孙女张寿芳）
  - 十五子克和（娶天津盐商张调宸之女）
  - 十四女祜祯（嫁民国总统曹锟之长子曹士岳）
- **九姨太太刘氏**
  - 十六子克藩（早亡）
  - 十三女仪祯（季祯死后，嫁吏部尚书陆宝忠之子）

这种门当户对的指婚一直延续到袁世凯身后，影响到第三代人。袁克定的长子袁家融，留美回国后娶了湖北督军王占元的女儿；袁克定的二女袁家第嫁的是苏州三大文人之一费树蔚的公子费巩；袁克文的长子袁家嘏娶的是扬州才子方地山的女儿方初观；袁世凯生前还将侄儿袁家鼐与段祺瑞的三小姐段式巽联在一起。随着袁家的失势，也有过对方悔婚的情况，譬如徐世昌就没肯把女儿嫁给袁克坚。

袁世凯的重孙辈大多与平民联姻。

第六章

袁世凯出山记

千呼万唤始出来，袁世凯出山了！

这一次，袁世凯证明了一句名言：威名之下其实难副。

清廷起用袁世凯过程回放

1911年10月14日，御史史履晋奏请起用在家赋闲的袁世凯，载沣虽极不情愿，但也别无他法。当日，清廷即任命袁世凯为湖广总督。

同日，袁世凯前幕僚阮忠枢持奕劻亲笔函由北京前来，劝袁世凯出任湖广总督。

同日，杨度也由北京抵达，劝他不要应命。其间王锡彤问袁世凯："公之出山为救国也，清廷亲贵用事，贿赂公行，即无鄂祸，国能救乎？"

袁："不能，天之所废，谁能兴之！"

王："然则公何以受命？"

袁："托孤受命，鞠躬尽瘁。"

王："专制之国不容有大臣功高震主，家族且不保，前朝例甚多。同是汉族已不能免，况非一族。"

袁勃然变色，大声说："余不能作革命党，余且不愿子孙作革命党。"

15日，荫昌过彰德，晤袁世凯。同日袁以"旧患足疾，迄今尚未大愈"为辞复奏，表示不能应命。

18日，清廷促袁世凯力疾就道。

19日，清廷命长江一带水陆各军均归袁世凯节制调遣。

20日，徐世昌奉奕劻之命，自北京微服到彰德晤袁世凯。袁世凯通过徐世昌向清廷提出六项要求：一、开国会；二、组织责任内阁；三、宽容武昌事变人员；四、解除党禁；五、总揽兵权；六、宽予军费。

21日，清廷从袁世凯奏，令招募壮丁1.25万人，作为湖北巡防军，命度支部拨款400万两。

22日，湖南独立。

23日，陕西独立。

24日，清廷又从袁世凯奏，命拨江宁新军管带快炮36尊及全数子弹解赴信阳。

26日，清廷命奉天、直隶协拨袁世凯快枪1.3万杆，炮54尊。

27日，命冯国璋总统第一军，段祺瑞总统第二军，均归袁世凯节制调遣。

29日，太原新军起义，成立山西军政府，阎锡山任都督。

30日，云南独立。袁世凯自彰德南下赴任。

31日，南昌新军起义，江西全省独立。

11月1日，上海光复。袁世凯抵达湖北萧家港。奕劻内阁辞职。任命袁世凯为内阁总理大臣，让他赶快进京，组织责任内阁，前线军队仍然归袁指挥调遣。

4日，贵州、浙江独立。

5日，江苏独立。

6日，广西独立。

7日，革命党人、新军第六镇统制吴禄贞被暗杀于河北石家庄，华北新军起义遭破坏。

8日，安徽独立。资政院开会，正式选举袁世凯为内阁总理大臣。

9日，广东、福建独立。

13日，袁世凯到北京。山东巡抚孙宝琦宣告独立。24日，孙取消独立。

16日，袁世凯就任内阁总理大臣，组织责任内阁。

17日，宁夏会党起义。

21日，宁夏军政府成立。

22日，重庆独立。

27日，清军占领汉阳。四川独立。

12月1日，湖北军政府与袁世凯签订停战协议。

3日，各省代表会议通过《中华民国临时政府组织大纲》，并决定如袁世凯反正，当推为临时大总统。

6日，载沣辞去监国摄政王。

18日，南北议和开始，南北代表伍廷芳、唐绍仪在上海英租界举行首次会议。

28日，袁世凯觐见隆裕太后等皇室成员，商议清室优待条件的谈判细节。

30日，载沣下罪己诏，解散皇族内阁。

1912年2月12日，宣统皇帝宣告退位，清朝268年统治结束。

13日，袁世凯通电赞成共和，孙中山辞职并推荐袁为临时大总统。

15日，南京临时参议院选袁世凯为临时大总统。

2月25日，袁任民国临时大总统。

3月10日，袁世凯在北京就任临时大总统。

13日，任命唐绍仪为国务总理。

8月，袁邀请孙中山、黄兴来京，并与孙会谈13次。

袁世凯出山不磨蹭

历来史书说到袁世凯出山时，极尽讽刺挖苦之能事，说他阳奉阴违，实施“拖”字诀。查清廷起用袁的日程，其实不尽然。武昌起义于1911年10月10日打响，朝廷开始并没有重视，到14日才正式向袁世凯发函征召。袁第二天回信婉拒。

观袁世凯一生，这“婉拒”是他从中国士大夫文化中学来的臭毛病，好事坏事都要“谦虚”一回。每到关键时候，他都要如此这般一番。实在为笔者蔑视。

从上述日程的字里行间，我们看到，军人袁世凯还是有职业道德的。这期间他一边熟悉情况，一边根据经验已经在给中央打报告，支着儿。

20日，袁世凯提出了“袁六条”。细看这六条，发现袁似乎在为天下所有“被压迫者”说话。开国会和组织责任内阁，是为当时势力最大也最为我等后人忽略的各地“谘议局”和立宪派说话。各地大大小小的“谘议局”，其实就是各地大大小小“乡绅”的大本营。哈佛大学的费正清特别看重这拨人，认为中国历来文官体系里最闪光的地方就是官僚体系到县一级为止，下面的事情交给宗族和乡绅“免费代理”。他认为谁赢得这群人的拥护谁就得天下。太平天国从南到北一路得罪了多少“乡绅”，最后被乡绅出身的曾国藩、李鸿章率领的团练给消灭了。宽容武昌事变人员和解除党禁是为激进派立言。袁世凯在当时算是老体系中人，但是他也知道“统一战线”是一大法宝。他将自己定位为中间偏左人士，团结左派和极左派，最大限度地孤立极右派。

最后的总揽兵权和宽予军费才是老袁利之所在。谁都知道谈权和钱最易伤感情，但是没有权和钱是万万不行的。所以老袁将这两条放到最后，给人以“先天下之忧而忧，后天下之乐而乐”之感。

这回清廷特爽快，第二天便默认了“袁六条”。于是老袁不停地上奏，不停地支着儿，清廷不停地“从袁之奏”。其实袁已经渐渐地参与指挥了。时间最早可以推到清廷正式要求其出山的第二天。

《泰晤士报》驻京首席记者莫理循10月27日从北京发给伦敦的电报如下：

军队将领和国防大臣禁止参与任何相关决议，军队一切事务都由袁世凯一人调配，在与起义军交涉过程中他拥有指挥军队的绝对权力。在朝廷执政期间类似的事件只发生在曾国藩时期，当时慈禧太后授予曾国藩绝对权力以平定太平天国叛乱。

朝廷至少开始吐出它所囤积的财产。有一道诏书的内容表明隆裕太后从她私人的金库中调拨了100万两白银作为军饷以应付湖北境内的紧急需要。

L'ILLUSTRATION

La garde particulière de Yuan Shi Kai, à l'entrée de la rue où le premier ministre s'est installé, dans le yamen de son fils.

LE DICTATEUR CHINOIS YUAN SHI KAI

当年英国《图报》杂志上的袁世凯出山报道，并有袁世凯回到北京居住在锡拉胡同（上）的照片和隐居在洹上村时的渔翁袁世凯照片。

第二天就出发了

清廷正式征召的第十二天，袁世凯变间接指挥为直接指挥，出发上前线了。袁的轿夫班头冯培德说："他于九月初九由安阳动身，当天到郑州，第二天驻信阳，第三天到孝感，第四天到达目的地。"袁世凯先到医院慰问伤员，分赏给伤员每人一些银子，还叮咛医方好生医护，搞好生活。随袁同往的姨太太还向伤员赠送果品，深表慰问。袁的此举，士兵颇受感动。一个第二天，一个第十二天，何来个"慢"字？这对一个离休已经三年，完全脱离军队体系的"老干部"来说不容易了！不久，袁回到北京，莫理循描写北京城欢迎的场面：

北京，1911 年 11 月 13 日——袁世凯，皇位的觊觎者，抵达了三年前自己被罢官的北京。今天他由 2000 名士兵护卫，并被政府热情地接待。为了欢迎他的到来，政府发布了公告称京城附近的军队都由其掌控。……有一群安静并且秩序井然的人从火车站到他的居所夹道欢迎他的到来。袁世凯看上去很强壮，最近有报道称他的身体状况不是很好，这也成了他一再推迟应清政府之邀到北京的借口。政府继续在北京集合满族的军队，但是很快就无法再支出军饷。人们不认为中国人能够在北京地区集合到一支足够人数的军队来抵抗进攻，但是可以确定的是因为政府无力从各个省得到收入，因此北京迟早会被攻占。

摄政王载沣是 12 月 6 日才辞职的。从《纽约时报》当天的报道可以读到一些细节：

北京，12 月 6 日——皇太后今天发布了一份宣布年幼的皇帝的父亲载沣辞去摄政王一职的布告，签字者为内阁的成员。指出目前的政府不受人民欢迎，并且一个立宪的政府仍然没有被建立起来。布告也解释了由于复杂的局势，人民很伤心，国家也陷入混乱中。布告中说摄政王觉得他的遗憾来得太晚了，并感觉如果他继续在此职位上，他的命令很快就没人会听从。布告继续说：他哭求辞去摄政王一职，同时也表达了他最真诚的放弃政治的愿望。"我，皇太后，居住在皇宫中，是不知道国家的事务的，但是我知道存在反叛，争斗也在继续，这引起了灾难，而我们的商业也受到了恶劣的影响。"退休的摄政王每年将从皇室得到一笔总数为 5 万两（大约 3 万美元）的补贴。

载沣对政治没有兴趣，做摄政王对他来说是一个沉重而毫无乐趣的负担。载沣讷于言辞，说话甚少，与亲友兄弟们在一起时，总是一位沉默的旁听者。他一般不轻易留饭，留饭照例是淡漠敷衍的。即使是对待自己亲戚本族的婚丧大事，他也只是露露面，寒暄几句，便赶忙起身

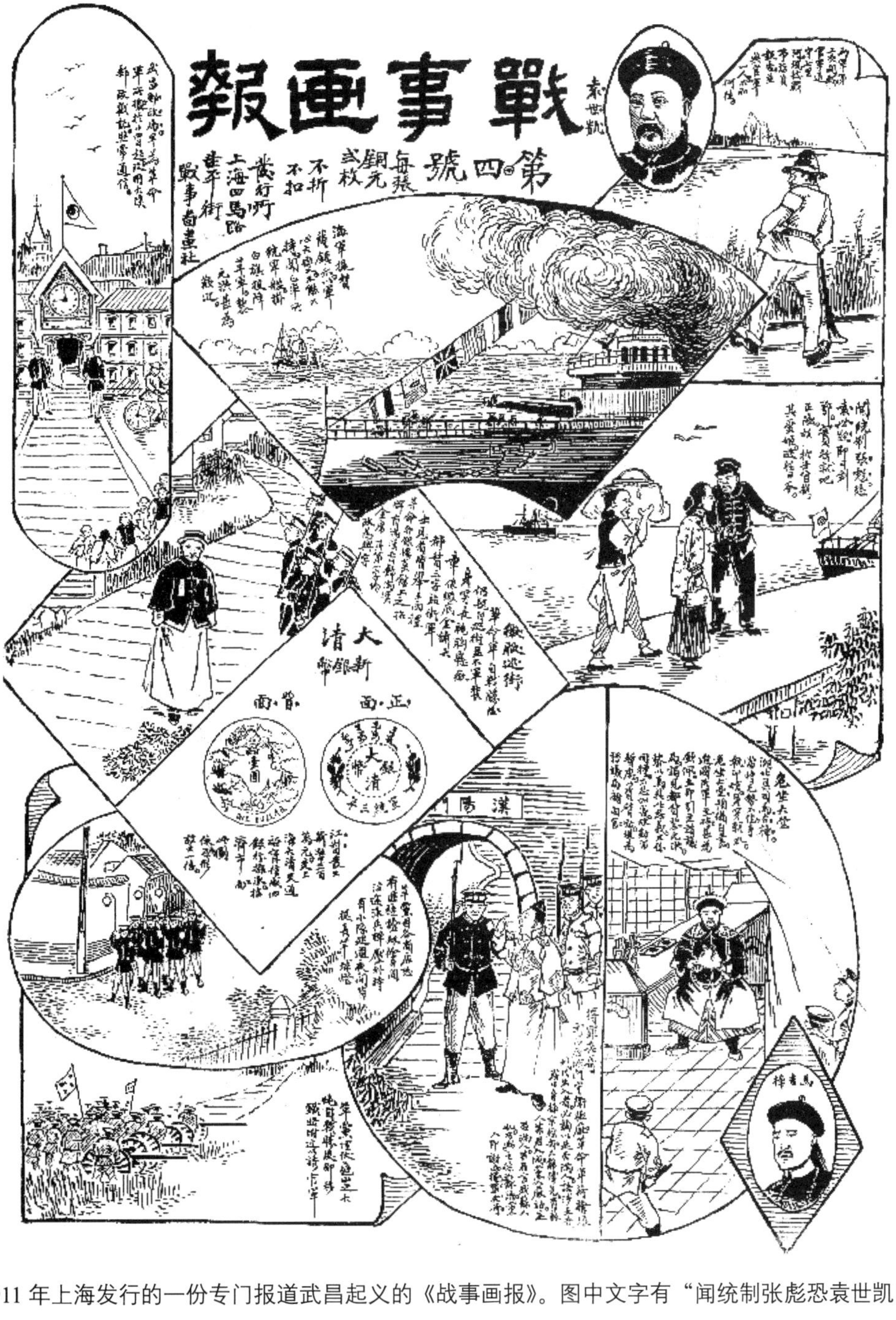

1911 年上海发行的一份专门报道武昌起义的《战事画报》。图中文字有“闻统制张彪恐袁世凯即日到鄂，实行就地正法，于 28 日携其爱姬逃往日本”。“海军提督萨镇冰之军心大变，不能持久，闻已率所统军舰，挂白旗投降革命，黎元洪甚为欢迎”。“武昌邮政局早为革命军所据，于 24 日起改用大汉邮记，照常通信。”从所记事件看，发表时间当为 1911 年 11 月 11 日左右，时袁世凯正在汉口，画报右上方为袁世凯像。

在汉口身披大氅的革命军士兵，平添三分威风。

孝感，正在通过浮桥的清军步兵队伍。

告辞，留下其他人哭笑不得收拾残局。他不是崇祯帝，当摄政王当到国破，他还一脸轻松地对福晋瓜尔佳氏说："从今天起，可以回家抱孩子了！"慈禧真是看走眼了，偏让这么个单薄身子的骆驼祥子，拉这么重的帝国老破车。大清能不亡吗？

武昌事变中的新军起义者

武昌事变时的清军骑兵

一辈子没有安全感

丑媳妇怕见公婆，袁世凯是1911年12月28日才觐见皇室，商议清室优待条件的谈判细节。《每日电讯报》驻北平记者第二天报道说："根据新闻，昨天袁世凯、太后和亲王们会谈。在皇宫中出现了戏剧性的辛酸场景。一些王公大臣哭道：臣罪该万死。隆裕太后再次昏迷，整个皇宫中充满悲戚。"

淮河边，捻军马蹄下长大的袁世凯，一辈子没有安全感。

袁世凯当上大清国的直隶总督后，行动谨小慎微，并且总是随身带着双胶鞋。(《纽约时报》语）还在直隶总督位子上时，他就为"君臣之险"担心，曾写信给哥哥袁世勋，说了心中的怕：弟这次做直隶总督，全仰赖太后的眷宠。但太后已老，一旦生病，皇上独断朝政，"岂肯忘怀昔日之仇"，到那时弟也就难保了。太后一死，弟只能辞官归隐。古有明训，弟已经烂熟于胸！

后来果然让摄政王罢了官。好容易出山做事儿，全家又听说革命党要对其下手。

女儿袁静雪说："在他出发以后，有一天，我们家里忽然得到一个惊人的消息，说是第六镇统制吴禄贞要派人杀害我们全家。这时候，全家上下惊慌万分，毫无办法。我们小姐妹更被吓得手足无措。二姐曾天真地对我说：'要是真来杀我们，我们就顶着花盆藏到花园的池子里去，他们自然就找不到我们了。'"

这虽然是虚惊一场，袁世凯却考虑到，今后全家如果还住在彰德，未必不再发生同样事件，就让大家分批搬到天津。

当时全家在天津是分别住在几个地方的，袁静雪说："我娘和大哥住在德租界，大姨太太和二哥住在意租界，其余的二、三、五、六、八、九六个姨太太和我们小兄弟姐妹们都住在英租界小白楼'矿物局'。住下不久，全家又按我父亲的指示，分批搬到北京，住在石大人胡同外务部（民国时期改名为外交部，石大人胡同也改名为外交部街）内。"

可是当了内阁总理大臣还是不安全，因为是清廷的首相，革命党中的极端派将之列为暗杀的头号对象。

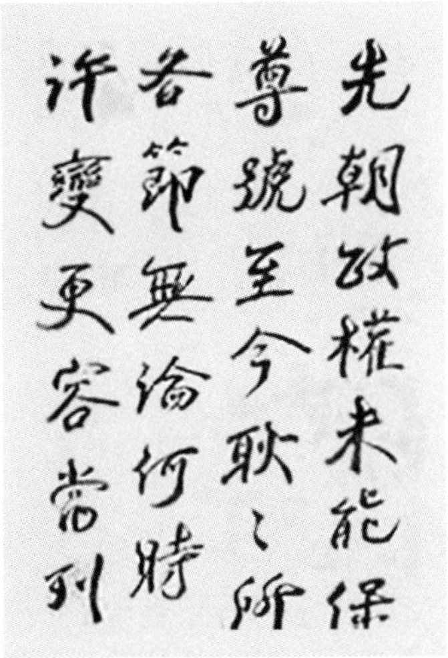

先朝政權未能保
尊號至今耿耿所
眷節無論何時
許變更容嘗列

据说这是袁世凯给清廷开具的退位后待遇从优字据。姑且当真吧。袁世凯是个官场老油子，应该是好话说尽，但不会让人捏着字据，留下实物吧。据记载，清廷退位也是悲悲戚戚的：此时的清廷早已奄奄一息，袁世凯亲自出马说服隆裕太后，请求清帝退位。1 月 17 日，隆裕太后在养心殿召集王公大臣，举行第一次御前会议。2 月 11 日，袁世凯让张謇拟定好逊位诏，并催促清廷加盖玉玺。次日早朝，袁世凯向隆裕太后禀告民国对皇室优待费，每年 400 万两，并哭着说：“请皇太后好好教皇上念书，将来还有还政之一日。”出殿时，声犹哽咽。隆裕太后回宫后对近侍说：“袁世凯真是忠臣。”2 月 12 日，宣统皇帝溥仪退位。

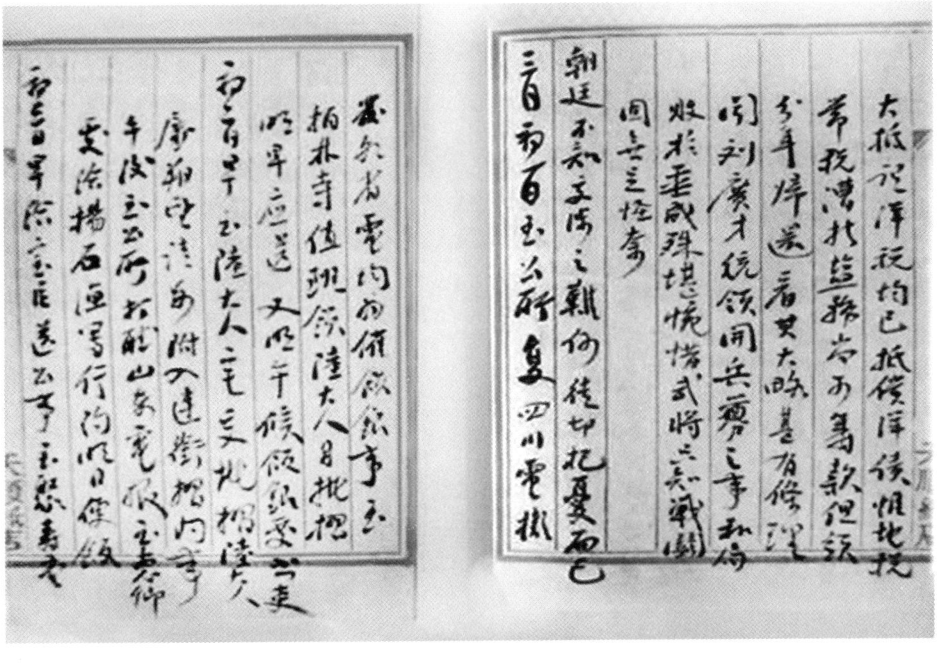

度支部侍郎绍英写的《绍英日记》片段。据《绍英日记》记录，袁世凯面见隆裕太后时的一番对话：皇太后垂泪谕袁总理大臣云：“汝看着应如何办？即如何办。无论大局如何，我断不怨汝。即皇上长大，有我在，亦不能怨汝。”

袁对云：“臣等国务大臣，担任行政事宜。至皇室安危大计，应请上垂询皇族近支王公。论政体本应君主立宪，今既不能办到，革党不肯承认，即应决战。但战须有饷，现在库中只有二十余万两，不敷应用。外国又不肯借款，是以决战亦无把握。今唐绍仪请召集国会公决，如议定君主立宪政体，固属甚善；倘议定共和政体，必应优待皇室。如开战，战败后，恐不能保全皇室。此事关系皇室安危，仍请召见近支王公再为商议，候旨。”

刺杀袁世凯

《纽约时报》报道了光天化日之下的一次血淋淋的刺袁行动：

北京，(1912年) 1月16日——今天早晨，当总理大臣袁世凯在前往皇宫的路上，有人向袁世凯的马车扔了炸弹，当即两人毙命，并且伤及十七人。其中被炸弹金属外壳碎片击中的有八到十人，这些人有可能死亡。属于护卫队的多匹马，以及袁的马，都已死亡。袁的马车开着窗户，由骑兵护卫队跟随，沿途五码远有士兵和警察。

当袁世凯的马车到达莫理循记者公馆对面时，攻击者已经在公馆角落观察了很久，一枚炸弹猛投出去，来不及等着看他们行为的结果，刺客便奔向附近一间茶室。摩肩接踵的士兵和警察将其拘捕，疑犯也被拘捕。

总理大臣的攻击者是三位穿戴讲究的汉人，据说是著名的革命者。当马车距离出事地点大约三十码时，他们站立，其中一位朝马车方向扔出一枚炸弹。但是，没有命中目标，投射物在距离马车二十码的地方爆炸了。

马车咯吱作响且摇晃，但是袁世凯未受伤就逃离了。很快，马车附近的警察、士兵和两匹马受打击而死。爆炸力如此之大，数百码远的很多房屋从上到下整个都被震动了。

当天，各方包括公使馆传来的道贺声，一齐涌向袁世凯。攻击总理大臣显然已经消除了满族人思想上关于袁世凯忠诚度的疑虑。

对于这段报道，我们可以通过阅读袁静雪的文字补充某些细节：

忽然有人从当时有名的饭馆“东兴楼”的楼上扔下三颗炸弹。其中的两颗当时爆炸，除了我父亲的顶马袁振标当场被炸死以外，还有另一顶马杜保和双套马车的两马，都被炸成了重伤。

杜的伤势很重，过了不久就死去了。另外一颗炸弹扔到“东兴楼”下便道上自来水龙头旁边的水坑里去了，没有爆炸。

那两匹马被炸伤以后便如飞地奔驰起来，车上的马夫虽然紧紧地勒缰绳，也勒它们不住，只得任着这两匹伤马飞快地跑，一直到它们回到石大人胡同外务部门口方才站住。这两匹马因为受伤过重，终于死去了。

我父亲侥幸，当场既没有受伤，又平平安安地回到官邸。因此，他在见我们之后，只简单地说了一下当时的情况，接着便哈哈地笑了起来。

据跟随我父亲出去的男佣人事后谈起：“当时那两匹马都被炸伤了肚子，伤势很重，如果立时都死在‘东兴楼’门前，宫保的性命是会发生危险的。”

第二天，又有人在外务部的门口扔了一颗炸弹，当场并没有炸伤什么人，只是我父亲办公室窗户上的玻璃受爆炸声浪的冲击，形成了许许多多的小璺。

他为了避免发生危险，此后就听从家里人的劝告，搬到地窨子里办公去了。

一个泱泱大国的总理大臣，被几颗炸弹炸回到“穴居时代”，也是前所未闻，说明老袁还是缺乏安全感。

莫理循记者公馆大门。1912 年 1 月 16 日，大门前发生了一起刺杀袁世凯的爆炸案。

袁世凯的“200 万法郎”

刺杀行动后，袁世凯再没上过朝，做了大总统后，他是活着进了中南海，自死都没有走出新华门。为甚？大总统没有安全感！

这里说的是肉身安全，还有精神上的安全呢。

前清时，袁世凯最大的欲望就是当一个责任内阁总理大臣，是那种在皇帝的诏书上有附署权的内阁总理大臣。

争取了十多年的责任内阁制，是不是有袁世凯的个人考量？他的换帖兄弟徐世昌说有：“项城自小站练兵，即树立北洋根基。戊戌政变后，以至入直军机，其广布势力，无非争取政治地位，充其量不过欲为一权臣而已。在君主专制下，稍萌异志，辄有杀身之祸。以项城之精明稳练，宁肯出此！”

是啊，伴君如伴虎，历来帝王之术就是在群臣中搞恐怖平衡，慈禧喜怒无常更是历朝之最。袁位极人臣时，慈禧每天都能收到御史的一箩筐奏本，每一项参奏都可以让袁死十次。

在其大总统任上，府院之争，府会之斗，新老冲突，南北争斗，日俄的虎视眈眈，在袁看来都是乱象，全是不安定因素。

想到伤心处，袁世凯都想远走高飞，做寓公去。

《纽约时报》1915 年 12 月 12 日有篇报道说：“自从他当选为总统后，因为很多人试图夺取他的性命，他几乎完全过着与世隔绝的生活。据几个月前的报道，他在英格兰买下了大片的庄园，以防他哪天被迫从皇帝的位上退下来时做他自己、他的众多妻子们和他 31 个孩子的避难所。”

七子袁克齐也告诉我们一个“200 万法郎”的故事：“我父亲做总统后，看到中国政局变幻不安，考虑退路，曾在法国银行存过 200 万法郎，准备做旅居法国的经费。”

“当时约定：他生前支取，除本人签字外，须有徐世昌、孙宝琦副署；死后由我大哥袁克定签字支领。父亲死后，我兄弟们问到这笔钱，大哥说不知道；问徐世昌、孙宝琦，他们也支吾其词。结果这笔钱，始终没有领回，被法帝吞没了。”

打倒法帝国主义！

不过且慢，为什么当事人都支支吾吾？好吧，就当老袁交了安全保险费。咱们大总统能睡个好觉，就是我们做子民的最大幸福。

袁世凯回到北京住在锡拉胡同里，胡同口有警卫人员把守。瞧，在空地上还有帐篷，估计不少于一个连的兵力担任守卫，因为革命党人中的极端派要谋杀袁世凯。

锡拉胡同位于北京东城区西南部王府井大街，和新东安隔街相望。因此地曾有锡灯、蜡台作坊而得名。袁世凯 50 岁寿辰在锡拉胡同度过，当年京城寿帖卖空；北京锡拉胡同袁府贺客盈门，达官亲王争相献媚。李泰菜笔记中说，此前那桐去请京剧泰斗谭鑫培为袁祝寿，想破例演两出戏，谭老板半开玩笑说："中堂如肯给我请个安，我就来个双出。"话音未落，那桐已一请到地。

“窃国大盗”为什么受欢迎？

想当年“窃国大盗”是“救世主”？

又是一个百思不得其解！

为什么1911年辛亥革命前后，“窃国大盗”袁世凯那么受欢迎？

1909年到1912年，袁世凯在国人心目中的地位是与日俱增。辛亥革命前，袁世凯还在洹上村时，便有人观察到袁开始渐成香饽饽：“是时，袁公去位已将二载，天下之仰望之者愈众。旧日僚属亦明目张胆复来趋附，不似从前之藏头露尾矣。”

所以费正清说：“他一度于1909年被清廷革职还乡，这事反使他增加了声望。”

总结一下，大约有六种人对其有好感。

第一种人当然是以北洋军人为主的军方。请看1912年2月2日《纽约时报》的一个报道：“昨天袁世凯的军队散发了传单，威胁说如果袁世凯少了一根头发，士兵们会杀掉所有应该负责的人。”瞧瞧，这时的清廷还未宣布退位，袁世凯的军队已经公开打出“只认袁世凯”的旗号，让宗社党人心寒。

第二种人，清廷中的改革派，也就是立宪派。袁世凯就是他们的代言人。立宪派的首领是张謇，成员大多为封疆大吏和各地的“谘议局”议员。

第三种人是汉人。1909年袁世凯开缺回老家彰德府后，汉人把这看成是满人打压汉人。袁出不出山，被很多汉人看成是满族统治者“落实民族政策”的一项指标。“当时我们认为汉族人做官，再有权也是靠不住的，因此就对自己的前途也有些担心。”（唐在礼语）

第四种人是革命党人。他们将袁看成是革命的同路人。这可以从孙中山1911年写给伦敦金融家，要求英国“风险资金”投资革命时的一段话中看出：“北京周围的七个师是由直隶总督袁世凯创立的。因为他新近被北京政府降级，所以，这些部队对北京政府的忠诚度被大大打了折扣。虽然在他们与我们之间并未达成任何约定，但我们坚信他们不会为清政府卖命。……实际上也将保持中立。”瞧，袁世凯还被孙中山作为投资筹码开给了老外。

第五种人是全国的老百姓，特别是京城里的百姓。辛亥革命后，他们天天担心南北战争。

北京的旗人怕革命党来革他们的命，大伙儿日日盼着袁世凯来操这个和局的盘。清帝退位诏书发布后，唐在礼是这样形容京城百姓的高兴劲儿的：“第二天，北京城各家报纸就把诏书的全文发表出来。老百姓欢天喜地地拱手相告：‘换了朝代了，这是共和的天下了，这样就用不着打仗了！’”瞧，不动家伙，过和平的日子，这对老百姓来说是硬道理。像铁良等宗社党死硬分子们那样“拿起武器，准备战斗”的，毕竟是少数。

第六种人是外国势力。

1911 年上海出版的外文报纸《中国公论西报》封面。当清帝退位，共和来临时，《纽约时报》发文说：“在这次革命中，一个杰出的人被确定为领袖之前，必须承诺他可以让清帝顺利退位，他很可能需要和各方进行交涉，讨论如何分配从清廷手中夺来的权力，这些都是非常困难的任务，但事实证明这些困难是可以被某个人克服的——共和派推举袁世凯做大总统。需要袁世凯处理的首要问题是皇室，其次是忠于清朝的军队，这两方都在逃避参战。现在袁既然已经被选为大总统，这些建设性的工作就要立刻开始。”

洋人盼袁世凯当道

话说支持袁世凯的第六种人——外国势力，经过100多年的打打闹闹，各大国在华都有了自己的势力范围。“民主”“平等”这些词敌不过各国实实在在的在华利益。

庚子事变证明，袁世凯是保护洋人利益的最恰当人选。英国公使朱尔典声称：“没有人比他更适于充当汉人与满清皇室之间的调停人角色了，他是汉人中最受人信任的代表人物。”美国驻华公使嘉乐恒说：“还没有比袁世凯更强的人出现。”“未来的所有希望都集中于袁世凯一人。”法国也将袁世凯看成是“能使中国避免出现一个混乱时期的唯一力量”。德国驻华大使认为：“如果人们置袁世凯政府命运于不顾，让可以引导到一个混乱局面上去的一些未成熟的或超出这个目标的政治企图自由发展，则其危险将会更大。”英国《泰晤士报》记者莫理循告诉上海的共和领袖们，指望对中国国情一无所知的孙逸仙去争取列强对中国的尽早承认，是痴心妄想。他说，只有袁世凯才能得到外国信任。革命党的领导人向莫保证，他们一定拥戴袁为首届总统。

实际上连当家的隆裕太后也少不了袁世凯，甚至将袁开缺回籍的摄政王载沣这回也眼巴巴地盼着袁世凯来收拾残局。张国淦在《洪宪遗闻》中记载了袁世凯把兄弟徐世昌亲闻的一段话：“辛亥武昌起义，清廷岌岌自危。先是，内阁那桐辞职，曾举袁自代，未果，至此重提起用袁氏，奕劻、徐世昌皆袒袁者，故有武昌督师之命。有人诘那桐：此举岂非速清亡耶？那桐言：‘大势今已如此，不用袁指日可亡，如用袁，复亡尚希稍迟，或可不亡。’此皆余之所亲闻者。”那桐的话代表了清贵的心声。从全国范围来说，这时候袁世凯的执政基础可说是空前的广泛，真可谓万千宠爱在一身。为什么？因为举目四望，袁世凯浑身确实有诸多好条件：一、汉人身份（革命党主张驱除鞑虏，袁世凯逼清帝退位，于革命有功）。二、带过一支最好的军队（稳定因素的保证）。三、官僚队伍中的改革派（各省谘议局议员喜欢）。四、和清廷有千丝万缕的联系（清贵指着他得到退位优厚待遇）。五、列强的不二人选（能保护列强在华利益）。六、能干（工作经验丰富）。七、受过不公正对待（为汉人受过）。八、人缘好（为他说好话的人多）。九、不极端，不保守，各方都能接受（最大公约数）。

《大公报》创办人之一胡政之说：“中国人办事，两人共事必闹意见，三人共事必生党派。”可是令人想不到的是，历来不团结的中国人，那会儿要求袁世凯出山的呼声，可以说是百年难见的意见统一。不了解这个基本事实，会真相信孙中山傻，将大好河山拱手让给老袁。记住，天下没有免费的午餐！

袁世凯和部分政府官员与美国公使嘉乐恒（袁右侧）等合影。1912 年 3 月 10 日下午 3 时，袁世凯宣誓就职中华民国临时大总统，图中袁世凯身着的仍为前清陆军上将军常服。前排左起第一人为孙宝琦，孙右后方为荫昌，前右二为陆徵祥，荫昌之右为梁士诒，第三排右一为顾维钧。

武昌起义后，美国驻华公使嘉乐恒一直在洋人圈子中为袁世凯重新出山摇旗呐喊，并得到驻京公使团的一致同意，正式建议清政府起用袁世凯。1913 年 5 月 2 日美国率先承认袁世凯政府。

媒体的宠儿袁世凯

晚清的报纸平时风花雪月、武侠小说居多，但是受甲午战争和戊戌变法的刺激，普遍开始议论时政。对1894年11月至1895年11月上海主要中文报纸的论说进行统计发现，这一年中，《申报》有256篇论说与时政有关；《新闻报》有185篇论说与时政有关；《字林沪报》的议政热情也同样高涨，有207篇论说与时政有关。（引自王敏《晚清上海报纸的政治空间》）

1901年清廷推行新政后，报纸又是一波政治时评热。《新闻报》以骂官场、骂官员为能事。比如，1903年的一篇时论说：朝廷“何以割一次不图自强，又割一次仍不图自强，且各国愈割中国愈客气，一割再割，三割四割，以至于割之不已”。《时报》以精辟的“时评”代替冗长沉闷的长篇大论，居然把当时还是小学生的胡适给吸引过来。胡适后来回忆：“我现在回想我们当时那些少年人，何以这样爱恋《时报》呢？……《时报》的短评，在当日是一种创体；做的人也聚精会神地大胆说话，故能引起许多人的注意，故能在读者的脑筋里发生有力的影响。”

那时候办报不要什么刊号，几个文人找一个有外国背景的，或者干脆办到租界里去便“胆大妄为”了。租界没有新闻检查，办报纸几乎不存在任何门槛。《大公报》就办在天津租界，《大江报》办在汉口的租界。然后出口转内销，再流入京城。王公贵族上班看“红头文件”，下班后都好这口，连孙中山的《民报》也能深入北京的深宫内院。大总统袁世凯在中南海里就爱看日本人办的《顺天时报》，说：这报能说点儿真话。

辛亥革命前后，媒体像打了鸡血一样，又兴奋了一回，这回大家恶炒了次“袁世凯出山”的新闻。南北报章大造舆论：“收拾大局非袁莫属！”《大陆报》说：“除非清朝政府再次召用袁世凯参与国事，没有任何行动能使清朝取得国内外的信任。”

“据对天津《大公报》与奉天《盛京时报》报道的统计，三年多时间，关于袁世凯各种活动的消息有106条，其中涉及‘出山’的有64条之多……”“新闻媒体的消息还反映了一个趋向：袁世凯出山的呼声愈来愈高，清廷给的官职也越来越大，对袁的倚重也越来越迫切。最初，还是各方亲袁枢臣为袁缓颊，请清廷给袁一个效忠的机会，而到1911年春夏以后，已逐渐改变为‘劝驾’‘劝令出山’‘亲赴卫辉极力劝驾’，也就是乞求他重出。据说：载沣亦恳请隆裕太后准予起用他。外务部尚书邹嘉来晋见时请起用袁，载沣明白表示：‘本监国已拟起用’，‘将来另有位置’。总之，到辛亥革命前夕，从朝野到皇室，从亲信到政敌，都在营造着一个袁世凯复出的氛围。”（刘路生《袁世凯隐居彰德韬光养晦》）

袁世凯与莫理循在一起。莫理循，英国泰晤士报驻华首席记者，后为袁世凯总统顾问。莫理循称袁世凯："其头脑亦甚清楚，见天下事均能明彻，而思想亦甚新；不过做事手腕，稍涉于旧。但办事本不能尽采新法……故欲治民国，非具新思想、旧经验、旧手段等不可，而袁总统适足当之。"他对袁世凯是有期许的："这个领导人应具备绝对权威，在世界有影响，以英国式的资本主义政治、经济、文化、外交为其指导方针，能够把中国引领向强大、光明的未来。"莫理循还说："攻击袁世凯的人声称他的目的是独裁，他们无视他的经历。"

半新半旧才有市场

历史有时就是简单的重复。袁世凯（1859 年生）就是个清末的“50 后”，和孙中山（1866 年生）这个“美籍华人”“60 后”不同，袁世凯虽“少文”，但接受的是全套的传统文化熏陶。

清末“50 后”见证了甲午战败、庚子之乱和日俄战争，有求变求新、要求立宪的一面。但是对共和的支持一直是不完全的，他们习惯了的领导方式是独断专行、个人至上。辛亥革命后，清末“50 后”正处在风华正茂期，不似“70 后”的强调专业精神，“80 后”的海归革命党，袁世凯的“旧瓶装新酒”，或曰“新瓶装旧酒”特别适合当时的大众口味。说到底，袁是一个“亦新亦旧，半新半旧，可新可旧”的人物。对于突变时代，面临“三千年未有之大变局”的芸芸众生来说，没有比找一个熟悉的人当这个乱世的“家”，更让大伙儿睡得香了。政治也是一种买卖，是买卖就得服从做买卖的规律。一个好的商品只有在正确时间、正确地点、正确场合推出才会得到消费者认可。袁世凯就是在正确时间、正确地点、正确场合重返历史舞台的“好商品”，而且是既陌生又熟悉，让人有点儿小别胜新婚的刺激。

对这位袁同志，您说他新，人家的确是清廷这个“傻瓜二代”里改良升级过的新产品。您说他旧，他也的确是旧，说话办事让老同志都能明白。然而，他最具杀手锏的是，市场适应性强，“可新可旧”。袁开始发誓说：“某为大清总理大臣，焉能赞成共和！欲使余欺侮孤儿寡妇，为万世所唾骂，余不为也！”这时的他顽固地坚持两个基本原则：坚持大清帝国的领导，坚持大清帝国领导下的君主立宪制。武昌起义一月后，袁世凯亲笔手书往见黎元洪，宣称：“如能承认君主立宪，两军即可息战，否则仍以武力解决。”

但是形势比人强，南方数省相继独立，革命形势呈燎原之势。“变色龙”袁世凯闻到了，他及时地调整了自己的思路，改变了说法：“余甚稳健，对于革命党决不虐视。”（王锡彤《辛亥记事》）如此，又开始了“言抚进而言和”。（张国淦语）武夫冯国璋不能深刻领会领导的新思路。一个月后，袁世凯一派中识大体并了解他心意的段祺瑞接任第一军统领。段到了武昌，“一反国璋所为，与鄂军府时通款曲，信使往返不绝于道”。（《黎副总统历史》,《宪法新闻》1913 年第 10 期）

最后，袁世凯正式委派唐绍仪为全权代表，南下上海，与民军先后五次谈判，最终也达成了“定以共和政体为鹄的”，但“南方须举袁世凯为总统”的协议。（赵尊岳《惜阴堂辛亥革命记》）短短半年不到，从与革命党人势不两立到引为同志，这个弯子，北洋一大批青壮年下属都转不过来，一口一个“老夫”的老首长转得既爽气又利索。

这就是“可新可旧”的袁世凯。难怪袁的同乡、天津启新洋灰公司董事长王锡彤曾指出：袁世凯“一生得力处在乘机以立功”。

1911 年 12 月，南北议和代表唐绍仪（左二）、伍廷芳（左四）在上海会见。

1912 年 2 月，为敦促袁世凯南下就职，孙中山以临时政府的名义委派蔡元培、汪兆铭(汪精卫)、宋教仁、魏宸组、钮永建、刘冠雄、曾绍文、黄恺元八人作为专使北上迎袁。图中前排左一为汪兆铭(汪精卫)，左二为刘冠雄，左四起为魏宸组、蔡元培、钮永建。

袁世凯慢了半拍

袁世凯是个亦新亦旧的人物。

说他新亦新：办洋学，唱洋歌，抽洋雪茄；让妻妾学洋文，让儿子去洋夷首善之地的伦敦求洋学；自己编练洋式军队，厌恶太监制度，参与废除科举制度，兴办新式实业，废除士兵见上级要下跪的陋习；就连基督教，袁世凯都曾对《纽约时报》的记者说，他有很大的兴趣；死后还要求墓穴采美国总统格兰特的濒河庐墓形制修成。

说他旧亦旧：认为娶妻妾多少是男人有无本领的标志，喜欢女子裹小脚，想当皇帝，骨子里不喜共和，“仇视农民起义”，“在他身上也有混迹官场必不能少的一些传统恶习”。（《纽约时报》语）最能证明他“旧”的是在他生命走向终点时所演的三场“老戏”。

顾维钧对袁的结论是：“他完全属于旧派。和顽固的保守派相比，他似乎相当维新，甚至有些自由主义的思想，但对事物的看法则是旧派人物那一套。”

费正清主编的《剑桥中华民国史》中对袁的新旧是这样说的：

不像孙逸仙，但像他同代的大多数杰出人物，他个人的生活方式牢牢扎根于旧习俗之中，即使当他努力使中国适应他认为的20世纪的需要时也是这样。他有一打以上的妻妾和众多子女。他除在正式场合穿西式军服外，都穿中式服装。他不懂外语，从来没有出国到比朝鲜更远的地方旅行过。他虽然在科举考试中失利，但受到儒家课本的教育，并相信其道德上的功效。另一方面，他是作为沿着西方和日本的路子进行官方改革的领袖而在清朝赢得赫赫声名。他招募了许多受过外国教育或有外国经历的随从，他精心培养了一些有朝一日用得着的外国人，他派遣了几个儿子到国外去受教育。看来，他是在不断追求新旧的融合，相信这个混合体最适合中国国情。

大家要他挑头的呼声很高，倒是袁世凯磨磨蹭蹭的，特别不爽快。

以前慈禧太后在时，老袁开口一个袁家“世受隆恩”，闭口一个“肝脑涂地”。现在要他把不称职的董事长换了，这个弯老袁一下子转不过来，就是转过来也是犹抱琵琶半遮面。

说到底老袁还是没有陈伯达说得那么无可救药。唐德刚分析说：

古人说无毒不丈夫，搞流血政变，把寡妇孤儿和满朝亲贵一举而诛之，干这种事的人，要心狠手辣。将人比人，袁氏那时就显得婆婆妈妈，心不够狠，手不够辣。他多少还有点妇人之仁，对寡妇孤儿不忍下手。他多少还有点东方儒、佛两家的恕道。他的恕道，和他的婆婆妈妈的行为，累得革命党对他失去了耐性，他自己因此也丢掉了金牌。让当时那位刚从美国丹佛打工回来的孙中山当上了大总统。

关于这件事，唐德刚说：

据一些私人记述，中山此时日常生活都很难维持。武昌起义期间，他正在科罗拉多州典华城（Denver 亦译但维尔或敦复）一家卢姓（指卢瑞连，此人是不是孙原配卢夫人的娘家亲戚，不得而知）唐餐馆中打工，当“企台”（粤语茶房）。他原先对“武昌暴动”的消息，并未有太强烈的反应。因为同样的起义他已领导过十次了，何况这次的发动者和他并无直接关系呢！可是一天他正手捧餐盘自厨房出来为客人上茶时，忽然有一同事向他大叫一声说：“老孙，你有份电报。”说着，那同事便把那份来电丢到“老孙”的餐盘中去。中山拆阅来电，不禁喜出望外。原来那电报（显然是黄兴打来的）是要他立刻束装回国。因为革命情势发展迅速，“中华民国”可能即将成立；一旦成立了，则首任“大总统”，实非君莫属也。

徐世昌说：“袁本想在清帝退位后，自为总统，故清帝退位诏中有‘由袁世凯以全权组织临时共和政府，与民军协商统一办法’之语。不料南京选举孙中山为总统，项城之总统且由中山推荐，此非项城之所逆料也。”说来说去，内阁总理大臣袁世凯慢了半拍。

1913 年 10 月 10 日，袁世凯就任中华民国大总统。

欲登龙位的袁世凯。据说袁有午睡的习惯。某次一书童献茶，失手打碎袁心爱的玉杯。袁醒后大怒，欲杀书童。书童说："我端茶来时看见床上不是大总统……是……是一条五爪大金龙。"袁世凯回嗔作喜，赏书童100元，嘱其不要乱说。袁相信自己是真龙转世，立志复辟。

袁大总统演的三场“老戏”

亦新亦旧的袁世凯，登上大总统位后演了三场“老戏”。

第一场戏，1913年，他动过念头，弃共和而行君主立宪制。为此他想推出孔子的后代，孔子七十六代嫡孙、衍圣公孔令贻（1872—1919）。1913年9月7日《纽约时报》写道：“他深知这位孔子的后裔可以使中国的各个政党团结起来并使世界接受，这些政党以前相互争斗致使立法等根本无法进行。……袁世凯把孔令贻推上皇位后，打算辞去总统一职并结束他的独裁统治，成为首相兼皇帝的助理，成为政权的领导者和建议者。总之，他就是皇帝背后的皇帝。”

第二场戏，袁大总统提出祭天尊孔议案。《纽约时报》报道了袁世凯天坛祭天的活动：

“北京，12月23日——袁世凯大总统今天在日出时出现在了天坛，并恢复了在冬至日进行祭天的活动，这一传统自从1911年清朝灭亡后就被忽略了。昨天的祭天是对这一提案的执行。大总统接受了关于这些宗教场合相关知识的指导，其中之一是穿着公元前1022年周朝时的袍子。这意味着中国古代的仪式被恢复了，同时儒教也成了国家的宗教。”

对袁世凯的这种仿古行为，《每日电讯》记者说：“恢复所有的旧礼教，立孔教为国教，使历史的钟摆回到1911年之前的状态等做法可能被认为是理所当然的。最令人惊异的一点是，人们在这次争论中严肃地引用了许多在三四千年前占统治地位的典章，相形之下，最古老的欧洲文明也恍如刚刚诞生于昨日。”

袁世凯演的第三场戏，就是登基做皇帝。

什么时候新什么时候旧，哪个场合新哪个场合旧，袁世凯拿捏得很好。

这就是袁世凯，一路像泥鳅一样滑过来的官场老手，终于走到了他的辉煌。

右页图　1913年9月7日《纽约时报》刊登题为《袁世凯——独裁者兼临时总统，计划把孔子的后代搬上政治舞台，从而解决当前中国的危机》一文。文章说：“临时总统袁世凯以非常残忍的手段成功地镇压了起义。自那时起，他的权力就得以大大提升，时至今日，他仍然是名誉上的独裁者。但很不幸的是，在袁世凯的副将中，无人能取代他的位置。那些预期能成为他接班人的人都变成了他的劲敌并都被镇压了，根据北京方面的说法和他的心思，袁世凯计划逐步实施他的贵族宣言，成为君主立宪制中的皇帝。其中一个是把孔子后裔衍圣公立为中国皇帝。”

“袁世凯自己有好几个很喜爱的儿子，他们都是在布鲁塞尔长大，当地人精心呵护或外籍教师给予教育。他把他们的将来记挂在心里，他认为他们会在出生地受到良好的对待。他们是作为孔子君主立宪制的始作俑者的继承人而长大，而不是作为一个在恐惧中统治中国，敌人会在他死后对他的亲属实施报复的人的子孙长大。”

1914 年 9 月 28 日，袁世凯率文武百官到孔庙祭孔。

《纽约时报》上的孔令贻照片。《纽约时报》介绍孔令贻的文字：“衍圣公是孔子的第七十六代男性后裔。他被认为是血统最纯正的贵族，因为他祖先可以追溯到几百年前的 12 世纪，甚至早于基督出世。衍圣公的名字叫孔令贻，他面阔体壮，比较庄严而且面善，总是面带微笑，长着一双犀利又闪烁的眼睛。”

1914 年冬至，袁世凯在天坛举行隆重的祭天仪式，为他策划中的登基称帝做了一次彩排。这组照片是一名叫约翰 · 詹布鲁恩（John D. Zumbrun）的美国摄影师拍摄的，他曾是末代皇帝溥仪的御用摄师。图为杨度（右）和朱启钤（左）参加祭天仪式着祭服的留影。

黎明，身穿制服的袁世凯乘坐总统专车，在骑兵护送下来到圜丘围墙的大门外，然后被八抬大轿送到墙内临时搭建的帐篷里，而非皇帝的更衣殿，在那儿换上了长袍。祭天仪式持续了一个小时。

左上图、下图　击鼓奏乐，祭祀官念颂祷文，乐声中有人翩翩起舞，袁世凯则举酒敬天。

右上图　祭天时的袁世凯（左二）穿着圆领祭服衮袍，前衣身有三个十二纹章。

袁世凯剪辫子哈哈大笑

1912年2月16日下午3时15分，袁世凯大总统在外务部大楼剪了辫子。这个用了200多年的招牌，一下子去了，很多遗老遗少着实有点舍不得。但是美国大使芮恩施在他的《一个美国外交官使华记》中说袁世凯没觉得有什么舍不得——“清朝的重臣袁世凯要就任中华民国的大总统了。他问他的海军将军蔡廷干：当他进入一个新时代之际，是否需要在外表上也表示一下，把头上的辫子剪掉。蔡廷干说明了自己的意见，于是袁氏叫人拿来了一把大剪刀，对他说：这是你的主张，你来实行这个主张吧。蔡将军用力一剪，就把袁世凯变成了一个现代人。但是袁世凯的内心并没有从此发生很大的变化。”

看起来，袁世凯对跟了自己50多年的这根“父精母血”并不留恋，弃之如废物。且慢，袁世凯剪辫子不只有美国大使一种版本。据莫理循说：“蔡刚才来看我谈关于我在今天下午5点钟去见袁世凯的事。他说袁世凯讨厌至极，他连辫子都不肯剪掉。两天之后，蔡终于说服了袁，16日他写信告诉莫理循说：‘他们同意让我去剪掉总理（大总统）的辫子，而不是叫理发师，因为他感到相当难为情。’”

莫理循的话有点儿像袁世凯了。他一口一个“世受隆恩”，在剪辫子这个当口，怎么着也要做出三思而后行的样子。再说老官僚袁世凯的审美观一定是“前清的”，没辫子的确有点儿“难为情”。

袁大总统剪去辫子，这应该是报纸的头条。应该不止两个版本，果然还有第三个，那便是袁的军事秘书唐在礼的版本。唐在礼说：“当天晚上，袁世凯就在外交大楼里剪了发辫。在剪的时候袁自己不断哈哈大笑，谈话中显出异乎寻常的高兴。袁的这种情况很难见到，后来也未曾见到过。当晚在袁周围的人也很兴奋。‘袁宫保剪辫子’这件事，很快地就轰动了整个北京城的军政上层，不少人也剪了。尽管如此，还是有不少的人迟迟不剪。有科举功名的，尤其是翰林公们剪辫子的比较少，像江朝宗、陈宝琛、华世奎等简直不理这件事。”

第二天的天津《大公报》报道，袁世凯剪去辫发，“以为各界之倡”。

袁世凯剪辫当天，《纽约时报》就有话要说：“北京，2月16日——袁世凯今天剪掉了他的辫子，这也意味着他扔掉了自己作为清朝臣民的标志，而即使是在他安排清帝退位时，也一直戴着这个标志。”

都说当时北方比南方保守，可是你可曾想到，在辛亥革命前1904年起，新军官兵、警察剪辫子的就越来越多。因为实在难以阻挡，所以进入1910年，军谘大臣载涛干脆决定不再禁止禁卫军剪辫，准其自由。

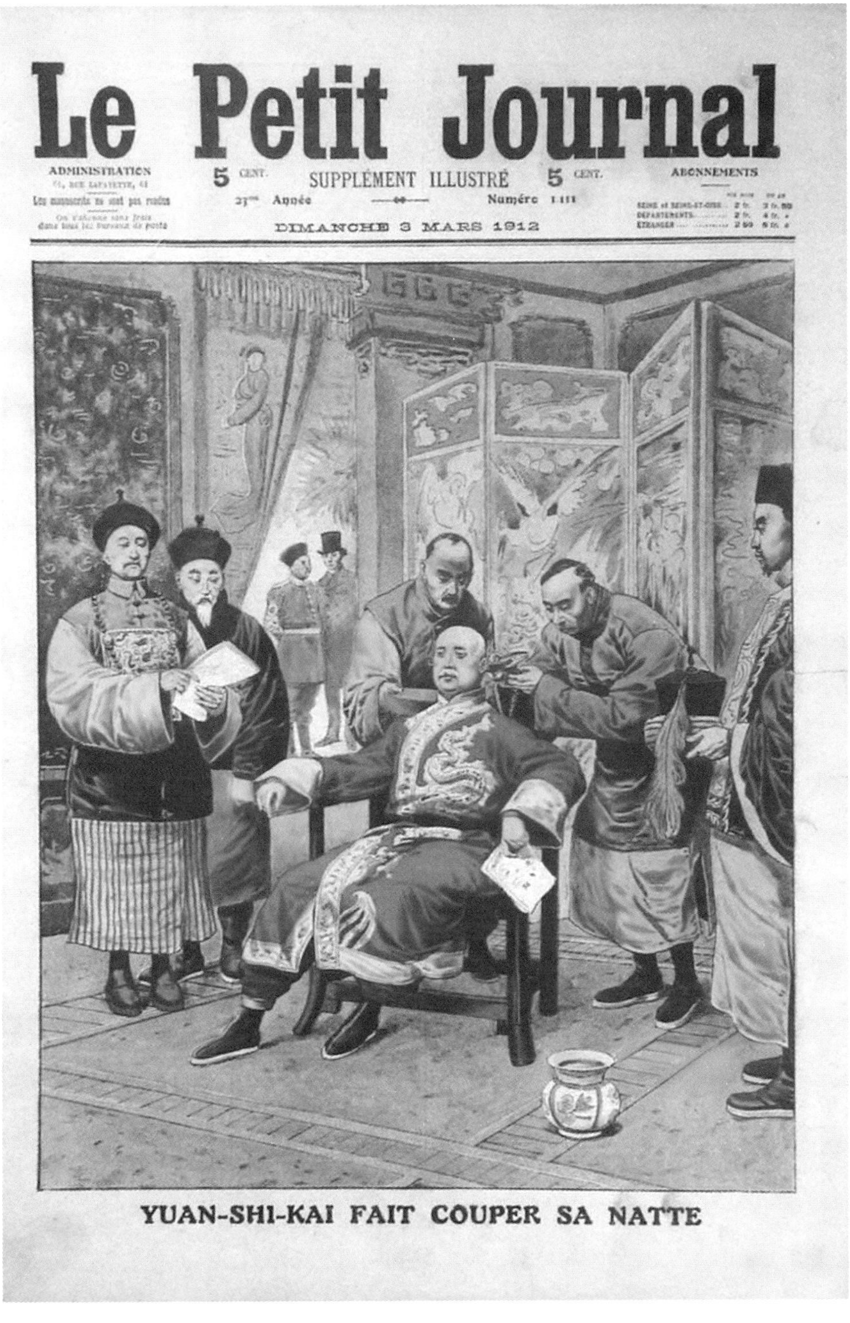

1912 年 3 月 3 日法国《小日报》刊登的描绘袁世凯剪辫子的画作。辛亥革命期间，袁世凯为适应民意，也被迫剪掉了自己的辫子。与众人不同的是，剪掉袁世凯辫子的不是理发师，而是近代中国历史上赫赫有名的军人外交家、广东人蔡廷干。不过，这以后，北京人的辫子剪起来并不顺利。1912 年 8 月 3 日，《华盛顿邮报》有这样的一篇报道：“中国北京城内一片男子的哭声，很多男子反复摸着自己的辫子舍不得剪去。他们的领袖袁世凯下令所有的男子必须剪掉辫子，有的有钱人甚至在剪辫子前拍照留念。”

和革命党人短暂的“爱情”

在英国《泰晤士报》驻华记者莫理循留下的照片中，可以看到那个时代新军脑后没有辫子的真实留影。更早几年，随同五大臣出洋考察宪政的40多个随员中，剪辫子的居半，其中有翰林，有道府，有武员，都是有功名的。

北方的辫子是自觉自愿剪的，南方革命党人的地盘上，剪辫子就不是那么温良恭俭让了。孙中山就任临时大总统的前一天，临时政府在南京市里下令强迫剪发。剪辫子的平头百姓觉悟当然没有我们大总统高，所以什么样的情况都会发生：一路上，只见剪发队络绎不绝，街道上、火车中、江岸边，遇有垂辫者，无不立予剪去，尤其是乘船上岸的人，上一个，剪一个，其间有不愿割爱的，多跪地求免，也有手提断发垂泪而归的，也有摸着头顶长叹的，或者大笑的，面对辫子的消失表现各不相同。下关街上一路望去，已尽是光头。

俗话说不打不成交，袁世凯与革命党人的那点“爱情”是在武昌政府军与民军的枪林弹雨中，上海的唇枪舌剑南北和谈中建立的。黄兴曾指挥过汉阳保卫战，和冯国璋等北洋军队打过仗。他认为革命军没有一举击败北洋军的实力，认为：“袁世凯是一个奸黠狡诈、敢作敢为的人，如能满足其欲望，他对清室是无所顾惜的；否则，他可以像曾国藩替清室出力把太平天国搞垮一样来搞垮革命。”和黄兴一同带兵打仗的李书城仔细地算了笔账：“当时南方除少数从正规军扩编的军队尚有战斗力外，大部分新编入伍的士兵多是城市失业民众，尚未受过军事训练。各部队形式上虽具备军、师、旅、团、营、连、排的编制，实系乌合之众。从汉口、汉阳失败的经验看来，想仰仗这种军队去冲锋陷阵，一直打到北京，是靠不住的。”

打不了就和吧！南北议和时，伍廷芳与唐绍仪的公开谈判只是走形式，真正的政治交易，是经张謇居中安排，由唐绍仪和黄兴等在老官僚赵凤昌上海寓所“惜阴堂”中进行的。

最后，双方约定，只要袁世凯逼迫清帝退位，即推他为民国大总统。交易既成，张謇电告袁：“甲日满退，乙日拥公，东南诸公，一切通过。”袁不是革命党人，也不是民军的一个山头老大，甚至都不是革命党人的同路人，这次却和革命党人玩起了老鼠和猫的“爱情”。

如同今天“网恋”一般，袁世凯和孙中山没见面时，书信已经来往了一大堆。同盟会第二号人物、民军总司令黄兴致信袁世凯说：“中华民国大总统一位断举项城无疑。”民国元年（1912年）2月孙中山辞去中华民国临时大总统后致电袁世凯时说：“查世界历史，选举大总统，满场一致者只有华盛顿一人，公为再现。同人深幸公为世界之第二华盛顿，我中华民国第一华盛顿。”

1911年12月，全国17省代表齐聚上海推举孙中山为临时大总统，并组建内阁。孙中山、胡汉民等人在上海沪宁车站乘坐专列前往南京就职。照片正中穿深色大衣者为孙中山，正对前排右二为沪宁铁路管理局总办钟文耀，左一为沪军谍报科长应夔丞，左二为胡汉民，胡汉民后为王宠惠。孙中山一行抵达上海北站时，上海各军队已先期集结，擎枪排列。孙中山先与欢送者代表合影，然后登车，担任列车警卫的是沪军敢死队45名队员，由郭汉章任队长。11时，列车启动，鸣炮示庆，响彻上海上空。此次赴任，声势浩大。他搭乘汽车到上海北站，沪军都督陈其美、民政长李平书已在寒风中等候多时。孙中山的随行人员有专程赶赴上海迎接的17省代表汤尔和、王宠惠、宋耀如等，一时间云集万人。

从上海北站到南京下关站，沪宁铁路沿途共设37个车站。当时的火车行进速度只有30多公里，京沪线正常运行需10小时，即便孙中山的专列沿途不停，到达南京下关也已经是傍晚。

就职专列抵达，军乐队奏起乐曲，长江江面上的军舰与江边狮子山炮台均鸣放礼炮21响，江浙联军部队各营举枪致敬。孙中山一行换乘南京城内的小火车，沿街军警密布，店铺悬挂彩旗，群众夹道欢迎。在两江总督署东箭道车站下车后，又坐上一辆蓝色丝绸绣花马车，从东门进入两江总督署，也就是现在的总统府。

孙袁也有蜜月期

《纽约时报》援引袁的话："袁世凯说他非常钦佩孙中山先生，因为孙先生已经证明自己是一个真正的爱国者。"

两方好话说了一大堆，却各打自己的算盘。孙中山于南京宣誓就职后，曾对胡汉民、廖仲恺等人说："袁世凯诚然不可信，但利用他推翻260余年的满族贵族专制则强于用兵十万。纵使袁世凯继行专制体制，其基础也远不如清朝，推翻他要容易得多。今日可首先推翻清朝，成一圆满之段落。"

袁世凯搞定民国总统职位后说："他们来（指孙中山进京），我们是欢迎之不暇的，但是要在我这个圈儿里。"

1912年8月24日后，孙中山、黄兴、陈其美先后在京受到了袁世凯的隆重招待。

待人接物，礼数周全和出手大方，是袁世凯的强项。在会面时袁世凯称他们为"革命元勋"。在欢迎宴会上，袁世凯甚至站起来高呼"孙中山万岁"。很多细节我们可以从袁世凯的亲信、具体接待人唐在礼的回忆中体会到："孙中山和夫人卢慕贞到达北京之日，政府迎接的人很多。袁世凯事先命令对孙中山的接待仪式要十分隆重，供奉要十分丰盛，完全与大总统同等待遇。馆舍选择在石大人胡同原来的总统府，那里建筑既宽敞轩朗，铺陈亦富丽堂皇，而且便于警卫。"

袁世凯为接孙中山来京，筹划甚久，用心很深。他故意把原总统府腾让出来，加以修缮，让给孙中山住，自己却搬到铁狮子胡同国务院去办公。据唐在礼回忆：

孙中山到京后，按"行客拜坐客"的老规矩，先拜访了袁世凯。袁世凯也恭敬如仪地做了回拜。一时石大人胡同车水马龙，前往谒见孙中山的人很多，有新旧政客，有广东同乡，有日本人，还有不少新闻记者。袁世凯为了表示竭诚招待，指派我和大礼官黄开文在石大人胡同孙中山的行邸照料。我们并派有侍从多人听从孙中山等支派使唤。孙中山如公出，即为安排车马，预洽休憩餐膳之所，否则即在行邸备膳陪坐。

黄兴后孙中山半个月到了北京，陈其美也陪黄兴同来。总统府举行了欢迎孙中山、黄兴的公宴，袁世凯亲自到场主持。

袁世凯、孙中山之间，两位夫人之间，都表现得很亲热。宴会场中最活跃的要算徐世昌、段芝贵、梁士诒和我夫妇了。孙中山等在京逗留前后两三个星期，其后即由孔祥熙陪同，往山西去和阎锡山会面。

PRESIDENT YUAN SHIH-KAI PLEADS THE CAUSE OF CHINA

Head of the New Government Says: "We Want Food, We Want Work, We Want Peace"---Asks for the Co-operation of the World in Helping to Modernize His People---Sets Forth His Plans in a Notable Interview.

Yuan Shih-Kai at His Favorite Diversion, Fishing.

Dr. Sun Yat Sen

President of China at Work with His Secretary.

The President and His Military Staff.

President Yuan Shih-Kai in Military Uniform.

The New York Times
Published August 4, 1912

《纽约时报》1912年8月4日发表袁世凯的讲话。《纽约时报》显然是将讲话的日期弄错了，因为孙中山是8月24日去的北京。请看报道："北京，中国，6月17日'我希望建立一个千百万人的新中国。我们需要食品、工作、和平。如果世界能够给予我们和平，我们定会达成其他两项。'以上是袁世凯在10时和午夜之间做出的口头陈述的开场白，这向亚洲、华盛顿以及中国展现了他的个性。袁在做这些陈述时，总理唐绍仪、总统秘书唐洋（音译）、**孙逸仙博士**、伍廷芳博士和军方的黄克义（音译）将军也在场。在前一天，用英语写的问题被提交给孙逸仙博士，他将这些问题交给袁大总统的唐秘书，请其翻译成中文并呈给袁。在访问中，如果涉及这些问题，袁世凯面前有个卡片，他还会时不时地向别人咨询。他将几个问题定义为"不适合这个时期"，并用羽毛墨水笔将问题从上到下划掉了。很显然他已经仔细研究了卡片，这样可以在稍看一眼之后就能够回答，而无须犹豫和长时间的考虑。他说话很真诚，并且非常关注那些听他说话的人是怎么想的。在每一次简短的对话后，这种印象很强烈，即他期待着别人的评论而他保持着绝对的沉默。唐洋快速并简练地用中文记下大总统的话，然后在讲话停顿期间翻译成英文。孙逸仙博士和记者们由英国大使馆的口译员帮助，将讲话最后整理成中文，再由唐秘书翻译成英文。"

孙袁一见面就谈了 13 次

1912 年 8 月 24 日至 9 月 16 日，孙文与袁世凯在北京会谈了 13 次。

9 月 25 日，第 149 号《政府公报》公布了这些会谈的主要成果之一——袁世凯、孙文、黄兴、黎元洪达成《协商订定内政大纲八条》。

见面后，孙中山对老袁的感觉还不错："袁世凯真能办事，气度也不凡；虽然习惯于玩权术使诈，但也是迫于时事，不得不这样。"

到京后的第四天，1912 年 8 月 28 日，《亚细亚日报》记者问孙中山："先生既不欲重当政局，第二期总统恐难得其人。"

孙中山则答道："仍以现总统袁公为宜。依我所见，现在时局各方面皆要应付，袁公经验丰富，足以当此困境，故吾谓第二期总统非袁公不可。且袁公以练兵著名，假以事权，军事必有可观。"

第五天，29 日，孙中山致电黄兴说："到京以后，项城接谈两次。关于实业各节，彼亦向有计划，大致不甚相远。至国防、外交，所见亦略同。以弟所见，项城实陷于可悲之境遇，绝无可疑之余地。张振武一案，实迫于黎之急电，不能不照办，中央处于危疑之境，非将顺无以副黎之望，则南北更难统一，致一时不察，竟以至此。自弟到此以来，大消北方之意见。兄当速到，则南方风潮亦止息，统一当有圆满之结果。千万先来此一行，然后赴湘。今日之中国，唯有交项城治理。"

黄兴见了袁世凯亦相谈甚欢。话一投机，黄兴和孙中山还劝袁世凯加入国民党，以国民党为后援，"建设强有力之政府"。

袁表示，加入政党诚然不错，然"今则非其时也"。事后他对别人说："入甲党，则乙党为敌，入乙党，则丙党为敌，实不敢以一己之便安，而起国中之纷扰。昔英国有女王终身不嫁，人问之，则曰：吾以英国为夫。鄙人今日亦曰：以中华民国为党。四海之内，皆吾兄弟，三人同行，厥有吾师。俟将来政党真正稳固，或不能终守不党主义。"

瞧，老袁一套一套的，谁说他城府深，不轻易表态？

政治就是政治，好话后面就归利益了。《洪宪遗闻》中张国淦转述徐世昌的一段话："犹记民国初元，项城常与余谈及中山坦白，克强憨直，颇思与国民党提携，乃宋教仁坚持政党内阁，国会评论员如张耀曾、谷钟秀等亦事事挟持政府，项城终觉国民党不能合作，于是改变态度，与国民党为敌，而有赣宁之役。"

1912 年正在出门的孙中山。1912 年 3 月，袁世凯就任中华民国临时大总统，北京的迎宾馆成了总统府。他多次电邀孙中山进京共商国是。为表示礼让，袁世凯迁往铁狮子胡同陆军部，将迎宾馆作为孙中山的临时行院。孙中山 1912 年 8 月 18 日从上海启程，24 日到达北京前门火车站，袁世凯派朱漆金轮马车将孙中山迎至迎宾馆下榻。住进当晚，袁世凯即派官员接孙中山至铁狮子胡同总统府，设宴为孙中山洗尘。至 9 月 16 日，孙中山与袁世凯在迎宾馆或总统府共会谈 13 次。在京期间，迎宾馆一直中外宾客云集，孙中山在这里接见、会晤各国公使、政府官员、绅商、记者、平民，日夜操劳。同年 9 月 17 日，孙中山南下，袁世凯将设在东堂子胡同的外交部迁到了石大人胡同的迎宾馆。

黎元洪有把柄捏在袁手里

袁世凯和孙、黄的友谊是短暂的，与黎元洪的交情虽然不甜蜜却断断续续维持到袁死也没相互撕破脸。

与人不争一时一地之利的“黎（泥）菩萨”黎元洪是民军中的稳健派，无论从意识形态抑或为人，他一定不吝啬说袁的好话：“公果能归来乎？与吾徒共扶大义，将见四百兆之人，皆皈心于公，将来民国总统选举时，第一任中华共和大总统固然不难从容猎取也。”

黎元洪是个有名的“不粘锅”，与谁都保持一定的距离。距离产生美，所以他和谁都能客客气气，唯独容不下辛亥革命首功者张振武。张说话大大咧咧，瞧不起黎元洪。黎用计调张去北京为官，然后黎自武昌给袁世凯一封密电：

张振武虽为有功，乃怙权结党，桀骜自恣。赴沪购枪，吞蚀巨款。……近更蛊惑军士，勾结土匪，破坏共和，倡谋不轨，狼子野心，愈接愈厉。冒政党之名义以遂其影射之谋，借报馆之揄扬以掩其凶横之迹。排解之使困于道途，防御之士疲于夜，风声鹤唳……元洪爱既不能，忍又不敢，回肠荡气，仁智俱穷，伏乞将张振武立予正法，其随行方维系属同恶共济，并乞一律处决，以昭炯戒。

当晚，袁世凯收到黎密电时，当时不知密电内容关于何事，即亲取保险柜锁匙找密电码本。取到密电码本，自行译校。校毕神色紧张，立命梁士诒通知赵秉钧、冯国璋、段祺瑞三人来府，秘密商量对黎电如何处理？对张振武是否下手？梁士诒主张再去一电询黎，是否确属黎本人意思。隔天得武昌复电，称前日电确属黎本人主意，于是袁世凯才决定逮捕张、方两人，立予正法。

张振武被杀事件，使湖北旅京人士大为激愤，大家同赴总统府质问。袁世凯亲自出见，他说：这件事我很抱歉，但经过情形诸君当已明了，我是根据黎副总统的来电办理，我明知道对不住湖北人，天下人必会骂我，但我无法救他的命。以袁的语气，是把这事完全推到黎身上，孙武等也知道这是黎的主意，所以只好愤愤退出总统府。

经此一事，黎元洪矮了半截，不得不跟袁世凯走近点儿。

黎元洪确实值得袁世凯争取，他是武昌首义的元老，但又并非孙文、黄兴一伙，对于剿灭南方的二次革命也没有发什么杂音。

宋教仁被刺一案，使孙袁过早地结束了“蜜月期”。忍了很久的黄兴撰写的一副挽宋联说得最明白：“前年杀吴禄贞，去年杀张振武，今年又杀宋教仁；你说是应桂馨，他说是洪述祖，我说确是袁世凯。”于是，孙中山号召“二次革命”。

黎元洪辛亥革命时期在武昌。冯自由《革命逸史》记载，武昌起义后一日上午，革命党人集合在湖北谘议局开会，“众以秩序亟须维持，而革命军诸首领黄克强、宋教仁、刘公、蒋翊武、孙武等均不在城（武昌），乃强胁二十一混成协协统黎元洪为都督”。“而黎元洪为都督之名义，已喧嚣于耳鼓矣。”（谭人凤《石叟牌词》）所谓革命军诸首领均不在城，是指湖北的革命领袖，事前推举的临时总司令蒋翊武因炸弹事故逃亡，不知所踪（依冯自由所记，蒋逃到了岳州）；被炸药烧伤的孙武与原定的都督刘公都在汉口，汉口与武昌却有一水之隔，武昌起义后两日，即10月12日，汉口才得以光复。推举都督一事，则在11日。黎元洪，作为最不坏的人选被推上都督的宝座，实在是因为方略的错位，领袖的缺席，革命党与立宪派的合作意向，立宪派的推举，吴兆麟等处于革命边缘的军官的呼应，革命党人的顺水推舟，合力而成。

不光袁世凯“最忌”宋教仁

关于宋教仁其人，唐德刚评价得比较准：“宋是一位爱国者，一位有为有守的君子，并非可怕之人。只是他少年气盛，精力过人，心比天高，自命不凡，又生个倔强的个性和毫无顾忌的大嘴巴。做起演说来，听众掌声如潮，欢声雷动，使政敌听来，就真以为他是拔毛成兵的齐天大圣了。”“宋教仁不是个有心计的人。相反，正因为他搞政治锋芒太露，不特党内党外都树敌太多，招忌太甚，纵是一般国人、党人，对他也不太心悦诚服，甚或同党相妒呢！”

1913 年 1 月，宋教仁到南方各省发表演说，批评袁世凯政府一年来的政策。宋在湖北黄州的演说词“甚激烈”，袁阅后，极为不满地说：“其口锋何必如此尖刻！”谭人凤一语道破，“国民党中人物，袁之最忌者唯宋教仁”。

当时任参议院议长的国民党人张继晚年回忆说：“民国二年 3 月 29 日，偕程仲渔（克）访赵治安（秉钧）。王奇裁（治馨）亦在。王云：洪述祖于南行之先，见总统一次，说：国事艰难，不过是二三反对人所致，如能设法剪除，岂不甚好？袁曰：一面捣乱尚不了，况两面捣乱乎？”

而在党内，对宋也存在争议。宋有两次被人扇耳光。第一次是 1912 年。一天，有人提议黄兴带兵北上，消灭北洋军。宋不赞成。话音刚落，同盟会元老马君武伸手就是一巴掌。大骂宋是在给袁做说客，打得他左眼流血不止。第二次系“巾帼英雄”唐群英所为。宋在国民党新党章中，规定不接收女党员。唐不能接受，冲上主席台，揪住宋，结结实实地打了他一记耳光。

1912 年 8 月，在宋教仁领导下，一个以同盟会为核心吸收了四个小党的新党——国民党成立了。新生的国民党显然是个妥协的产物，它的政策明显不如同盟会激进，孙中山关于地租和地权的政策不提了，纲领中删除了“男女平权”的主张，等等。一个革命性质的党经过宋的改头换面，变成了代表广泛社会舆论的议会党。这在很多同盟会老革命看来是退步的、保守的，甚至是反动的。

宋教仁北上之前，陈其美（英士）、应夔丞（桂馨）等人曾设宴饯行。宴席进行中间，陈其美询问宋教仁组织国民党政党内阁的办法，宋教仁表示说：“我只有大公无党一个办法！”陈其美听了没有说话。应夔丞在一边骂道：“你这样做简单就是叛党，我一定要给你一点颜色看看。”他一边说话，一边从怀里掏手枪，被在场的其他人劝住了。宋教仁说：“死无惧，志不可夺。”大家只好不欢而散。

时党人沈翔云曾说：“国民党内的许多人都痛恨宋教仁，陈其美、应夔丞尤其痛恨他。这几天他们两个人整天都在商议这件事情，即使像我这样的亲近之人，也不能够参与机密。偶然听到他们之间的几句议论，也是关于宋教仁的，而且他们说话的神情语气都很不好看。”

宋教仁像

日本人从来不相信袁世凯

日本人从来不相信袁世凯，甚至有点儿憎恶。袁世凯是有名的亲英美派，加上西方各国竞相拥袁，日本认为袁一旦得志，日本在中国将无立足之地，于是乃有“二十一条”的提出。日本当时正处于蒸蒸日上的阶段，无奈老祖宗留给它的战略空间不大。朝西看，亚洲大陆最大最好的一块土地是被称为“东亚病夫”的大清国。要命的是，日本当时还不是数一数二的头等国，而那些头等国大多已经和清政府建立了稳定持久的关系，在华列强之间也已经形成了势力范围和利益平衡。日本在等机会，日本只能等机会。

这个机会终于等到了。1914 年开始，一战爆发，整个欧洲大打出手，各方几乎是倾巢而出，远东的大清国成了真空地带。1914 年 8 月，日本元老井上馨向大隈内阁提出一份《对华问题解决意见书》指出，大战“对日本国运发展乃大正年代之天保”，主张趁此机会，“确立日本对东洋之利权”，日本和中国政府须“用一切方法订立包含秘密条款的防御同盟”。日本总理大臣听进去了，于是乘机提出了“二十一条”。

“二十一条”有一个直接相关的背景，即此时的中国在国际社会孤立无援。英国、法国和德国完全置身于欧洲战事，没有时间也没有力量来关心亚洲的事。由于协约国在欧洲吃紧，英国日渐感觉到，它需要日本的援助，因而默许日本对中国施加压力。俄国也正策划自己对中国的渗透，因此对日本的行动也不加反对。只有尚未卷入欧战的美国，对中国表示了些许同情。然而，就连美国也不愿因为中国问题而同日本发生对立，它关心的首要事情仍然是欧战。结果，北洋政府无法期望得到任何一个西方国家的帮助。这是日本人手中的一张很有力量的“国际牌”。

相对于蓄势待发的日本，此时的中国政局动荡，国力贫弱。在 1914 年春天的几个月里，“没有一省能免于匪患、未遂的叛乱、游兵散勇的骚扰和地方性的暴动。湖北、河南两省由于白朗匪帮的活动，情况最为严重”，国内革命党人的活动更是袁世凯的心腹大患。政府为了维持庞大的军费开支，大量举借外债，更增加了对列强的依附性。而对与日本有千丝万缕联系的革命党人的支持与否，成为日本对袁世凯进行威胁利诱的一张“国内牌”。

在这种情况下，当时的中国是无力和日本进行一场必胜的战争的，通过战争来拒绝“二十一条”是不可行的。北洋政府的外交处于极端不利的境况。

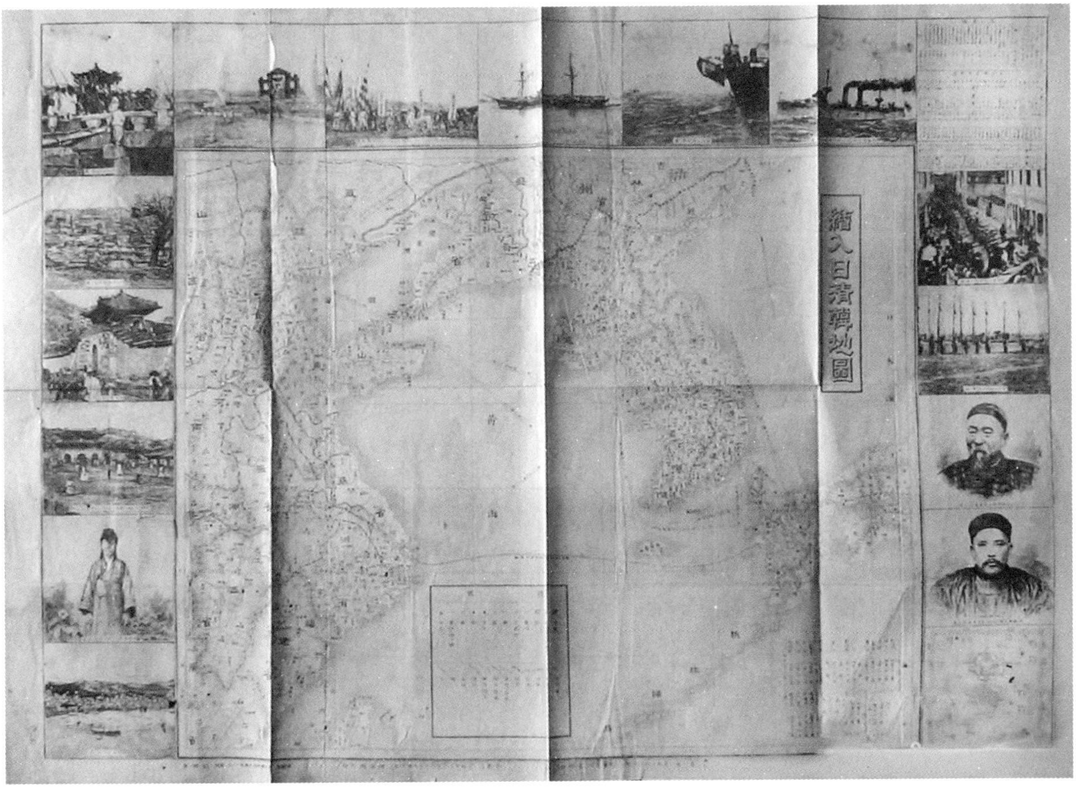

1894 年，甲午战争期间日本出版的《绘入日清韩地图》。从这里你可以看到李鸿章、袁世凯头像，说明朝鲜问题李鸿章和袁世凯是“罪魁祸首”。在日本人的脑子里，认为朝鲜问题，是袁世凯一手挑起的。袁世凯秘密上书李鸿章：“乘朝鲜内敝，日本尚不敢鲸吞朝鲜，列强亦尚未深入，我政府应立即彻底收拾朝鲜，建为一个行省”；建议让朝鲜实行“门户开放，免得与日本或帝俄正面冲突，索性约同英美德法俄日意各国，共同保护朝鲜”。1892 年，俄国打算从海参崴修铁路到朝鲜的元山港，日本也打算包修由釜山到汉城的电线，袁世凯认为在朝鲜修路和修电线是中国的主权，不许外国人干涉，俄国和日本没办法，最终打算落空。从 1884 年袁世凯扫清日本在朝鲜的势力之后，日本人对袁世凯恨之入骨。

袁大总统抗日记

话说，这个“二十一条”是由日本驻华公使日置益在面见袁世凯时提出的，这种方式于外交场合极不寻常。据老袁身边的张国淦说：“日置益辞出后，项城极愤怒，当即疾声令余，所有关于帝制之事一概停止。‘我要做皇帝，也不做日本的皇帝。’”

过后，袁将条约文本留下细读，感到兹事体大。

曹汝霖回忆当时情景：“翌晨，即召集外长孙宝琦，秘书长梁士诒，政事堂左丞杨士琦，及余（曹汝霖）四人到府面谕。总统说，日本这次提出的觉书，意义很深，他们趁欧战方酣，各国无暇东顾，见我国是已定，隐怀疑忌，故提此觉书，意在控制我国，不可轻视。至觉书第五项，意以朝鲜视我国，万万不可与他商议。又说容我细阅后再交部。各人唯唯听命而散。”

曹汝霖继续写道：“袁逐条用朱笔批示，极其详细，现只能记其大意，并嘱开议时，应逐项逐条商议，不可笼统并商。对第一条批，此本于前清中俄协定东三省会议时，已允继续俄国未满之年限，由日本展续满期，今又要重新更定。但将来若能收回，对于年限没有多大关系，此条不必争论。”（指“关于旅大南满铁路展限问题”——作者注）

袁世凯同国务院参议兼大总统府秘书曾叔度说：“满洲外的要求，我尽量全部驳回。满洲内的要求，多少答应几点，而这几点答应了，我有办法要他等于不答应。不但如此，我还要杀他个回马枪！”曹笔下的袁朱批还有：“对承认德国利益问题批，应双方合议，何能由日本议定，由我承认，这是将来之事，不必先行商议，可从缓议。”“对于合办矿业批，可答应一二处，须照矿业条例办理，愈少愈好，可留与国人自办。”“对于建造铁路批，须与他国借款造路相同，铁路行政权，须由中国人自行管理，日本只可允以管理借款之会计审核权，唯须斟酌慎重。”“对于开商埠批，须用自开办法，并应限制，免日本人充斥而来，反客为主。”“对汉冶萍铁矿厂批，这是商办公司，政府不能代谋。”“对浙闽铁路批，须查卷，似与英国有关。”“对福建让与批，荒唐荒唐，领土怎能让与第三国。”“对内地杂居批，治外法权没收回之前，不能允以杂居。”“至第五项批，此项限制我国主权，简直似以朝鲜视我，这种条件岂平等国所应提出，实堪痛恨。日本自己亦觉不妥，故注希望条件，不理可也，万万不可开议，切记切记（两句加朱笔密圈）等语。”这就是曹汝霖笔下的袁朱批。

对照天津市历史档案馆存有的袁世凯对“二十一条”说帖的朱批，对于“日本国臣民得在南满洲及东部内蒙古任便居住往来，并经营商工业等各项生意”，袁世凯批道：“漫无限制，各国援引，尤不可行。”关于日本提出的“合办警察”、整顿福建海口等事，袁也加了重笔，不予认可。关于日本政府提出的有关东部内蒙古借款、课税、开埠、合办农工业等方面的要求，袁批道：“办不到。”在“二十一条”最后，袁批道：“各条内多有干涉内政侵犯主权之处，实难同意。”袁还另文批示说：“欧战相持不下，法比各有失地，将来大会支配，殊难预计，胶澳能否由强人让交，此时尚无十分把握，订此预约，尤足招强人之恶，他西人亦未必同意，殊属吾谓纵能预交日人交还青岛，亦是空人情。”

第三款　中國政府允准日本國建造由煙台或龍口接連膠濟路線之鐵路、

第四款　中國政府允諾為外國人居住貿

袁世凯对“二十一条”所作批示

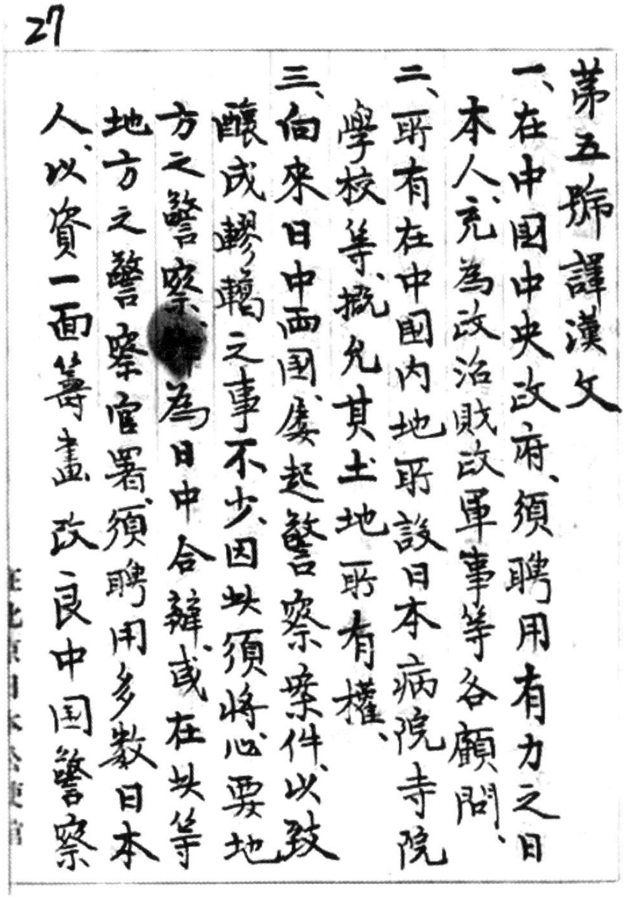
第五號譯漢文

一、在中國中央政府、須聘用有力之日本人、充為政治財政軍事等各顧問、

二、所有在中國內地所設日本病院寺院學校等、概允其土地所有權、

三、向來日中兩國屢起警察案件、以致釀成轇轕之事不少、因此須將必要地方之警察[illegible]為日中合辦、或在此等地方之警察官署、須聘用多數日本人、以資一面籌畫改良中國警察

“二十一条”第五条

袁世凯的“拖”

从以后的实质谈判中可以感觉到，袁的朱批，日本人一无所知，这似乎间接地证明，参与人员中无“日谍”。

进入实质谈判很艰苦。对袁来说，这无异于一次凌迟。这不是一次同等级别的较量——军事上打不过人家，金钱上还要仰仗人家的贷款，同时对方还有一些大大小小的同盟军遍布中国。君不见各路反袁大军里或多或少的都有日本的影子，卖给一两个国家，拉大旗作虎皮，这是我们近百年来政治斗争的一种常态。

袁世凯唯一期盼的是西线无战事，英美能腾出手来“拉兄弟我一把”。为了这个子虚乌有的“可能”，老袁和日本玩起了他惯用的那一套，曰“拖”。想拖就要顾左右而言他。当时的外交总长孙宝琦老实，第一次和日本大使谈判就进入实质内容，逐一“指摘，加以评论”。笔记呈总统，袁大总统阅后大不以为然：“我已嘱咐不要笼统商议，慕韩（孙字）何以如此糊涂，初次见面即逐条指摘，发议论，以后何能继续商议。慕韩荒唐，太粗率，不能当此任，当晚即嘱杨杏城（政事堂左丞）征得陆子兴（时任政府高等顾问）同意，翌日，即令陆徵祥任外交总长，孙调税务处督办。”（《曹汝霖回忆录：我的一生回忆》）据此，老袁的雷厉风行可见一斑。老袁找对了人了，陆徵祥这人，一辈子就没有干脆过，性格使然，他将老袁的拖字诀发挥到极致。当日方提出每周开谈五次时，陆说：“每周五次，我身体素弱，且部中每周须接见公使团一次，改为每周三次如何？”日使即表同意。

顾维钧是亲历者，他有个段子写老陆的“拖功”，比较绝——“每次会议都在下午3时至5时召开，但陆总长使用了一些手法来拖延。当会议开始时，他的客套话会长达10分、15分甚至20分钟。然后侍者清理桌面，摆上茶点，又需中断30到45分钟。尔后在讨论中，一切必须由日文翻译成中文，及由中文翻译成日文。陆总长习惯于讲究讲究辞藻，出言文雅，轻言慢语，译员施履本有时听不清陆总长言语，又需请他复述一遍。遇有困难时，陆总长即向日方提出：‘我将就此报告大总统，下次会议时给贵方答复。’”

最令日本人气愤的是秘密会谈的细节，美、英报界都有公开的披露。实际上，这里会议结束，那里就有袁世凯的英文秘书顾维钧和专办秘密外交的蔡廷干用英语直接告之英美人士。顾维钧回忆：“我每次在外交部开完会后，如不是当天下午，至晚在第二天便去见美国公使芮恩施和英国公使朱尔典。当日本驻华盛顿大使电询政府‘二十一条’的详情，尤其是第五号时，东京开始焦急不安，显然东京并未将‘二十一条’的性质及谈判进展等详情通报其驻外使馆。”

关于“二十一条”中日谈判现场

谈判在第五条上陷入了僵局

谈判在最关键的第五条上陷入了僵局。让日本人进入自己的领导层，卧榻之侧，岂容他人鼾睡？袁世凯坚决不答应，但是又怕引起战争。这时候老奸巨猾的袁走了一次后门。这时候，有贺长雄正在做袁的顾问，此人在日本不但作为学者地位很高，而且和日本高层人士交往密切。袁请他回国向日本“有关人士”疏通，有贺长雄居然答应了。不久有贺长雄见到了松方正义侯爵。有贺返回北京，向来接他的国务院参议兼大总统府秘书曾叔度说：“这件事真相已明。我见了松方侯爵，哪里知道，侯爵实不知其内容。如此大事，并未经过御前会议，松方只知道大隈要与中国解决悬案，不知其他。我乃将二十一条内容告之松方，并言日本公使直接向驻在国元首提出要求，有失国际通行礼貌。”

松方说：“大隈重信言大而夸，你快回华告诉袁世凯，满洲系我帝国臣民以血肉性命从俄国人手里夺过来的，应当予帝国以发展的机会。至于满洲以外中国领土上的主权及一切，帝国毫无侵犯的意思。大隈的要求，是他大隈重信的要求，帝国臣民不见得都支持他的要求。”曾叔度将松方的话回报项城，项城大喜：“得要领了，得要领了。满洲以外的要求，当然半个字也不能答应他。就是满洲，俄国所抢去的，他日本都拿去了，他还想要发展，你发展了，我却瘪了。”情急之下，加藤外相对华下了最后通牒，百般胁迫的同时，又将第五条在最后通牒里“暂时脱离，容后再议”。对袁世凯来说这就等于日方自行撤回了第五条。据曹汝霖描述，袁世凯在签约前的内阁会议上有一番说明：“日本此次提出之觉书，附了第五项各条，真是亡国条件。今外部历时四月开会卅余次，尽了最大之力，避重就轻，廿一条中议决者不满十条，且坚拒开议第五项，外部当局，恪守我的指示，坚拒到底，已能尽其责任。使日本最后通牒中，已将第五项自行撤回，挽救不少。唯最后通牒之答复，只有诺与否两字，我受国民付托之重，度德量力，不敢冒昧从事，愿听诸君之意见。”

从1915年2月2日日本提出“二十一条”，到5月7日日本发出限48小时答复的最后通牒，历时105天，谈判20多次。

在谈判中，陆徵祥容颜和气，时常发些模棱两可的意见对某些条款做出妥协，但在某些方面，仍态度坚决，不肯让步。如此反复，这样，中日“二十一条”交涉，自2月2日正式开始谈判，至4月26日日本提出最后修正案止，历时84天，前后会议25次，会外折冲不下20余次。从谈判时间之长，我们即可看出交涉之艰辛。

1945年曾有中国记者采访陆徵祥，陆曾对未来国情提出简短而著名之警语：“弱国无公义，弱国无外交。”

1915年5月9日，陆徵祥、曹汝霖、施履本三人将“二十一条”亲自送往日本公使馆。

有贺长雄（前）与莫理循（右二）等外国顾问合影。1913 年 3 月，由于国民党议员的反对，袁世凯交议的《编拟宪法草案委员会大纲案》在参议院审议时变成废案，心有不甘的袁氏聘请日本人有贺长雄和美国人古德诺为总统的宪法及法制顾问。

有贺长雄能担当此任的一个重要原因是他本人是日本早稻田大学、法政大学教授，而日本参议院和众议院的议员中有相当一部分人是他以前的学生。有贺长雄名义上是中国国家元首的宪法顾问，实际上却扮演了一个居心叵测的“阴谋政治家”角色。民初参与反袁斗争的国民党籍国会议员王葆真愤怒地谴责说：“外国顾问中，日人有贺长雄最为奸狡毒辣。”因为他能够刻意迎合袁世凯的意图，深得袁的信任。同时，他又扮演着日本间谍的角色。有贺长雄的助手，有的是日本参谋本部派来的高级间谍，如青柳笃恒。他们利用能够接近中国政府核心人物的机会，不断刺探中国的政情、军情，为日本侵略政策服务。

曹回忆这次经过，“余心感凄凉，若有亲递降表之感”。陆徵祥跟他说起以前“随节俄馆”时，俄财长维德为租借旅大问题跟杨儒谈判，磋商不洽，竟将条约摆在公案上令杨签字。杨答以未奉我皇命令，不能签字。维德拍案咆哮，出言不逊，骄横无礼。杨义愤填膺，年事又高，出门时在石阶上滑跌，遂至不起。曹由是感叹：“弱国外交，言之可叹。”

5 月 25 日，陆徵祥与日本正式签订讨价还价后的“二十一条”，实际上是“十二条”。

袁世凯知道史家不会放过他，于是让人撰写了一本书，叫《中日交涉失败史》，印刷了五万册，密存于山东模范监狱中。袁对左右说：“勾践不忘会稽之耻，最后终于打败了吴国，那些咄咄逼人的人终有肉袒牵羊之一日。到那时，此书就可问世啦。”

1916 年 6 月，袁世凯死前为自己写下了一副耐人寻味的挽联：“为日本去一大敌，看中国再造共和。”

陆徵祥

曹汝霖

第七章

最后的袁世凯

最后的袁世凯知道自己输在哪里。而袁的死也让所有的人松了口气。蔡锷说，“项城退，万难都解”。莫理循说，“袁世凯的死最理想地解决了他的引退难题”。只有五姨太杨氏有点恨：“都怨大爷（袁克定），他把老爷害苦了。”

一蟹不如一蟹

清朝和民国哪个好？章太炎说“一蟹不如一蟹”。大众本以为革命了，共和了，驱除了鞑虏，学来了富国强民的真经，日子会好。没想到乱象横生，社会动荡不安。原来大家就有九斤老太的心态，一看如此，更是怨声载道。有骂袁世凯当国不当的，有骂社会堕落的，还有骂国民党捣乱的。那是一个任谁都可以扯开嗓子骂人的时代，骂人惹了祸还可以躲进租界。

李宗仁晚年曾经告诉人们：他在清末上陆军小学时，但见朝野一片朝气；辛亥革命成功之后，则朝气全失，全国上下但觉一片腐烂败坏。严复抱怨：“（袁世凯）就职五年，民不见德，不幸又值欧战发生，工商交困，百货蕾腾，而国用日烦，一切赋税有加无减，社会侈糜成风，人怀怨望。”美国公使芮恩施说：“中央政府收到各省上缴来的税款总数估计没有超过1912年前清政府预算的十分之一。”孙中山感到委屈：“你不承认十二年的祸乱是革命党造成的么？民意大多数都承认是这样的。”俄国的列宁也出来批判中国的袁世凯：“他是愈来愈摆出一副独裁者架势的中国立宪民主党人。”

“袁世凯的行径和立宪民主党人一模一样，昨天他是一个保皇派，今天革命民主派胜利了，他成了一个共和派，明天他又打算当复辟后的君主制国家的首脑，也就是打算出卖共和制。”（列宁《中国各党派的斗争》1913年）

对于这些批判，袁世凯感到委屈。当美国记者采访他时，袁告诉美国记者：他每天清晨5时起床工作，一直到晚上9时才休息，其间只有短暂的用餐和休息时间，除非偶尔有别的任务让他离开日常工作。

其实袁自己似乎并不以为苦，倒更像是乐在其中。女儿说：“他做大总统的时候，经常是晚间9时上楼，到了这个时候，却深夜还在办公和会客，以致我俩姐妹虽和他同住一个楼上，可是常常很晚了还不见他上来。因此，他那逗我们说笑玩耍的事情，就成为很少有的了。”

《每日电讯报》驻北京的通讯记者描述袁世凯已经几天没刮胡子也没有睡觉了。对于忙，袁世凯给记者的回答是这样的：“我的头脑中已经有了一个新中国。我知道我的任务并不简单，有时在我虚弱的时刻，我感觉到昏厥感并试图告诉自己我干得够多了。但是每次这样的不平衡的想法都使我感到羞愧，我捶打我的胸和脸，我知道这有点傻；所有对于这个国家和人民的爱向我涌来，于是我继续更加努力地工作。”

虽然话说得有点儿肉麻，但有一点是肯定的，他的野心被大大地煽起来了，在前清缩手缩脚20多年之后，如今有这么一个做事比较爽的空间，任何人都会亢奋。

LA DISCUSSION DE LA LOI SUR LE COSTUME EUROPÉEN EN CHINE
Un Parlement transformé en salon d'essayage

民国时期，万象俱新，连一贯保守的中国人也开始想到易服了。但是1912年9月15日法国《小日报》却以嘲笑的口气刊登了《民国议会成了试衣间》的图文。文字报道说："全世界的议员都一样。他们心甘情愿地忽视重大问题讨论，却花时间讨论什么个人情趣。最近民国议会郑重其事地讨论起了欧式服装的问题。但他们用十几次会议讨论服装，而且这些'勤奋'的议员每天开会9小时，整整持续了一个星期，议会成了巴黎时装周，在那里展示了男套装和女套装。30多种帽子挂在衣架上，议员们一个个试戴，讲话的人炫耀自己的知识。一个议员想要证明大褂起源于蒙古，另一个议员介绍中国历史上关于着装的法律。最后，大会通过了如下法规：一、所有各级官员着欧式服装，包括黑西装、中国丝绸高帽、漆皮鞋，生活中戴毡制帽。二、盛大仪式期间，无官阶的人必须戴上礼帽和穿燕尾服。三、军队、警察、法官和学生穿着专门的制服。四、妇女戴欧式帽，但可以继续穿传统服装。"

称帝完全是袁世凯主导

袁世凯自打进了中南海就再也没迈出过大门，死后才被抬出新华门。人们常常渲染这样一个情节，说袁世凯称帝失败，临死前大叫“我被人骗了”。这种帝王犯错就“清君侧”，将所有的错全赖到周围的所谓乱臣贼子身上的思维模式，在咱们中国人身上真正是根深蒂固。

谁骗得了他这么个精怪老辣的大总统？我看这完全是自欺欺人。他一向认为，只要把决定国体、公众选举自己做皇帝的事筹办得严密妥善，使刚刚离开帝制不远的军、政、官、绅们一体赞成恢复帝制，前途一帆风顺就很有条件，并且安排就绪得愈早条件就愈好。他认为老百姓是没有问题的，还是盼望真龙天子出现的占多数，立意要造反的并没几个。只要执法从严，什么乱子都可以压得下去。军队方面，他肯定更没问题，北洋士兵哪一个不给袁世凯烧香磕头。况且他一直认为如果真能实行前清昭示已久而未能实现的君主立宪制将是个大得人心的举动。（唐在礼语）举国一致的拥护，那是他让段芝贵拍电报给催逼出来的假拥戴；各国所谓的赞成，那是外交部传递的假消息（老外评价说，如果民初有什么成绩值得夸耀，那就是外交部的非凡工作）；1914 年海市蜃楼式的财政收支平衡，那是因为袁世凯减缩了开支，停掉了几乎所有的建设项目。

称帝完全是袁世凯自己主导的。他 1916 年前后说：“这事儿想了几年。”还说：“中国老百姓不开化，不懂什么民主自由，非帝制不能加以统治。”在他身边做事的唐在礼早已经看出了一个称帝的先兆：

> 袁世凯在天津任直隶总督北洋大臣时，所有奏折和重要公事几乎完全出于阮忠枢的手笔。……到民国成立以后，公文程式为之一变，新辞、时议皆非阮忠枢之所长，他就在不知不觉中很快地坐了冷板凳，几乎什么事袁世凯都不请他参加。直到把总统府秘书厅改为内史厅，袁世凯才调阮忠枢出来任内史监。那时袁世凯筹备做皇帝的苗头已为我们所共知，我们很能看出袁世凯这一着是有所准备的。因为他一旦做了皇帝，就要重新用“奉天承运”“皇帝诏曰”这一套笔墨，当然这就非阮忠枢莫属了。

瞧，马脚已经露出来了。至于我们见到的拖拖拉拉、陈腐冗长的称帝过程，那是袁世凯这个经验老到的官场老辣惯用的驭术。用现在的话说，这叫“不打无准备之仗”。

1915 年，袁世凯为恢复帝制，在天安门设立大典筹备处，并挂起“大典筹备处”的招牌。

1916 年新年伊始，袁世凯为实现帝制，改元为“洪宪”元年，改总统府为新华宫。图为新华宫袁世凯接见外宾处。

民国不是省油的灯

袁世凯称帝自为，其实心理上有一个渐进过程。开始是权衡，这大约起于1913年后，因为这之前他这个总统的根基是不牢靠的。按实力，他的铁杆省份只有直隶省、河南省和山东省。半铁杆的最多加上东三省和西北诸省，长江以南根本不是他的势力范围。论军事，他也只有北洋十万之众可指挥调用。其他的军队，他只是名义上的司令，比八路军和中央军的关系还远。这些势力虽然在地理上、政治上是分散的，合在一起却至少是他的三倍。

这就是我们看到的在“二次革命”前，他极能善待社会上的各种人，和革命党人称兄道弟，把黎元洪捧到天上的原因。结果呢？“袁政府初期，中央财政收入被地方截留，库空如洗，几乎完全依靠外债，地方财政为庞大的军费所累，普遍入不敷出。以出卖国家主权得到的大量外国借款，几乎全部用于填补纯消耗的军政开支。资产阶级渴望的建设投资、整顿币制和裁撤厘金等均未能进行。”（《剑桥中华民国史》）

屁股决定脑袋。作为大总统的袁世凯看到这种县截留省的钱、省截留中央的钱的状况，能不痛心吗？当然痛心。“分权的、自由主义的环境，民国的社会松散，以及在实践中对他的中央政府施加的过分限制，使他感到生气。”（《剑桥中华民国史》）

这种情况不独袁世凯一人碰到。“中山号称是独立各省拥戴的大总统，但没有一个省给他一分钱。连政府的开张费用，都是那个当了状元不做官的张謇借来的。”（唐德刚语）只是孙先生没做几天总统，少受了不少罪。

中国政治，从来没有协商的余地，妥协在历史书上就是投降、卖国、变节的代名词。另外就是协商了，定了规矩，大多也没有按契约精神去遵守的习惯。唯有用武力说话最灵。

袁世凯、蒋介石，开局不好，就是因为他俩办的这个民国公司，是通过谈判协商和合并小公司开起来的。后来怎么样？十多年几十年都在解决早期的“合并后遗症”。袁世凯也知道这个道理，所以他乘各地割据势力沉浸在小富即安的美梦中时，便早早地布局，偷偷地布线。

袁这个人行事如猫科动物，接近，接近，再接近，不到猎物惊跑，绝不主动出击。民国初的这一年半，表面看他一事无成，其实他都在准备。他用的招是大家熟悉的“统一战线”和“集中优势兵力打歼灭战”。

当时的中国只要摆平三个地方就能赢得天下，这就是北京、武汉、南京，因为国内最精锐的军事力量大多集中在这三地，北京的北洋最强，其他两地次之。

袁世凯首先和黎元洪拉关系，帮他杀了眼中钉张振武、方维。然后于1913年4月初，袁利用便利的江汉铁路，秘密接受黎的邀请，从北京派少量部队进驻湖北。5月他们取消了保密，驻扎在湖北长江沿岸的北洋军人数达到了一万以上。至此袁三分得其二。

中国历史上第一个国会盛大开幕。张鸣在《头一个国会那点事》中说："中国人的头一个国会，是1912年，即民国元年诞生的。在此之前，清朝搞的那个，叫谘政院，里面的人自以为坐在国会里了，但在法律上其实还不是。头一次国会选举，刚由同盟会改组的国民党获大胜。第一届国会，参众两院一共800多名议员，人称'八百罗汉'。1913年4月8日国会开幕，'八百罗汉'开宗明义第一件事，就是给自己定薪酬。结果一投票，5000元的方案被通过。选举（总统）前，袁世凯不放心，派了军警化装的公民团把国会团团围住，宣称如果议员不把他们认可的总统选出来，就不让他们出来。议员们忍饥挨饿，一整天汤水未进，到了半夜，总算把袁大总统给选了出来。一转身，袁世凯就卸磨杀驴，下令收缴国民党党籍议员的证件，将他们赶出北京。没了国民党议员，国会达不到法定人数，从此也就安歇了。"

袁世凯借了印子钱

打仗打的是粮草。袁本指望民国后能做到全国财政统一，但是自从清灭了以后，各地谁都不想受此约束。袁知道不靠武力就收不到钱，要动武就得花钱。钱呢？此时唯一可以求助的就是外国贷款，胆大的袁世凯于1913年4月27日凌晨签订了“善后大借款”。

“善后大借款”，这是袁借的印子钱啊！是拿中国的盐税做抵押的！袁世凯不顾，一切只为赢！一切准备妥当时，宋教仁案发生了，虽然后来有史家论证此事不是袁所为，吊诡的是袁当时面对指责，就是不多作解释，任其发酵。他暗暗地等着孙大炮主动开炮。两个月后，孙中山发起的“二次革命”失败了。这是一次典型的“袁氏战”实例——不惜一切代价借款，然后用现金支付一切。收买叛变的国民党国会议员，收买自治军队的指挥官，为自己的参战部队发足额军饷，使士气大增。唐在礼揭露，有时密谋分化对方的军力，一经与对方中下级军官接洽妥帖，把他们收买过来之后，就要从优供给他们调度费和开拔费。例如，在收买二次革命的民军时，运作取消安徽、江西各省和广州、南京各地的独立，就花了大洋几百万元。

更绝的是，袁的十年外交储备也成了“袁氏战”的一部分。他的20年好友、英国公使朱尔典要求英国做出特别违反常理的安排，直接向在上海的海军军舰拨发“善后大借款”的现款，以保证他们拥护袁。汇款是如此的及时，第二天革命党人对上海军火库的进攻，即被上海英国海军战舰的炮火所挫败。北洋军人的团结比照国民党人的涣散，英美的支持比照孙中山的日本朋友的三心二意（此时日本政府还不愿意公开放弃它在中国同英国的合作，未向革命党人提供重大援助。其最大的帮助是日本在华海军护送许多落败的领导人到达安全地点，最后到达日本的避难所）。

“二次革命”的天时地利人和都在袁的一边，而三年后袁称帝就没有这么好的运气了。“二次革命”后，袁才真正地做了总统，人事任命权和财权相对地集中到了他的手里。

闲不住的胜利者开始想着下一步的棋。“当袁世凯总统通盘考虑独裁统治的成果时，他定会思考这样的问题：还缺少什么呢？国家行政既然已经统一，为什么他拍手而老百姓不雀跃；他召唤而老百姓不集合？当初设想的随着中央集权制而来的力量在哪里？中国为什么在外国列强面前依然这么衰弱？袁任总统期间的外交危机一概以中国的退却而告终。外蒙古和西藏基本上仍然沦于欧洲的保护之下。尽管他1913年和1915年同俄国就外蒙古问题签订了协定，尽管他在1914年关于西藏问题的西姆拉会议后，拒不同英国签订协定，他都没有能使这些地方得到光复。同时，外国人已插手盐务管理，铁路修筑权扩大了，外国列强拒不重开关税谈判。最屈辱的后果来自1915年1月开始的中日谈判，5月，袁在日本著名的‘二十一条要求’最后修订文本面前投降。袁把这些机能不全症状的疾病盲目地诊断为帝国营养不良症：缺少的是皇帝。”（《剑桥中华民国史》）

1913年“善后大借款”，民国政府发行的债券。“善后大借款”是1913年袁世凯的北洋政府向英、法、德、俄、日五国银行团的一次大借款，款项高达2500万镑，年息5厘，分47年偿清，以解决政府的国库空虚问题。合约固定钱款用途：一、整顿北京的统治机构，加强政治、军事等各方面的统治力量；二、结束南京临时政府，首先是遣散南方的军队；三、偿还积欠的外债和赔款；四、履行对逊清皇室的优待条件。

袁世凯似乎很在乎民意

刘成禺的《世载堂杂忆》中有一段引自于梁士诒笔录的“袁与英国公使朱尔典的谈话”，袁世凯对朱尔典说：“近年来各省将军、巡按使，还有文武各官，都说不实行君主立宪不能巩固国基。到了今天，全国都赞成了，我只有顺从民意。我现在是百分责任，自担八十分，而各部门将在一起共担二十分，按理而论，各部应担八十分。我考虑帝制的事情，不过就在这几年，只是与我的子孙，甚有关系。中国历史，王子王孙，年深日久，到头来没有不弱之理，这也是可忧虑的。当初提出创立共和制的人，根本不知共和是什么东西；今天主张立宪君主，也不知立宪君主是什么东西。多数人民，脑海中存留的不过是汉、唐、明、清的专制君主。至于我要实行的这个立宪君主制，他们恐怕做梦也猜不出是什么东西……”

谁说猜不出，时人说到洪宪的好处时早就总结了三点：“洪宪新国终究不是前清王朝的复制，有三点不同于清朝，一立宪，一永废跪拜礼，一永不用阉宦。”对民意的判断，袁世凯得出一个结论——“多数人民，不过有汉、唐、明、清之专制君主，印于脑中”。这个判断不能说不对，甚至可以说相当准确。不信请看如下的言论：“我们有时到乡下去，高年父老都向我们说：‘现在真命天子不出，中国决不能太平。’要是中国统计学发达，将真正民意综合起来分析一下，一定复辟的人占三万万九千万多。”

这是谁的话？孙中山！为此孙中山后来还不无伤心地说：“我们革命党推翻满清，把人民由奴隶的地位超度到了主人的地位；现在做了主人，不但不来感激，因为暂受目前的痛苦，反要来漫骂。常有人说：‘我们从前是很安乐的，自革命之后，国乱民穷，要有真命天子出世，或者清朝复辟才好，民国真是没有用呵！’”（1923 年 12 月 30 日《在广州对国民党员的演说》）孙毕竟是伟人，还敢说真话！你想，真要是四万万人民一片叫骂声，老奸巨猾的袁世凯不会傻到冒天下之大不韪，去当这个权力还不一定有他这个大总统大的皇帝。

在袁世凯的眼里，革命党的那些个议会选举，根本不代表民意。这也不能说没有道理。宋教仁是在这样的选举规则下获胜的：年满 21 岁的男子（女子排除在外），具有小学同等学力或拥有财产并按规定标准纳税（标准虽低，但足以把大多数成年男子排除在外）。选举是间接的，即投票人选代表，这些代表在晚些时候通过开会选出真正的议员。

据此，最后有选民资格的人数远低于 1%。中国历代以士大夫乡绅代表最下层 85% 的人立言，所以袁世凯眼里的民意其实就是上百位封疆大吏的态度，最多考虑些读书人的感受（京官他已经搞定了）。除此之外，他非常在意的是与中国有利益关系的外国民意，特别是日本。但是，这一次的称帝，他失败了。

1913年隆裕太后的葬礼。1913年2月22日凌晨，隆裕皇太后驾崩。当时气氛很冷清，“行礼不满20员，较之光绪三十四年（慈禧去世），不堪回首矣！”在隆裕驾崩的当天，总统府便召开特别会议，决定以“外国君主最优礼”安排葬仪：全国下半旗3日为皇太后致哀；文武官员臂戴黑纱27日；参议院休会一天……同时指定礼官“专办清宫善后和清帝照料事宜”，国务总理“率全体国务员定期进宫致祭”。步军统领衙门派官员轮流守灵，政府的仪仗队与军乐队听从调遣。3月19日，北京各界齐聚太和殿，为隆裕太后举行国民追悼会，参议长亲自主祭。袁世凯特送赙仪3万元。袁世凯如此重视隆裕丧礼，一为收买北方民心，二也是一种“还人情”的意识作怪。

还是新老干部没交替好

史上的强人从来就没有解决好新老干部交替的问题，袁世凯也是在这个坎儿上绊了一跤。

话说时间到了1913年后，袁大帅的北洋系统已经是一个垂垂老矣的20岁老狗。原来在小站能叫出名的人后面又出现了很多新面孔。人到中老年的北洋老班头，早期的军旅生活已经让给儿侄辈去劳苦，自己成了方面大员，个个妻妾成群，腰缠万贯，理想都到了理想国，眼里的天下只有“权钱”二字。为此袁世凯见人就大发牢骚：“你看看，我们北洋的人都成了什么样子！芝泉（段祺瑞的字）不到部里去办公，华甫（冯国璋的字）身为地方大员，每天睡到中午12点才起床！这像什么样子！”唐德刚先生说得好：“袁的江山是枪杆打下的。当年帮他打天下的功臣段祺瑞、冯国璋、张勋等人如今都自成方面。仰望黄袍，各有私心。慢说他想做皇帝，就是维持个总统大位，也要时时看他们脸色。”

袁世凯遇到的这个病是古今天下“能人”“强人”“伟人”的通病。他急了，想做点什么，安排“百年大事”。这时候他血液里的那些个小农思想占了上风，他首先想到的是家族荣耀的延续，而这一切让其共患难的哥们儿看出来了。袁的死期不远了。

中国官场中人的政治敏感何来？谓闻气味。袁世凯从没说过传位给长子袁克定，但是大家都认准了第二梯队非袁克定莫属，哗啦一下子，一大拨人，像段芝贵、袁乃宽等排队去买袁克定这个原始股，使得段股、冯股、徐股等北洋老股跌破了1000点。给“太子”开路，也是给自己解套，袁世凯进行了一系列眼花缭乱的变动，这些变动我们暂且叫它改革吧。

“什么废督，什么虚省设道，什么文官政治，甚至包括设立将帅团，统统都是冲地方的大小军阀去的。然而，这种与虎谋皮的举措，具体实行起来，不用说是障碍重重，推行得好是艰难。在这时候，显然袁世凯想起了当年在大清国的情景，皇帝的权威之重，即使像他这样权倾朝野、盘根错节的人物，想要拿掉，一纸诏书也就搞定。”（唐德刚语）

关于成立混成模范团，倒要为老袁说两句公道话。我们不能只看团长、团附以下的军官都是与袁克定有关系的人，就认为这事儿百分之百是针对北洋老军人的。其实袁世凯后期的很多军事改革除了要打造“太子军”外，主要还是为了改善当时军备落后的状况。这样做首先踢到的铁板就是他紧密依靠的那千人规模的北洋精英团。

“二次革命后，龙济光、张勋、李纯甚至袁世凯最得力的大将冯国璋，占了国民党人的地盘之后，都不太听招呼了。二次革命后，看起来大获全胜的袁世凯，实际上面对的是一个五代十国的局面，连昔日言听计从的北洋诸将，此时都成骄兵悍将，不仅不听政令，甚至连上解款也日益含糊起来。”（唐德刚语）

L'ILLUSTRATION

SAMEDI 16 MARS 1912

LE PRÉSIDENT D'UNE JEUNE RÉPUBLIQUE DE QUATRE CENTS MILLIONS D'HOMMES

Yuan Chi Kai entouré de son état-major.

袁世凯就任临时大总统后与北洋将领合影

段祺瑞不好整

段祺瑞很傲很倔，有时脾气上来，老袁也怕他三分。但是他有值得傲的筹码。袁世凯最依赖段祺瑞，几乎将自己视为生命的军队都交给他经营和调度，慢慢地彼此就有了意见和隔阂。“水晶狐狸”徐世昌看得最清，他貌似公平地说：“项城思以军政大权操之于己，于是在总统府设海陆军统率办事处，以移陆军部之权，已为段所不快。起因是袁世凯要总揽军队的人事大权。段请旅长以上由大总统主持，团长以下交陆军部办理，其用心可以想见。”袁克定“最忌段，段又毫不敷衍，即项城左右其他诸人，段亦皆盛气凌之”。这样一个比茅坑石还硬的老倔头，项城一直在找机会让其离得远远的。正好段最亲近的徐树铮被人参了一本。袁找到了机会，对段说：“你气色不好，想是有病，应当休息休息……”段于是请假赴西山，托词养病，愤愤不平。

徐说：“段管军事教育，又握军政多年，亦有其普遍之潜势力，然慑于项城之威势，亦无可如何。”据唐在礼透露：“购买军火的事，向来是陆军部段和小徐（徐树铮）经手的。袁在设立军需处时，要把这件事抓过来自己办，也属一宗要务。无奈段、徐始终不肯放手，我们又没有内行人，所以事实上无如之何。”

1916年，老袁倒霉的时候，由段组阁。段准备任命自己的心腹徐树铮为国务院秘书长时，袁世凯以“徐是军人，秘书长不宜再是军人”的理由加以反对，事后段祺瑞十分生气，他把烟斗狠狠地掼在桌上，厉声道：“到今日还是如此！”老段认为自己是民国人，吃共和的饭就要为共和谋。他曾经对徐树铮说：“我当年曾发采取共和之电，如今又拥项城登基，国人其谓我何？且恐二十四史中亦再找不出此等人物！”关于袁之称帝，段曾经说：“会见项城时，曾以试探的口气询问，而项城矢口否认，谓你不要听信这些无稽的谣言。后来风声渐紧，我又进言详陈一切，袁虽仍然否认，可是态度神情已可看到其内心。我第三次约定时间往谒，不顾一切痛陈利害，言明此事关系国家安危及袁氏身家性命，万不可做，万不能做。袁态度始而紧张，继而恼羞成怒，厉声地告诉我说，这是克定与杨度等讨论的问题，你何必大惊小怪地重视呢？我亦起立大声地说，因为我是受总统数十年知遇，不敢不直言奉上，此时悬崖勒马尚可挽救，稍即逝，悔之晚矣。袁不答，我遂辞出。后两次请见，袁竟以身体不适拒绝，而无法挽救。我苦思几日夜，我受袁氏几十年知遇，如潜出声罪致讨，衡之旧道德，我不能这样做。”

1915年12月13日，袁世凯匆匆进行“登基”仪式，接受百官朝贺，段祺瑞并未参加。在袁文武百官的册封名单里也没有段祺瑞的名字。

段祺瑞夫人张佩蘅和她的“三朵金花”。张佩蘅，出身于官宦之家，其父与袁世凯是表兄弟，袁认张佩蘅为义女。1900 年，段祺瑞的原配夫人吴氏病卒。第二年，袁世凯做主将 27 岁的张佩蘅嫁给 37 岁的段祺瑞。张佩蘅为人正派，脾气也很好，操持家务井井有条，因此公馆上上下下对她心悦诚服。然而，张夫人抽大烟，经常与其母两人躺在烟床上吞云吐雾。婚后的张佩蘅还是经常到总统府里去，那时袁世凯住在怀仁堂，于夫人则住福光居。尽管总统府门禁森严，只要她一打电话，就可以坐着马车从新华门进去畅行无阻，袁府上下都称她为大小姐。后来，张佩蘅为段祺瑞生了四个女儿。张生怕别人说她不贤惠，于是先后为段娶了五房姨太太。1936 年，71 岁的段祺瑞在上海去世，张夫人扶其灵归葬北京，后老死于天津。

冯国璋是个财迷

冯国璋没有主义，更没有信仰，自认为袁的位子应该传给他。他曾气愤地对亲信说：“我跟老头子这么多年，牺牲自己的主张，扶保他做元首，对我仍不说一句真话，闹到结果，仍是帝制自为，传子不传贤，像这样的曹丕（指袁克定），将来如何侍候得了。”

自 1913 年年底到江苏做都督，他颇为顺利，俨然一个江南袁世凯。他在南京和南方的国民党势力眉来眼去，从袁的“征远大将军”成了“两派中间人”。徐世昌说：“冯久驻南京，俨然藩镇，渐渐不如当年之绝对服从。”（据《洪宪遗闻》转述）

袁世凯是什么人，早就看出这些蛛丝马迹。老袁便采取了严密的防范措施，在冯国璋身边安置王子铭等人监视其行动。冯从此与袁氏父子的关系逐渐疏远，不肯再为袁世凯卖力。

举行改变国体投票，冯暗示督军署人员一律不当代表，不参加投票活动。在举行投票那天，冯托病不去。后经劝请，他才勉强到场，然而呆坐在那里，一言不发。

后冯国璋被任命为参谋总长，袁急电催促其进京就职，冯乃托词害病拒不进京。

军头冯国璋这个人完全把袁逼宫清廷的那一套学到了家，他学着袁的口气对梁启超和蔡锷说：“我是他一手提拔起来而又比较亲信的人，我的电报（指反帝制）对他是个重大打击。我们之间，不可讳言是有知遇之恩的。论私交我应该拥护他的，论为国家打算，又万不能这样做，做了也未必对他有好处，一旦国人群起而攻之，受祸更烈。所以，我刚才考虑的结果，决计发电劝袁退位。”于是，他摇身一变成了双方的调解人和对袁施压者。

蔡锷反袁后，袁世凯对冯特别有恨：“云南贵州反，远在边地，还没什么要紧。浙江广东之变，我也能控制住。冯乃我手下最有力量的人，他竟公然宣布叛言，才使各省动摇跟进，事情越来越棘手，令我进退两难。”冯的续弦夫人周砥原是袁家的女教师。周嫁冯后，将冯的一举一动均通过婢女密报袁世凯。袁死前曾感慨道：“予豢养左右数十年，高官厚禄，一手提拔，事到今日，无一人不负予！不意一妇人，对我始终报恩，北方文武旧人，当愧死矣！”从中看到袁世凯是多么怨恨冯国璋啊！

一个独裁者在权力移交期间，是最容易出意外的。偏偏“太子”袁克定不是李世民，起到的作用没有加分反而减分。难怪物理学家、袁克文的儿子袁家骝后来叹息说：“实在是怪我的大伯父。”还是那句：新老干部的交接没做好。最后在段、冯等老帅的杯葛下，梁启超檄文的召唤下，一个远在边陲、带兵不过万员的蔡锷把北洋这个神话，这张已经四面漏雨的窗户纸给捅破了，以至于袁世凯想打无人跑腿，想和拉不下脸来。四年前清廷的一幕又出现了，只不过这次是段和冯他们几个代替了袁当年的角色。有人说这是报应，一点儿没错。

莫老夫人
To Dr Morrison's mother
馮國璋
Fêng Kuo chang
Fêng Kuo-chang
President of the
Republic of China

冯国璋像

帝制输在临门一脚的日本人

这些年来，人们装着忘记日本在反袁中的“特殊”作用。

袁世凯称帝除了内部不满外，还有一个外部的力量给他作梗，这就是日本。帝制输在临门一脚的日本人。日本的对华策略正如日本军阀元老山县有朋所说：“日本不想中国有一个强有力的皇帝，日本更不想那里有一个成功的共和国，日本想要的是一个软弱无能的中国，一个受日本影响的弱皇帝统治下的弱中国才是理想国家。”（《中华民国史》）

英国和日本当时是盟国，但是在中国却暗斗得厉害。英国手中有袁世凯，日本手中有革命党和反袁势力。

“二十一条”签订后，英日间一场没有硝烟的战争围绕着袁世凯展开了。话说1915年秋冬之交，英国公使朱尔典借巡视各地英领事馆之名，去了上海。在上海他对唐绍仪说：“中日最后修改条约前，袁还将一些秘密告我。签字后，袁和日本人在东京还订有密件。”“自此袁便锐意办帝制，我乃不得参与秘密，不知密件里写了些什么？想来一定是写些支持袁世凯称帝的交换条件。”“据我观察袁的行动，似乎袁依照密件行事。我们不得密件，不能做出决策。但是密件内容，不仅仅袁一口否认，就是问我们表面上的盟国，驻华日使，他也极力否认。……如得其真本，则证明日本挟此件以独霸中国权利，自然无以对大家，更无以对英日同盟，大可为你们反对帝制助力。”

唐是反对帝制的，又是个出了名的亲英派，听了后跃跃欲试。朱见了加温道：“如果你们爱国，能尽力获得此项密件签字真本就好了。至于说到财力嘛，英国亦愿相助。”唐是文人，间谍一类的活儿不是其专长，便说：“容我想想办法，一二日内，必告诉你。”朱尔典临走时意味深长地说：“如有所获，则袁氏帝制危也，这不是你们中国的福气吗？”

该着袁世凯倒霉，恰恰这个时候，他的大内管家袁乃宽之子袁不同来上海见唐。这个愤青对袁氏帝制，最为愤慨，对唐说：“我家与袁世凯同宗，袁世凯以我的父亲为侄辈，总管新华宫内事，我反对帝制，故改名为‘不同’，唐总理有何驱使，当竭力奉行，唐总理也和我父是老友也。”

唐乃观察其能力，向他打听新华宫的事儿。袁不同说：“新华宫我最熟习，熟知所有的路径。”唐乃询问袁世凯藏密件的地方，袁不同说：“重要书函，藏公事台斗内，重要外国条约，则另藏一个大铁箱中，钥匙从不离袁身。内卫长句克明，负责司签押房之事。”

唐问句为何人，袁不同说：“这个句克明为袁世凯与女仆所生子，和我关系最好。”唐恍然大悟：“我怎么没想到，克明的‘克’不就是克定的‘克’吗？”

Copyright by Underwood & Underwood, New York

YUAN SHIH-KAI, MASTER OF CHINA

BY CARL CROW

IS Yuan Shih-kai, President of the Republic of China, a man who would be king? In that brief query is summed up the question which is sending the armies of the South of China against the armies of the North, threatening to wreck the Flowery Republic, so recently established as a result of the most remarkable revolution the world has ever known. Rumors of a possible civil war have been current in China ever since the establishment of the Republic, and the basis for all of them is the fear of Yuan Shih-kai—the fear that he will make his present dictatorship permanent and will found a new dynasty stronger than the old. Almost all who know the man, Chinese and foreigners alike, believe that he who has so easily gained the mastery of a country which has known so many dynasties, could with almost equal ease destroy the republican government of which he is head, put on the old monarchial trappings of the Manchus, and make himself the first of a new dynasty of Chinese emperors.

"He is the Napoleon of China!" cry the

347

近代史研究所贾熟村先生将日本人反对袁世凯称帝列出时间表来："1916 年 1 月，日本警告袁世凯，决不承认其帝制，袁被迫暂缓登基。日本中将青木宣纯奉命至上海，鼓动梁启超反袁。2 月，日本各政党、团体、企业、新闻界一致通过反袁决议。3 月，日本内阁认定袁世凯是日本在华取得优势的障碍，必须使袁退出政界。于是提供贷款及炮械给岑春煊，还支持中华革命党在山东反袁，还给宗社党提供资金、陆军军官反袁，终于迫使袁世凯取消了帝制。6 月，袁世凯在北京病逝。"

秘密文件被内贼所窃

唐绍仪将想窃密件之事一五一十地告诉了袁不同。袁不同血气方刚，一口答应下来。第二天，朱尔典来唐府开出100万的价，让唐主持办理此事，临走时说："如果有求助于使馆，我们会尽量帮忙。"唐乃先交袁不同30万元说："能将密件偷出，交英使馆看一看，再当场交现款70万元，然后你再将原件带回。"

袁不同回京，与句克明、沈祖宪商量办法。沈祖宪原为唐一手提拔，后随袁去过彰德洹上村，时任新华宫重要秘书。唐事先已经致函祖宪，让他助袁不同。句为内卫队长，公事房、内书房各重要处，均由句严密守卫。他能随时出入各处巡逻，他知道密件被秘密地存放在铁箱中。当时苦于没有钥匙，于是到大街上尽搜外形相似的钥匙，一一套过后发现都打不开铁箱的锁。英公使馆知道后秘密派去各处代为寻求，最后找到了一把相似的钥匙。

这夜，句趁袁世凯熟睡时，偷偷地套开此柜。一翻，果然有一份厚厚的中日交涉全案。句高兴得手都发抖了，一得意，不想文件袋掉在了椅子上。袁惊醒后问："怎么啦？"句答："老爷的书掉地上了。"连日来的帝制准备工作过于劳累，袁翻了个身又睡了。句得了文件，飞快地和袁不同上马车外出，在城里转了好大一圈，最后进了英国公使馆。

朱尔典打开一看，哈哈，卷宗首件即为密件，朱叫使馆中的情报主任选了当中最重要的，照成相片。然后打开皮箱，付款70万元，叫送客。两人见钱款全部兑现，高兴异常。要知道那时候的百万元，根据莫理循买房的价，可以买三四套整条王府井的房子。两人快步回府，将原件仍全数锁回柜中。回头一看，天才刚刚发白。

第二天，朱尔典一面电唐，一面带照片去见日本公使小幡。英使问："中日有密件吗？"日使："没这回事儿。"英使："没有什么瞒我们的？"日使："至少我没见到过。"朱尔典乃拿出密件照片："这就是证据。"日使红着脸说："有的话，也是在东京换文，未经我们公使馆。我急电本国内阁，问明原委，再答复贵使。"为此日本内阁召开密会商议，为顾全国家体面，决定一边坚决否认，一边反对袁世凯帝制。并密电有贺长雄转告袁氏，说如此重要秘密文件，竟让英国公使偷拍相片，英使从何处得来这个原件，致使日本政府，对同盟国丧失体面，为此日本政府再不能履行密件之诺言。一面急电中国外交部，不接待周自齐访日，表示反对帝制。北京这里，袁世凯全然不知，当日本表示反对帝制时，袁还得意地对大家说："此为表面文章，我早有把握了。"所谓早有把握，指的就是密件。

等袁世凯闻知整个事情经过后，震怒。他命令严厉拷问新华宫上下人等，乃将涉有嫌疑者如袁不同、句克明、沈祖宪等十多人，用柴车捆载，交九门提督江朝宗严刑审讯。

江朝宗不敢接受，又移送军政执法处雷震春执行。震春大怒，掴江朝宗两大耳光说："这些人，我敢办吗？你想移祸于我，我要打死你。”后来，此案也就这么不了了之，只枪毙了程家柽、饶智元以搪塞。可怜这两人与本案没什么重大关系，却做了替死鬼。

据说反帝制成功后，唐绍仪指着袁不同说，这人就是恢复民国的有功之人。袁不同眉飞色舞，于是大侃特侃配钥匙的艰难，偷件还箱的迅速。

这故事虽然说得有根有据，说者还告诉我们他亲眼见到一干人等被捆在柴车上途经西单。但是将日本说成为此等突发事件翻脸，似乎小看了日本对华政策的长远性。

1910年唐绍仪夫妇合影照。唐后来成为民国首任总理。北洋系军官张联棻说：“朝鲜东学党之乱起，驻朝鲜商务委员陈某遇险，由一人持枪护送出来，此人即唐绍仪。袁世凯与唐绍仪相识后，互相爱慕，两人感情极为融洽，结为盟友，彼此帮助，共求上进。后来袁世凯接任驻朝鲜商务委员，以唐绍仪任帮办。”

唐绍仪早先为留美幼童，从美国留学回国后，清廷派他作为朝鲜海关帮办、驻天津德国领事穆麟德的秘书赴朝。甲午战争之前，日本密谋刺杀袁世凯，唐绍仪亲自带双枪双刀双马，连夜护送袁撤到英国军舰上。从此，二人结为生死之交。袁回国任山东巡抚、直隶总督期间，唐入北洋，直至袁当大总统后出任第一届内阁总理。但因唐主张民主共和，试图制约总统权力，与袁渐生矛盾，最后被迫离职。袁称帝之前，唐绍仪发电要求袁辞职以谢天下，袁世凯捧读后竟“气疴不语者多时”。

“日人素畏袁”

与英国这些在华有既得利益的国家的求稳心态不同，日本这个后进者要的是一个“乱”字。它并不以支持袁世凯为中心，而是多方下手，制造中国内部的混乱，乘机渔利。

当袁称帝消息传出，接着我们看到，日本说他们希望袁切实延缓帝制，否则它将认云南护国军为交战团体，并宣告袁妨害东亚和平，派兵“自由”进驻中国各要地。

与此同时，“日本极力鼓动中国各派政治势力反袁，无论中华革命党，还是西南护国军，甚至以复辟清朝统治为宗旨的宗社党，都或多或少得到过它的暗中支持”。（《中华民国史》）

1916 年 3 月后，我们看到，先后与中国各派反袁势力达成借款协议的有大仓喜八郎、竹内维彦和久原房之助等人。大仓贷与前清肃亲王、宗社党头目善耆 100 万元；久原接济孙中山 60 万元，黄兴、陈其美各 10 万元；而竹内则与云南军政府代表岑春煊、张耀曾签订了 100 万元的借款契约。（《六十年来中国与日本》）

此外，日本还不断派专员对各派反袁势力进行具体协助。在西南，它加派崛之和太田分任驻滇、驻肇庆领事，嘉悦大佐和今井嘉幸分任护国军军事、法律顾问。在山东，它派董野长知为中华革命军东北军顾问，并以驻鲁日军为其后盾。在东北，它派土井市之进为总指挥，策应川岛浪速和宗社党人的所谓“第二次满蒙独立运动”。总之，日本除未直接出兵外，其他倒袁手段，无所不用其极。

徐世昌事后分析道：“日人素畏袁，袁即使如何迁就，终难厌其欲望，故忽而赞成（日本首相大限重信谈话，有日本为君主国体，中国若行帝制，则与日本为同一之国体，日本当然乐为赞助，且袁世凯氏事实上已总揽中国之统治权，改行帝制，尤与事实相合等语，见日本某报），忽而反对（日本曾单独或联同英、法、俄、意各国，对于袁变更国体事一再警告）。袁虽挟英为后援，而欧战未了，英无力顾及东方，终不可恃。帝制失败，就国际方面论，不可谓非日本之作祟也。”

徐世昌老师的孙子张达骧说出不少袁徐联手斗清廷的真货：“醇邸（指醇亲王）深恶菊帅（指徐），辛亥革命时，徐与袁相表里，以威胁清廷达成议和，当时袁如被杀，徐为了避祸，很有可能因李石曾的策动响应革命。清宣统元年（1909 年），袁世凯已被免职寄居彰德。张之洞仍充军机大臣，为了利用徐世昌笼络袁部武装，特奏调徐为邮传部尚书，因之徐对张在表面上是亦步亦趋。这时袁部嫡系部队大部分分驻北京、保定一带，徐暗中代袁照料一切，由段祺瑞秘密往返联系。不久，袁逼使清廷应允其别有用心的南北议和。恭亲王溥伟、肃王善耆等贵族和一些效忠清室的汉人权贵均反对议和，对袁提出指责，谓：‘龟山大捷，汉口收复，乘胜渡江，武昌指日可下，为何既打胜仗，犹需停战言和？’这时袁与徐两相呼应，答说：‘汉口虽已收复，南京又告陷落。南京冲要，倍于武汉。党人势大，国人受其蛊惑，人心浮动，军心更形不稳。议和是一时权宜之计，岂能忘恩于清室。期以三年，必败党人。若以天下为孤注，殷鉴不远，噬脐何及！’” 所以推翻专制王朝，徐世昌也有功劳。

1914 年 5 月，应袁世凯之请，徐世昌出任国务卿一职。

最后的日子

进入 1916 年 3 月，随着局势的恶化，袁世凯身边的周自齐发现：“大总统已经丧失了迅速做出决定的果断力，他在面临困难的抉择时简直不知所措。以前他对我提出的建议都立即回答‘同意’或‘不同意’。可现在呢，他反复思考，犹豫不决，多次改变决定。”（据芮恩施转述）

想数月前，古德诺的一篇《共和与君主论》倾倒多少文人政客。

百日前帝制劝进者还在高呼：“挽救人心不古的世风，挽救国家内忧外患的危险局面！”

还记得各省代表组成的“公民请愿团”向参政院请愿的铿锵步伐。

不曾忘记，在京的杨士琦、钱能训、陆徵祥、朱启钤、章宗祥、梁士诒、周自齐、梁敦彦、贡桑诺尔布、阮忠枢、唐在礼、张镇芳、雷震春、袁乃宽、张士钰、傅良佐及京兆尹沈金鉴等文武官员纷纷上密呈给他袁世凯，恳请实行君主制。

好不热闹啊，当时连日本这个最难搞定的角色，也拿到了自己一份丰盛礼物，为帝制大开绿灯。

袁世凯不知道这是假象，或者知道了也装着不知道。四年前他的这套把戏不是成功地瞒过了所有的人?

这的确是假象。为了帝制的顺利进行，那个“公府秘书厅梁士诒每天起身很早，上午 8 时前已开始办公，中午在公府包吃，与张仲仁形影不离，很晚才回家，办事很紧张”。（唐在礼语）

与此同时，同一个梁士诒已经和劝进最积极的周自齐在嘀咕：“袁氏一念之私，帝制自为，承诺帝位，改元洪宪，吾辈亦牵入猛火地狱中，内外乱象已成，尚不自悟。”

一系列的打击来自于自己最信任的亲信，而一年前这些人都信誓旦旦地发誓支持他称帝。袁世凯愤愤地说：“今之反对帝制者，当日亦多在赞成之列。”

于是我们看到熟悉的一幕，当形势逆转时，所有的人都将重新站队。

12 月，袁世凯宣布恢复中国的君主制，建立中华帝国，并改元洪宪。总统府改为新华宫。

25 日，蔡锷、唐继尧等在云南宣布起义，发动护国战争，讨伐袁世凯。

27 日，贵州都督刘显世宣告独立。

3 月 10 日，冯国璋等五人联合发电给袁世凯，迫其退位，取消帝制。

15 日，广西宣告独立，并通电加入反袁行列。

22 日，袁世凯被迫宣布取消帝制，恢复“中华民国”年号。

4 月初，龙济光在内外压力之下，被迫宣告广东独立。

12 日，浙江宣告独立。

中旬，袁世凯决定任命段祺瑞为国务卿，由段组织新内阁。

5月8日，段祺瑞逼袁世凯交权。段、袁矛盾加深。

25日，陈宧宣布四川独立。

29日，湖南将军汤芗铭宣布独立，湖南成为脱离袁世凯的第八个省。

这段时间，袁世凯内心有何想法，五姨太杨氏有一段回忆：

我清楚地记得那是民国五年（1916年）3月19日，老爷步履缓慢地进了我的房，那一天该是六姨娘。老爷坐下后说口渴，一连喝了两杯。我站过去扶着他肩膀。他回头用下巴蹭蹭我的手，说："完了，完了，龙、虎、狗都反了（指北洋三杰王士珍、段祺瑞、冯国璋联合五省督军通电全国要求取消帝制，惩办祸首一事）。"

"昨天晚上，我在南海玉栏亭上观天，看见有一颗巨星从天上掉下来，这是我生平所见的第二次。第一次文忠公（指李鸿章）死了，那颗星比这个小，这次大概轮到我了！"接着又自言自语："真的癞蛤蟆难过端午节了。"（民间传说袁世凯是癞蛤蟆托生）我见他十分沮丧，尽量让他放松，老爷嘴里一股氨味，我又怀上静秀（袁十四女），便离他远了些。

到了5月下旬，袁世凯已经不能吃也不能尿，尿毒已在全身蔓延开来。

袁世凯最后的日子坊间版本很多，这里引用的是亲历者唐在礼的回忆：

到了袁世凯事败的那几天，过去围在身旁的人日益稀少，甚至进去看他的人也不多。只有徐世昌、段祺瑞对他关心些。

袁世凯病后，除"御医"刘绍业、肖龙友为他用中药滋补营养外，为他诊疗的还有一个他信任多年的法国医生贝熙叶。

袁世凯最后患腰子病，就由贝熙叶替他局部麻醉，动手术，打针、抽水、抽血。袁世凯始终还是信任贝熙叶的，但抽过之后，身体马上垮下来。

在抽水、抽血以后的几天，我去见袁世凯，他精神已很不好。他死的前一天，我又去看他，那时已奄奄一息，但还是勉强要坐起来，想睁眼却睁不开。我当时看出他将不久于人世，第二天他就死了。

袁世凯死以前，有好多天都由他最喜欢的两个姨太太服侍，抽水、抽血也就由她们先作主张，经袁世凯自己做出决定的。

“扶柩回籍，葬我洹上”

袁世凯临死前留言：“扶柩回籍，葬我洹上。”

袁世凯死了，历史记住这一刻是1916年6月6日上午10时40分。

袁世凯去世后，徐世昌、段祺瑞、王士珍、张镇芳四人立即打开金匮石屋，找到了袁世凯留下的继承者的提名，只见上面亲笔写着：黎元洪、段祺瑞、徐世昌。

袁世凯的死讯被登在第二天的《纽约时报》上：

6月7日——袁世凯总统的临终遗言表示自己后悔所进行的君主制行动。他说，这给中国带来了灾难，并且加速了他的统治走向结束。袁世凯把前国务卿徐世昌叫到他的床前，低声地说：“我没想到会是这样的结局。我没有立志当皇帝。那些在我身边的人说人民渴望一个君主并且让我担当君主。我相信了，这才被误导了。”然后袁世凯请求徐世昌保护他的妻子和孩子们。在陷入昏迷之前，总统表示希望黎元洪，也就是副总统，应该按照宪法来继承他的位置。他命令移交行政权。今天，黎元洪宣誓就职总统。

国旗降半旗致哀，北京的报业今天套丧。他们颂扬袁世凯是中国最伟大的人之一。即使是反对他的报刊也称赞他在从事君主制行动之前的生涯。

袁的死让所有的人松了口气。

蔡锷说：“项城退，万难都解。”

莫理循说：“袁世凯的死最理想地解决了他的引退难题。”

只有五姨太杨氏有点恨，她说：“都怨大爷（袁克定），他把老爷害苦了。”

金匮石屋，位于中海西岸，袁世凯执政时期建，坐北朝南，汉白玉石砌成，朱门金钉，内置建储函册金匮，匮中封袁世凯所写三位总统候选人姓名。

又一次和平的权力更替

袁世凯死了，这位生前“每天清晨5点钟就起床工作，一直到晚上9点钟才休息，其间只有短暂的用餐和休息时间，除非偶尔有别的任务让他离开日常工作”（《纽约时报》转述的袁世凯自叙）的工作狂，现在可以踏踏实实地睡一个长眠觉了。

这一次中国的权力场似乎真的进步了，新当政者按在职国家元首的规格为袁世凯治丧，替代了历朝历代的挖祖坟、鞭尸。

报纸暂停了对袁的批评，对手放下了手中的枪，一个让梁启超呼吁了20年的近代文明这一刻似乎出现了。

人死为大，从这一刻起，活着的人都乐意让死去的袁世凯享受帝王级待遇。

袁生前一直和其保持距离的黎元洪大总统发布大总统令：除拨发50万元治丧费用外，还通令全国文武机关下半旗27天，停止宴乐27天，民间娱乐也停止7天，文武官吏及驻京军队一律佩戴黑纱服丧，并由曹汝霖、王揖唐、周自齐三人承办大典丧礼，在怀仁堂附近设立“恭办丧礼处”。

袁的灵柩当时在彰德，于是北京方面急电彰德，命令立即送灵柩进京。

入殓时，人们看到袁世凯黄袍加身。那件龙袍是紫红色的，上绣有九条平金线金龙。龙眼上各嵌大珍珠一颗，龙头各部镶有小珍珠，龙鳞处缀有珊瑚断片。这是怎么回事儿?

据七子袁克齐回忆：“他死后，身体浮肿起来，家中所有的衣服都穿不上了。有人建议，衣库中还存有龙袍一领，非常肥大，何不令人取出穿上。大哥说：‘且慢，等和黎元洪、徐世昌、段祺瑞商量一下再说。’后经黎元洪、徐世昌、段祺瑞同意，就把那领龙袍给我父亲穿上了。”

据袁克齐说，龙袍是在杭州定制的。除袁世凯的一身龙袍外，妻妾各有一身凤袍，十个儿子还各有一身小龙袍。这些龙凤袍，袁死后，在紫光阁前统统烧了。

袁世凯生前早为自己找好了归宿，墓地位于彰德府洹上村东北二里路左右的地方。1911年6月他说：我“衰病日增，行将就木。牛眠之区，去冬已卜取一段，志气颓靡，此可概见，不足再言功名事业……”

袁这里一过世，彰德府那里便开始营造墓地。

营造帝王级的墓地是要花大钱的。据说当时民国政府库银匮乏，袁世凯的遗产也不多，所以安葬袁世凯之时，经费很成问题。于是，袁世凯旧属们纷纷解囊，多者如徐世昌、段祺瑞、冯国璋、王士珍、张作霖、曹汝霖等，都是现币一万元，少者也没低于两三千元的。

按照袁世凯的遗嘱，1916 年 6 月 28 日，袁世凯的灵柩从北京起运到河南彰德。图为庞大的殡仪队伍在去北京火车站的路上。

袁林今昔

袁林占地 139 亩，其特点是“中西合璧”。袁林的设计者是德国的工程师，它的建筑“仿明陵而略小”。主体建筑自南而北依次为照壁、糙石桥、清白石桥、牌楼门、望柱、石像生、碑亭、东西值房、堂院大门、大丹陛、东西配殿、景仁堂、墓台。

施工时由洹上村火车站修了一条通往茔地的临时铁路，将建材运到工地，历时两年竣工，耗银 75 万元。

1918 年 6 月建成后，时任总统的徐世昌亲临察看。察看中，他突发一念，指示在京汉铁路洹上村车站左边，添建道碑一座，供官员景仰。

葬礼是旧式的。1916 年 6 月 28 日，灵柩由怀仁堂南出新华门出殡，往东，过天安门，向南，过中华门，出正阳门（前门）到京汉路车站（即西车站，后称前门车站），有二里多路，动用了 80 人为袁世凯抬棺。同时，北京城内各庙宇都被要求撞钟 101 下。袁的灵柩经过之处，路上事前铺上黄土，并泼清水净街。

这些送葬的人加上送葬的官兵共有三五千人。因此，前头的队伍已到西车站，后面的大杠还在新华门门口……

灵车是京汉路局先前改装的隆裕太后的灵车，还有花车一节，作为灵堂。

运载袁世凯灵柩的专车沿京汉铁路南下，一路上专车不断停车受祭。6 月 29 日，专车到达彰德站。最后将灵柩送入袁林的石屋，闭上石门，整个葬礼算完成了。

转眼到了 20 世纪 60 年代初，毛泽东来到袁林，据记载，他边吃水果边说了如下的话：“袁世凯这个人是你们河南项城人，是个大官僚地主，……他特别惯于要两面派手法。……窍取了大总统的职位，又来复辟帝制。由于他倒行逆施，洪宪皇帝才当了 83 天，就见上帝去了。”有人提出：“袁世凯恶贯满盈，他的坟茔应该平掉。”主席说：“不要平嘛，要把它保护好，留作反面教材嘛。”（李魁彩《跟毛泽东行读天下》）

于是，袁林保住了。

2010 年夏，我到安阳的袁林转了转，发现整个园区基本保存完好，没遭受什么大破坏。园区导游说，“墓地保存得好，是因为当时用了日本的高等级水泥和外国的钢筋，‘文革’时 200 多红卫兵的大铁锤硬是砸不开墓室。然后小将们说累了，歇歇再来。这一歇就没再来过”。

袁林位于洹水北岸，修建时花费了两年的时间。当年的袁坟四周逐排栽种有杨树、柏树、槐树，周围还有大片的祭田。袁林的设计者是德国的工程师，它的建筑“仿明陵而略小”，主体建筑自南而北依次为照壁、糙石桥、清白石桥、牌楼门、望柱、石像生、碑亭、东西值房、堂院大门、大丹陛、东西配殿、景仁堂、墓台。

袁墓全景

袁世凯墓

“带着花岗石脑袋见上帝”，取义花岗石的坚固，然而再坚固的东西也经不住“文革”中红卫兵的大铁锤和岁月的风风雨雨。袁墓前祭祀用的花岗石香炉已经破损，有很明显的水泥修补过的痕迹。

1918年，河南安阳袁林，总统府秘书长张一麐前往景仁堂祭奠袁世凯。

—1911

. 养寿园大门
. 压水亭
. 电灯房
. 院内大道
. 家禽馆
. 鹿苑
. 私塾
. 袁世凯住处
. 中医院等
. 勤杂人员住所

29. 马营营房
30. 泻练泉
31. 洹上村石条
32. 寨墙
33. 碧峰洞
34. 待春亭
35. 车站神龟碑（徐世昌立）
36. 郭家湾
37. 纱厂